建筑企业风险防范与管控研究

邓　雷　刘　赛　孙雅静◎著

黑龙江朝鲜民族出版社

图书在版编目（CIP）数据

建筑企业风险防范与管控研究 / 邓雷, 刘赛, 孙雅静著. -- 哈尔滨 : 黑龙江朝鲜民族出版社, 2024.
ISBN 978-7-5389-2898-3

Ⅰ. F407.906

中国国家版本馆CIP数据核字第2025S9D016号

JIANZHU QIYE FENGXIAN FANGFAN YU GUANKONG YANJIU

书　　名	建筑企业风险防范与管控研究
著　　者	邓　雷　刘　赛　孙雅静
责任编辑	吴民虎
责任校对	姜哲勇
装帧设计	李光吉
出版发行	黑龙江朝鲜民族出版社
发行电话	0451-57364224
电子信箱	hcxmz@126.com
印　　刷	黑龙江天宇印务有限公司
开　　本	787mm×1092mm　1/16
印　　张	16.25
字　　数	280千字
版　　次	2024年12月第1版
印　　次	2025年3月第1次印刷
书　　号	ISBN 978-7-5389-2898-3
定　　价	64.00元

前　言

建筑业作为国家经济发展的支柱产业，其健康发展与风险预防和管控息息相关。随着市场竞争的加剧、政策法规的不断完善以及技术创新的日新月异，建筑企业面临越来越多的风险挑战。因此，对建筑企业风险防范与管控进行深入研究，对于保障企业稳健运营、提升市场竞争力具有重要意义。

本书旨在全面探讨建筑企业风险防范与管控的各个方面，从风险管理的理论框架到具体实践策略，力求为读者提供一套完整的风险管控体系。全书共分为九章，分别从不同角度对建筑企业风险进行深入剖析，并提出相应的管控策略。

在第一章中，我们首先对建筑施工企业风险管理的概念、原则和方法进行概述，为后续章节的展开奠定理论基础。在第二至五章中，我们分别针对建筑工程项目的合同、进度、质量、安全风险进行深入分析，并提出针对性的管控措施。这些章节不仅涵盖了风险识别、评估、监控和应对等各个环节，为提升建筑企业管理，创造更大的价值更具指导意义。

第六章则聚焦于绿色建筑工程项目的风险及管控，随着环保意识的提高和绿色建筑的普及，这一领域的风险管理显得尤为重要。我们将从绿色建筑的特点出发，分析其在设计、施工和运营过程中可能面临的风险，并提出相应的管控策略。

第七章探讨了建筑企业常见的法律风险防范与管控，将帮助读者更好地了解建筑企业在法律方面的风险点，并提供有效的应对策略。

最后，在第八章中，我们提出了一种定制化施工安全风险控制优化模型，该模型旨在根据企业的实际情况和需求，制订个性化的风险管控方案，以提高风险管理的针对性和有效性。

本书力求做到内容丰富、结构清晰、语言简练，既适合建筑企业管理人员、一线施工人员等实践者阅读，也可作为相关专业师生的参考教材。我们希望通过本书的出版，能够推动建筑企业风险防范与管控工作的深入开展，为行业的高质量发展贡献力量。

在编写过程中，我们参考了大量国内外相关文献和资料，力求使内容科学、准确、前沿。同时，我们也感谢各位专家、学者和同行的支持与帮助，他们的宝贵意见和建议使本书得以不断完善。

最后，希望读者在阅读本书的过程中能够有所收获，并在实际工作中灵活运用所学知识，共同推动建筑企业风险防范与管控工作再上新台阶。

目　录

第一章　建筑施工企业风险管理

风险是现实社会中客观存在的一种现象，在建筑工程施工项目中同样也存在着一定的风险，只有开展相应的风险管理，才能够对建筑工程项目中潜在的风险进行控制，保证建筑工程施工项目顺利完成。因此，需要对风险及风险管理的相关理论进行研究，了解建筑工程施工项目风险管理的重要性，完善工程施工项目风险管理的理论基础。

第一节　风险管理的基本理论

一、风险的相关理论概述

（一）风险的定义

一般而言，在人们的认识中，风险总是与不幸、损失联系在一起的。尽管如此，有些人在采取行动时，即使已经知道可能会有不好的结果，但仍要选择这一行动，主要是因为其中还存在着他们所认为值得去冒险的、好的结果。

为了深入了解和研究风险及风险现象，更好地防范风险、减轻危害，做出正确的风险决策，首要任务就是给出风险的确切定义。

目前，关于风险的定义尚没有较为统一的认识。最早的定义是 1901 年美国的威雷特在他的博士论文《风险与保险的经济理论》中给出的"风险是关于不愿发生的事件发生的不确定性之客观体现"，该定义强调两点：一是风险是客观存在的，不是以人的意志为转移的；二是风险的本质是不确定性。奈特则从概率角度，对风险给出了定义，认为"风险（Risk）"是指客观概率已知的事件，而那些"客观概率"未知的事件被称之为"不确定（Uncertainty）"。但在实际中，人们往往将"风险"和"不确定"混为一谈。此后，许多学者根据自己的研究目的和领域特色，对风险提出了不同的定义。如美国学者威廉姆斯和汉斯将风险定义为"风

1

险是在给定条件下和特定时间内，那些可能发生结果的差异"，该定义强调风险是预期结果与实际结果的差异或偏离，这种差异或偏离越大则风险就越大。以上定义代表了人们对风险的两种典型认识。我国风险管理学界主流的风险定义结合了这两种认识，既强调了不确定性，又强调了不确定性带来的损害。

将风险定义为：风险是主体在决策活动过程中，由于客观事件的不确定性引起的，可被主体感知的与期望目标或利益的偏离。这种偏离有大小、程度以及正负之分，即风险的可能性、后果的严重程度、损失或收益。

从以上风险定义不难看出，风险与不确定性有着密切的关系。严格来说，风险和不确定性是有区别的。风险是可测定的不确定性，是指事前可以知道所有可能的后果以及每种后果的概率。而不可测定的不确定性才是真正意义上的不确定性，是事前不知道所有可能后果，或者虽知道可能后果但不知道它们出现的概率。但是，在面对实际问题时，两者很难区分，并且区分不确定性和风险几乎没有实际的意义，因为实际中对事件发生的概率是不可能真正确定的。而且，由于萨维奇"主观概率"的引入，那些不易通过频率统计进行概率估计的不确定事件，也可采用服从某个主观概率方法表述，即利用分析者经验及直感等主观判定方法，给出不确定事件的概率分布。因此，在实务领域对风险和不确定性不做区分，都视为"风险"，而且概率分析方法，成为最重要的手段。

（二）风险的因素与分类

1. 风险的因素

导致风险事故发生的潜在原因，也就是造成损失的内在原因或者间接原因就是风险因素。它是指引起或者增加损失频率和损失程度的条件。一般情况下风险因素可以分为以下三个：

（1）实质风险因素

指对某一标的物增加风险发生机会或者导致严重损伤和伤亡的客观自然原因，强调的是标的物的客观存在性，不以人的意志为转移，比如，大雾天气是引起交通事故的风险因素，地面断层是导致地震的风险因素。

（2）心理风险因素

是指由于心理的原因引起行为上的疏忽和过失，从而成为引起风险的发生原因，此风险因素强调的是一种疏忽和大意，还有过失。比如，某些工厂随意倾倒污水导致水污染。

（3）道德风险因素

指人们的故意行为或者不作为。这里风险因素主要强调的是一种故意的行为。比如，故意不履行合约引起经济损失等。

2. 风险的分类

风险的分类有多种方法，比较常用的有以下几种：

（1）按照风险的性质可划分为纯粹风险和投机风险。只有损失机会而没有获利可能的风险为纯粹风险；既有损失的机会也有获利可能的风险为投机风险。

（2）按照产生风险的环境可划分为静态风险和动态风险。静态风险是指自然力的不规则变动或人们的过失行为导致的风险；动态风险则是指社会、经济、科技或政治变动产生的风险。

（3）按照风险发生的原因可划分为自然风险、社会风险和经济风险等。自然风险是指由自然因素和物理现象所造成的风险；社会风险是指个人或团体在社会上的行为导致的风险；经济风险是指在经济活动中，因市场因素影响或者管理经营不善导致经济损失的风险。

（4）按照风险致损的对象可划分为财产风险、人身风险和责任风险。各种财产损毁、灭失或者贬值的风险为财产风险；个人的疾病、意外伤害等造成残疾、死亡的风险为人身风险；法律或者有关合同规定，因行为人的行为或不作为导致他人财产损失或人身伤亡，行为人所负经济赔偿责任的风险为责任风险。

（三）建筑施工企业风险的特点

1. 建筑施工企业风险的客观性

施工企业的风险是实实在在存在的，是不以人的意志为转移的，不是以人的主观愿望能左右的，只能正确认识它，尽可能地进行预测分析，积极防范风险的发生，作为施工企业，常年野外、露天作业，天要下雨谁也管不了，但下雨就会影响施工，特别是遇到连绵的雨季，处理不好就会造成拖延工期的严重后果，像这种面临下雨影响的风险，是客观的，抱怨上天是没有用的，只能尊重客观事实，采取积极的措施，如采取合理的安排，将有些受雨天影响较大的作业避开，或采取赶工等补救措施，降低拖延工期风险的发生，保证工程按期建成投产。

2. 建筑施工企业风险的大量性和多发性

建筑工程项目规模较大，建设周期长，投资量巨大，可产生风险的因素多且种类繁杂，一方面，建筑工程受自然灾害影响的风险极大；另一方面，随着生产力的不断进步，新的机械设备、材料及施工方法不断推陈出新，工程技术日趋复杂，又加大了建筑工程的风险。同时，工程设计、工艺等方面的技术风险和政策、法律、资金筹集等方面的非技术风险，随时都可能发生，使得建筑工程在每个阶段都蕴含着风险，而且部分风险无法预知，使得风险控制的难度增大。

3. 建筑施工企业风险的不确定性

施工企业有的风险是可以测量的，有的风险是很难测量的，或有的风险是无法测量的。比如，施工企业始终要面临安全上的隐患，这是发生安全事故的苗头，但这些隐患风险有多大，能不能发生事故，发生多大的事故，是很难预测的。我们绝不能因为它的不确定性而心存侥幸心理，任其自然，酿成大祸，而要防患于未然，严格检查，及时消除隐患，杜绝风险可能造成的不良后果。

4. 建筑施工企业风险的相对性

近几年建筑材料价格的不断上涨，尤其是钢材的大幅涨价，对包工包料的施工企业是相当不利的，也是施工企业的重大风险源之一。但有的企业提前看到了国际市场铁矿粉价格上涨，提前购买了一批钢材，而在订立合同时又避免了固定单价合同，使风险转化为机遇，在钢材涨价后调整价差的过程中获得了效益。这种转化，体现了风险的可变性和相对性，其实要实现一定的效益目标，必然要承担一定的风险，关键在于对风险要有充分的认识，采取化解风险的有效措施。认识施工企业风险的相对性，会使我们变被动为主动地应对风险，既不盲目冒险，又积极地化风险为机遇，变不利为有利。

5. 建筑施工企业风险的不利性和损失的严重性

建筑工程投资巨大，涉及面广，在建筑物内活动的人员众多，一旦建筑物出现倒场等质量安全事故，势必造成巨大的财产损失和人员伤亡，社会影响大，直接给建筑企业的声誉带来损害，而且这种财产和声誉的损失并不是短期内可以恢复的。一般情况下，风险越大，损失越大，反之则越小，尤其是对较大风险的防范，如处理不好，不仅会导致项目亏损，还会引发一系列严重后果。这提醒我们必须高度重视风险管理，最大限度地减少风险损失。

6. 建筑施工企业风险控制的政策依赖性

建筑业作为我国的支柱产业与国家的政策息息相关，国家的政治稳定性、政策连续性及行业结构调整都会给建筑业带来相应影响，使建筑工程出现改变工程日期、改变工程设计、改变建造权利、改变经营成本等后果，这些改变都会给施工企业带来风险。

7. 建筑施工企业风险防范的多元性

每项建筑工程的施工并不是孤立进行的，在建设过程中，它需要业主、协作单位、保险公司、中介组织、政府有关部门等单位的共同合作。建设项目使建筑施工企业与这些单位连成经济共同体，共同享受收益，共同分担风险，要使风险降低到最低程度，施工企业需要寻求这些单位共同协助，方能有效地防范和降低风险。

二、风险管理的相关理论概述

（一）风险管理的定义

风险管理作为一门新的管理科学，既涉及一些数理观念，又涉及大量非数理的艺术观念，不同学者在不同的研究角度提出了多种不同的定义。风险管理的一般定义如下：风险管理是一种应对纯粹风险的科学方法，它通过预测可能的损失，设计并实施一些流程去最小化这些损失发生的可能；而对确实发生的损失，最小化这些损失的经济影响。风险管理作为降低纯粹风险的一系列程序，涉及对企业风险管理目标的确定、风险的识别与评价、风险管理方法的选择、风险管理工作的实施，以及对风险管理计划持续不断地检查和修正这一过程。

在科技、经济、社会需要协调发展的今天，不仅存在纯粹风险，还存在投机风险，因此，风险管理是风险发生之前的风险防范和风险发生后的风险处置，其中包含四种含义：风险管理的对象是风险损失和收益；风险管理是通过风险识别、衡量和分析的手段，以采取合理的风险控制和转移措施；风险管理的目的是在获取相应最大的安全保障的基础上寻求企业的发展；安全保障要力求以最小的成本来换取。简而言之，风险管理是指对组织运营中要面临的内部、外部可能危害组织利益的不确定性，进而采取相应的方法进行预测和分析，并制定、执行相应的控制措施，以获得组织利润最大化的过程。

风险管理的目标应该是在损失发生之前保证经济利润的实现，而在损失发生之后能有较理想的措施使之最大可能的复原。换句话说，损失是不可避免的，而风险则体现为这种损失的不确定性。因此应该采取一些科学的方法和手段将这种不确定的损失尽量转化为确定的、我们所能接受的损失。风险管理有如下特征：风险管理是融合了各类学科的管理方法，它是整合性的管理方法和过程；风险管理是全方位的，它的管理面向风险工程、风险财务和风险人文；管理方法多种多样，不同的管理思维对风险的不同解读可以产生不同的管理方法；适应范围广，风险管理适用任何的决策位阶。

（二）风险管理的特点

建筑施工企业管理是以各个建设工程项目为管理对象，以项目经理负责制和成本核算制为基础，以管理层和作业层相分离为特征，按照工程项目生产经营的内在规律进行有效的组织、协调、控制的一种施工管理制度。施工企业风险管理是整个企业管理的一部分，是指通过风险识别、风险估计和风险评价去认识企业的风险，并以此为基础，合理地使用各种风险应对措施、管理方法、技术和手段对企业的风险实行有效的控制，妥善处理风险事件造成的不利后果，以最少的成本保证企业总体目标实现的管理工作。

施工企业管理风险是指在企业管理活动或事件中，消极的后果发生的潜在可能性。每一个工程企业都必然伴随着一定的风险，工程风险不仅涵盖整个建设工程项目施工的全过程，还包括技术性、管理性问题引起的经济损失的不确定性。只有通过对企业风险的识别、量化、分析和评价，选择适当的风险管理措施，以避免大风险发生，或在风险发生后将损失降到最低程度，从而实现企业的总体目标，因此，风险管理是工程企业管理不可缺少的一部分。

要全面有效地进行工程企业风险管理，必须大量地获取信息，了解情况。要对企业系统以及系统的环境有深入的了解，并要进行预测，所以不熟悉情况是不可能进行有效的风险管理的。

风险管理在很大程度上依赖于管理者的经验。虽然人们通过全面风险管理，已经在很大程度上将过去凭直觉、凭经验的管理方式上升到理性的全过程管理，但风险管理仍在很大程度上依赖于管理者的经验，以及管理者过去工程的经历、对环境的了解程度和对企业本身的熟悉程度。在整个风险管理过程中，人的影响因素很重要，如人的认识程度、精神状态和创造力。因此在风险管理中要重视专家经验和教训的调查分析，这不仅涵盖他们对风险范围、规律的认识，还包括对风险的处理方法、工作程序和思维方式，并在此基础上进行系统化、信息化、知识化处理，用于对新企业的决策支持。

风险管理在企业管理中是一种高层次的综合性管理工作，它贯穿企业管理和项目管理的各个阶段和各个方面，涉及企业管理的各个子系统，因此，它必须与合同管理、成本管理、工期管理，以及质量管理紧密结合。风险因素不可能被全面消灭。风险管理的目的并不是消灭风险，在企业中大多数风险是不可能由企业管理者消灭或排除的，而是在于有准备地、理性地实施，减少风险的损失。

（三）风险管理的目标

建筑施工企业的风险管理目标必须和企业的总目标一致。这些总目标是：企业利润；充分的社会职责和权利；企业领导者个人偏好的满足。风险管理的目标是在损失发生之前提供经济保障，而在损失发生后实现令人满意的复原。因此风险管理的目标损失发生前与发生后会有不同的内容。

1. 损失发生前的目标

（1）经济性

要实现以最小的成本获得最大的保障这一总目标，在风险事故发生前，就必须使整个管理计划和方案最经济、最合理。其表现为：尽可能避免不必要的费用支出和事故损失以增加企业盈利；尽可能选择费用低、代价小而又能够保证风险处理效果的方案和措施。

（2）安全状况目标

风险的存在及造成的严重后果，不仅可能导致财产物资的损毁和人身伤亡，同时还会给人们带来种种忧虑和恐惧，进而制约企业的经济行为，妨碍劳动者的生产性和创造性。实施风险管理措施，必须使企业管理者得以放手经营种种新的业务，因此，力求使企业处于一种安全可靠、轻松自如的环境，也是企业开展风险管理活动应达到的一个重要目标。

（3）社会责任目标

社会化大生产使企业与外界各种经济组织、个人之间有着广泛的联系，因此企业一旦遭受风险损失，在严重的情况下可能会使社会蒙受其害。开展企业风险管理活动，避免或挽回损失，可以使社会免受其害，使企业更好地承担社会责任和履行义务。同时，企业在生产经营过程中，必须受到政府和主管部门有关政策和法规以及企业公共责任的制约，因此，必须考虑到如何使企业更好地承担社会责任、履行义务和树立良好的公众形象这一目标。

2. 损失发生后的目标

即使十分完善的风险管理计划和方案，也不能完全避免损失的发生，因此确定损失发生后的风险管理目标也是必要的。与损前目标不同，确定损后目标重在考虑最大限度地补偿和挽救损失带来的后果及影响。

（1）维持生存的目标

对于一个企业来说，风险事故所带来的最严重的后果，就是使企业丧失继续生存的权利，即企业因事故损失而破产、倒闭，只有维持生存的条件，企业才有恢复和发展的基础。因此，对于企业所面临的巨灾损失，在安排风险管理计划时，应首先考虑到损失后果是否会对企业的基本生存条件形成威胁。维持生存的目标是损失发生后风险管理应达到的第一位基本目标。

（2）保持生产经营正常的目标

损失发生后，风险管理应达到的第二位目标就是要维护企业生产经营活动不因风险事故的影响而中断，保证员工生产和生活的正常进行，在损失发生之前进行周密的计划以及损失发生后对计划的执行和实施，都可以使风险事故造成的损失得到及时而有效地补偿，从而为企业生产经营的恢复和正常进行创造必要的条件。

（3）实现稳定收益的目标

损失一旦发生，避免不了由此带来的各种不利影响。企业开展风险管理活动，不仅要达到维护企业生存和生产经营活动的正常进行的基本目标，同时，还必须力求尽快实现企业在事故前的原有稳定收益。维护企业生存和生产经营活动的正常进行，其本身有助于企业实现稳定的收益。同时采取必要的和有效的风险损失处理措施，可以使风险事故造成损失价值以资金的形式"回流"，如通过必要的保险措施获得的赔偿以及其他有效的合同形式取得的赔偿等，从而维护企业收益的稳定性。

（4）实现增长的目标

在上述目标的基础上，风险管理还必须能为企业的进一步发展和实现持续增长创造良好的条件。维持生存、恢复原有的生产经营状况，这只是风险管理的最基本要求。执行和实施风险管理计划和方案，及时处理各种损失结果，并不断地根据可能出现的新情况拟定新的风险管理计划和方案，周而复始地执行计划，实施方案，从而使企业实现持续稳定的增长，这是风险管理应达到的高层次目标。

（5）履行社会职责目标

正如损前目标中强调企业承担社会责任和履行义务的道理一样，有效地处理险事故所带来的损失后果，减少因损失造成的种种不利影响，可以使企业更好地、充分地承担社会责任，履行应尽的义务，从而树立良好的公众形象。切实履行社会责任是现代企业应负的历史使命，也是企业开展风险管理活动应追求的目标。

上述目标只是从风险管理的现实意义出发，就单个企业而言所做的一般概括。这些目标相互联系，相互作用；同时，因目标层次的不同，也反映和决定了风险管理计划水准的高低。一个以维护企业生存和稳定收益为目标的风险管理计划，较之以实现持续增长为目标的风险管理计划，其水准显然存在较大区别的。前者势必保守和谨慎，而后者则更倾向于积极和冒险。确立什么样的风险管理目标，强调什么样的目标层次和风险管理水准，受企业一定时期和一定条件下众多相关因素的影响。不同的企业属性、经济状况、环境等因素也有着较大的差异，因而风险管理目标的选择也有一定的差异。也就是说，风险管理目标的确定并非千篇一律，恪守统一模式。

（四）风险管理的流程

建筑施工企业风险管理是一项综合性的管理工作，它是根据工程风险环境和设定的目标，对企业风险因素分析和评估，然后进行决策的过程，包括企业风险识别、企业风险估计、企业风险评价和企业风险控制。

1. 企业风险识别，是企业风险管理的第一步，根据企业组成结构特点进行分析，综合企业内外环境等各要素的关系，运用一定的方法，判断企业已面临的和潜在的风险。

2. 企业风险估计，是在识别的基础上，通过对所搜集的大量详细损失资料加以分析，运用概率和数理统计、估计和预测风险发生的概率和损失幅度。企业风险的估计是对风险的定量化分析，可为风险管理者进行风险决策、管理技术选择提供可靠的科学的数据，是企业风险管理中的重要而复杂的一环。

3. 企业风险评价，估测出企业风险的损失概率和损失幅度后，综合考虑这两个因素。衡量该风险对企业的影响程度和处理该风险所付出的成本，确定是否该采取措施，因为企业管理者不可能对企业中所有风险加以处理。

4. 企业风险控制，综合考虑企业的目标、规模和可以接受的风险大小，以一定的方法和原则为指导，对企业面临的风险采取适当的措施，以降低风险发生的概率和风险事故发生带来的损失程度。

第二节　建筑施工企业的风险识别

一、来自业主的风险

施工企业作为工程承包合同的一方当事人，在项目实施的过程中必然会面临许多风险，尤其现在建筑市场僧多粥少，竞争日趋激烈，施工企业要图生存、求发展，不得不加强竞争，甚至于冒险。这样，其面临的风险也就大大增加了。施工企业与业主是合作者，但在各个利益方面则又是对立的两方，双方既有共同利益，但又有各自独特的风险。业主的某些行为也会威胁施工企业的利益，施工企业的风险始终贯穿项目的始终。

1. 业主的资信风险

资信，即资金和信用，资金是当事人有权支配并能用于生产经营的财产的货币形态。信用是指商品买卖中信守诺言或合同义务的程度。

业主的资信情况，说明了业主对合同的履行能力和履行态度，其中充满着风险，如业主的延迟付款。目前在我国工程建设实施中，业主延迟付款是一种普遍现象，虽然在施工合同中，明确规定业主应按施工企业的工程进度和工程完成量支付进度款。但由于业主筹资渠道某些环节受阻或业主经济情况恶化，致使资金不到位。为了达到不支付工程款的目的，在工程中刻意刁难施工企业，滥用权利，便想方设法找施工企业的某些失误，实行罚款或扣款，又如，业主的信誉较差，不诚实，为了收受贿赂或某些不正当目的的有意拖欠工程款等。这样不但给施工企业造成利息损失，更重要的是打乱了原来的资金计划，影响到材料订货、现场正常施工，进而影响到合同工期。虽然施工企业可以按合同违约之规定向业主索赔，但多数施工企业为保持同业主良好的合作关系，仍不愿意延迟付款而索赔，自己承担此风险。

2. 垫资风险

根据我国建筑行业的现状，建筑施工企业承接项目后需要垫付部分设备材料款。若企业垫资过多，业主因为某些原因资金不到位而拖欠工程款，将直接影响到施工企业的业务开展乃至生存，垫资现象不仅使企业资金周转紧张，成本增加，直接影响企业的效益，而且导致职工工资不能及时发放，甚至造成工人队伍不稳定及人才的流失。

3. 业主不遵循施工的客观规律

有些业主不遵循施工的客观规律，利用建筑市场为"买方市场"这一有利地位，对施工单位提出的要求往往过分。例如，要求低标价、工期短、搞"三边"工程、"献礼"工程等，施工单位由于竞争的残酷，不得不勉为其难，接受业主的要求，结果不仅仅是工程质量和工期难以保证，施工企业还可能导致严重的亏损。

4. 业主外部协调能力差

工程项目牵涉面广，协作关系复杂。一个工程项目要顺利进行就必须做好方方面面的协调工作，其中很多工作都必须由业主来完成或配合。如很多市场手续的办理；征地拆迁，需要业主做好安置户的工作。很多工程在进行的过程中由于业主的工作不到位，造成工期延误、工人窝工，严重影响到合同目标的实现。

二、勘察设计带来的风险

一方面，工程项目的设计是依据已查明的工程地质和水文地质以及现场的勘察资料等进行的，其中包含着很多的不确定性，即风险因素。例如，在施工过程中发现现场地质条件与施工图设计出入很大，施工中遇到的大量岩崩坍塌等将会引起超挖超填工程量和工期拖延。另一方面，勘察设计单位的工作质量也会给承包商带来风险。某些设计单位责任心不强或为了降低设计成本，设计不充分或不完善，甚至有重大失误。而发生事故后，往往以工程施工质量不合格为借口，将责任推给施工单位。

有些"三边"工程，在施工的过程中，业主经常对设计任务书提出修改，导致设计反复变更，使施工单位的施工准备随之改变。尽管有些损失可以通过索赔得到补偿，但向业主索赔可能会影响到同业主的关系，也不是所有的损失都能得到补偿。

设计变更会影响承包方的施工安排，从而带来一系列问题。设计图纸供应不及时，会导致施工进度延误，造成承包方窝工。

三、监理单位带来的风险

这主要是指由于监理工程师工作效率低，拖欠签署支付或是监理工程师过于有意拖延支付，或是监理工程师水平低，对一些索赔问题迟迟提不出建议或做不出决定；特别是对"包干"项目，在项目未完成前拒绝支付或支付的比例很少等。监理工程师的拖延签署或减扣必然导致业主对支付的拖延和减扣，给承包商管理项目带来风险。

有些监理工程师为了满足业主的需要，不按照规范或合同文件的要求，擅自提高标准；有些监理工程师责任心不强，擅离职守，造成某些需要监理工程师确认签署的工序无法向下进行；有些监理工程师由于自身素质不高，不懂规范或施工工艺，发出错误指令，甚至个别监理工程师存在吃拿卡要的行为，使施工企业疲于奔命，干扰了正常的工作。

四、来自分包商的风险

随着我国新建工程规模越来越大，很多大中型工程常采用总承包的模式进行建设总承包模式。通常是业主将某一项工程全部发包给一家资质符合要求报价合理的企业，他们之间签订施工总承包合同以明确双方的责任义务和权限，总承包企业在法律规定许可的范围内，可以将工程按部位或专业进行分解后，再分别发包给一家或多家资质信誉等条件经业主或监理工程师认可的分包商。在建筑市场中资质高、管理能力强的施工企业往往凭借自己的实力获得总承包权后，将一部分工程分包给分包商完成，其主要原因：一是工程量大，工期短；二是总承包商在设备资金等方面可供投入的资源不足，需要借助于分包商的投入；三是由于总承包商对于某一些分部分项工程施工方面不具备长处，而借助专业性较强的分包商可降低成本；四是业主指定分包商。

总承包商与分包商订立的施工分包合同，既是单独的经济合同，又是总承包合同的从合同。分包工程属于总承包工程的一部分，总包商对分包工程的施工应向业主承担义务。虽然总承包商在挑选分包商时处于主导地位，但也存在风险。可能会遇到分包商违约不能按时完成分包工程，使整个工程受到影响的风险，或者对分包商协调组织工作做得不好而影响全局的风险。如果一个工程的分包商比较多，这容易引起许多干扰和连锁反应。例如分包商工序的不合理搭接和配合，个别分包商违约或破产，从而使局部工程影响到整个工程等，尤其是指定分包商，他们常常与业主有着千丝万缕的联系，有些业主在选定指定分包商时看重的不是分包商的技术和施工能力，这样的分包商常常在客观上影响工程正常进展或不能达到要求标准。

五、施工企业自身引起的风险

1. 组织风险

组织风险是指由于企业组织结构本身存在问题而使企业存在着风险。首先是组成企业组织结构的企业领导者及员工的学识素养、业务水平的高低、职业道德和职业精神，对企业有着重要的影响，甚至有时会起着决定性作用，特别是主要领导，如果选择得对，可以带领企业快速、健康发展，主要领导选择错了，可能会导致企业迅速走向衰败和灭亡。另外组织机构是否合理、健全、科学，也影响着企业的发展，组织机构健全，组织的决策科学，方案可行，各项工作都得到了有效的管理，企业的运行逐渐规范了，企业的风险也就小了。

2. 体制风险

体制风险是指企业由于体制上存在缺陷而使企业面临的风险。国有建筑企业虽经股份制改造，但随着市场和国家政策的变化，首轮改制渐渐显出其不彻底性，面临总股本太少，国有股比重大，产权不明晰，职工持股会股权分散，股东会、董事会、监事会形同虚设，起不到决策及监督职能等新问题。这些体制上的问题是根本性问题，若得不到妥善解决，企业决策不科学，企业就面临发展缓慢等的风险。

3. 管理风险

建筑施工企业的管理有它自身的特点，企业的项目一般比较分散，分布在全国各地乃至国外，管理的跨度大，公司通常采用三级式或四级式管理体系，公司的管理触角没有延伸到分公司或项目部，一些问题或风险不能及时发现，或者企业采用承包经营的方式，以包代管，平时不加强对分公司或对项目的管理，只顾收取管理费，管理易失控，等发现问题时为时已晚，这些都是管理上的风险。

4. 投标风险

项目投标是建筑企业生产经营的起点，也是企业对生产经营产品的选择和决策的过程，在这一过程中极有可能发生目标迷失的风险。这类风险通常表现为：信息判断失误，选择虚假信息进行开发所造成的损失，因为施工企业每投一次标都要花费一定的费用；对业主的背景、资信情况没有进行调查研究，选择了诚信度差或人格较差的业主，给后续合作造成一定的风险；对项目考察不严，承接了审批程序不全的项目，可能会带来预料不到的风险；对宏观经济环境及国家产业政策缺乏研究或判断失误，将要承担项目中途变更的风险；受欺骗，误入奸商的商业陷阱的风险；投标时违法或违规操作面临受到法律制裁的风险；还有时企业投标时采用低价投标高价索赔的策略而面临低价中标高价索赔不可的风险。此外，施工企业还面临投标中漏项及错误估算的风险等。

5. 财务风险

财务风险是指在各项财务活动中，由于内外环境及各种难以预料或无法控制的因素作用，使企业在一定时期、一定范围内所获取的财务收益与预期目标发生偏离而形成的使企业蒙受经济损失的可能性。包含筹资风险、投资风险、资金回收风险及收益分配风险等。

6. 安全风险

建筑施工人员主要在露天、高空、地下作业，强度大、难度大、危险性大，安全事故发生的概率也大，由此可能危及施工人员的生命安全以及造成财产损失，因而建筑施工行业被公认是一个高危行业，安全事故的发生，会使施工企业面临停工整顿、罚款、降低资质等级、停止投标资格、吊销营业执照等处罚的风险。

7. 技术风险

（1）技术规范不明确

尤其是技术规范以外的特殊工艺，由于发包人没有明确采用的标准、规范，在工序过程中又没有较好地进行协调和统一，影响工程以后的验收和结算。

（2）施工技术协调不力

工程施工过程中出现与自身技术专业能力不相适应的工程技术问题，各专业间又存在不能及时协调的困难等；由于发包人管理水平差，对承包人提出需发包人解决的问题不能及时答复，给出模糊的答复或给出错误的指令等，这些都给施工企业带来执行过程中的风险。

（3）潜在技术风险

进入 20 世纪 90 年代以来，随着建设规模的不断扩大，我国建筑行业生产力得到了迅速发展，施工能力不断提高，超高层、大跨度房屋建筑施工技术，大跨度预应力，悬索桥梁施工技术，地下盾构施工及盾构制造技术，大体积砼浇筑技术，大型复杂成套设备安装技术等都达到或接近国际先进水平。但工程建设中，存在盲目追求新颖结构体系，不尽合理，缺乏必要的分析和论证的现象，存在潜在技术风险，再加上人们对客观规律认识不足，管理不到位，酿成了一些重大事故。

8. 资源风险

（1）人力资源风险

关键人员是指建筑施工企业经营或管理骨干。这些人员的调离、死亡或丧失能力可能导致其营业额下降、成本增加或信贷萎缩，从而使企业蒙受严重损失，还可能导致承包商不得不放弃争取只有关键人员才能争取得到的项目。这种损失还包括寻找代替者的费用，培养此人的费用，企业机密丧失的可能，工程质量下降的可能等。

（2）材料、设备资源的风险

建筑施工企业有时还会面临建筑材料资源方面的风险，无论是施工单位自行采购还是由甲方供料，都存在着物资供应能不能满足施工需要的问题，供应跟不上进度会停工待料，材料设备规格、型号不对或质量达不到要求会造成返工浪费，供货地点不便施工使用会发生二次倒运，物资供应在时间、数量、质量和地点上，都会常常因为各种原因给项目施工造成风险。

（3）社会关系资源方面的风险

一些企业社会关系资源缺乏，因而一定的市场上限制了它的发展，现在项目投标除了靠本身的实力外，还要充分利用社会关系资源。

（4）资金风险

对于 BOT 项目及垫资项目，施工企业可能会遇上资金短缺，融资困难而造成周转不灵的风险。目前，施工企业普遍资金紧张，有的不得不靠贷款过日子。工程进度款不能按时到位，会影响资金回流，使项目施工费用不足，不能正常运行，甚至发不出工资，挫伤员工积极性，引起各种矛盾和问题，工程完工后，迟迟不能结算，有的项目保修期都过去了，但结算还没完，结算严重滞后，既占用大量资金，又增加了财务费用，给企业生产经营造成很大困难。

9. 合同风险

（1）合同条文不全面、不完整。合同中缺少对承包商权益的保护条款，如在工程受到外界干扰情况下的工期和费用索赔权等。

（2）合同条文不清楚、不细致、不严密，承包商不能清楚地理解合同内容，造成失误。一个严密的合同能够合理地界定工程的范围、程度、各自应当承担的责任、义务及应享有的权利。

（3）发包商为了转嫁风险提出单方面约束性的、过于苛刻的、责权利不平衡的合同条款。

六、来自社会的风险

1. 国家产业政策风险

建筑业企业的发展，与国家建设投资结构和规模紧密相关，国家产业结构的调整对建筑业的需求会产生直接影响，同时也可能影响企业主营业务的开拓。

2. 行业内部竞争风险

全国各类建筑业企业数量众多，市场竞争激烈，同行业企业的快速发展及市场竞争的加剧会使企业市场拓展面临很大困难。

3. 经济风险

经济因素影响建筑产品中的单位成本，从而影响工程总成本。经济风险主要包括通货膨胀、外汇浮动、保护主义、税收政策、物价上涨和价格调整等。

4. 市场风险

商业周期性风险，受国民经济运行周期的影响，建筑行业的发展呈现一定的周期性，这种周期性可能会造成企业主营业务增长速度的不稳定性。市场不够发达或市场分割的风险，现在虽然推行招投标制度，但市场仍存在许多不规范之处，且出于地方保护主义和其他一些非经济因素的影响，建筑市场存在一定程度的区域分割，这为企业进行跨地区业务开拓增加了难度。

七、来自自然的风险

工程项目施工最易受到自然环境的影响，特别是异常恶劣的气候条件，如超出正常年份的雨季、寒冷的冬季等，都会严重影响正常施工，降低生产效率，甚至被迫停工。由于不可抗力引起的风险，如大风暴、洪水、地震、泥石流等自然灾害虽然出现概率较低，但是一旦出现，造成的危害是相当严重的。它不但给承包商带来严重的损失，也会给业主带来巨大的损失，因此对这类风险无论是在国际上 FDIC 合同条件下，还是在我国工程施工承包合同文本中都有明确规定的双方责任和权利。

第三节　建筑施工企业的风险估计与评价

在识别了各种风险及潜在损失之后应对风险进行估计和评价，即估计各种损失将发生的频率及这些损失的严重程度，以便于评价各种潜在损失的相对重要性，从而为确定风险管理对策的最佳组合提供依据。

一、建筑施工企业的风险估计

建筑施工企业风险估计就是对识别出的风险进行测量，给定某一风险发生的概率，它具有以下几个方面的目的：加深对项目自身和环境的理解；进一步寻找实现项目目标的可行方案；使项目所有的不确定性和风险都经过充分、系统而又有条理的考虑；明确不确定性对项目其他各方面的影响；估计和比较项目各种方案或行动线路的风险大小，从中选择出威胁最少、机会最多的方案和行动路线。

对建筑施工企业风险进行概率估计的方法有两种：一种是根据大量试验，用统计的方法进行计算，这种方法所得的数值是客观存在的，不以人的意志为转移，称为客观概率。但实际风险管理研究中进行风险分析时，所遇到的事情经常不可能做试验，又因时间是将来发生的，因而不可能做出准确的分析，很难计算出客观概率。但出于决策的需要，必须对事物出现的可能性进行估计，于是由有关专家对事件的概率做出一个合理的估计，这就是主观概率。

主观概率是估计者根据合理的判断和当时能收集到的有限信息以及过去长期的经验所进行估计的结果。主、客观概率的使用方法完全一样，而主观概率在风险估计中的应用近年来已日益引起人们的重视。对于大型工程项目，由于缺乏历史资料的借鉴，经常利用主观概率估计的方法对辨识出的风险进行估计。另外，对大型建筑工程进行经济风险分析，由于该建筑项目的特征可以通过它的投入产出流反映出来，因而各种风险因素的直接作用后果将使得项目在各个时期的投入产出流发生变化，当时即投入产出流系列与预测值发生偏差时，将最终导致投入产出的偏差。因此，在风险估计阶段的主要任务，就是在综合考虑主要风险影响的基础上，对随机投入产出流的概率分布进行估计，并对各个流之间的各种关系进行研究。

二、建筑施工企业的风险评价

风险估计只是对项目各阶段单个风险分别进行估计和量化，而风险评价则考虑单个风险综合起来的整体风险以及项目主体对于风险的承受能力。

1. 风险评价的内容

对识别出来的风险必须做如下的分析和评价：

（1）风险存在和发生的时间分析

风险存在和发生的时间分析，即风险可能在建筑项目的哪个阶段、哪个环节上发生。有许多风险有明显的阶段性，有的风险是直接与具体的工程活动相联系的，这对风险预警有很大的作用。

（2）风险的影响和损失分析

建筑施工企业风险的影响是个非常复杂的问题，有的风险影响面很小，有的风险影响面很大，甚至引起整个工程的中断和报废，而许多风险之间又是有联系的。一个项目中，风险之间的相关影响被定义为风险关系，例如：某个建筑工程活动受到干扰而拖延，则可能影响它后面的许多活动。举例说明：经济形势的恶化不仅会造成物价上涨，而且可能引起业主支付能力的变化。

有的风险是相克的，其作用可以相互抵消，例如：反常的气候条件、设计图纸拖延、承包人设备故障等如在同一时间发生，则它们之间对总工期的影响可能是叠加的，不能简单地相加。

（3）风险发生的可能性分析

风险发生的可能性分析，是研究风险自身的规律性，通常用概率表示。人们可以通过各种方法研究风险发生的概率。

（4）风险级别

建筑施工项目的风险因素非常多，涉及各个方面，但我们不能对所有的风险都十分重视。否则，将大大提高管理费用，并且过分的谨慎将反而会干扰正常决策过程。这就要求对项目诸风险进行比较和评价，确定它们的先后顺序。

2. 风险评价的结果

风险评价必须以文字、表格的形式形成风险分析报告，这个过程不仅是风险分析的结果，也是风险管理的基本依据。图表的内容可以按照分析的对象进行编制，例如以项目单元为对象进行风险评价，也可按照风险的结构进行分析研究。

三、建筑施工企业风险估计与评价常用的方法

风险估计与评价是指应用管理科学技术，采用定性与定量相结合的方式，最终定量地估计风险大小，找出主要的风险源，并评价风险的可能影响，以便以此为依据，对风险采取相应的措施。

在建筑施工企业风险的估计与评价中，应处理好定性与定量分析的关系，在实际应用中，我们大量采用专家调查法进行风险估计。从理论上分析，这种方法当然有准确度和数据处理上的难度，但是在我国的实际情况下，仍不失为一种解决风险估计的好手段。定量分析大都采用仿真方法，首先存在基础数据不足的难处，其次是不易求解。定性与定量相结合是一种比较好的方法，如 AHP 法就是一个成功的例子，在项目风险管理过程中，风险估计是最困难的，管理者往往陷入困难的境地，而为了准确，就必须应用复杂的概率计算方法或采用精度较高的模型，但是限于资料的稀缺或时间的紧迫，这种方法或模型就被迫放弃。大多数的管理者宁愿放弃精度较高的方法而采用定性的预测方法，即将风险的概率估计予以主观量化。常见的方法有以下几种：

1. 调查与专家打分法

调查与专家打分法是一种最常用、最简单且易于应用的风险估计方法。首先通过风险定量辨识将工程项目所有风险列出，设计风险调查表，然后利用专家经

验，对各个风险的重要性进行评估，再综合成整个项目风险。具体步骤如下：

（1）确定每个风险因素的权重，以表征其对项目过程的影响程度。

（2）确定每个风险因素的等级值，例如按较小、稍小、中等、较大、很大五个等级，分别以 0.1、0.3、0.5、0.7 和 0.9 打分。

将每个风险因素的权重与等级值相乘，求出该风险因素的得分，再将各风险因素得分求和，求出工程项目整个过程风险的得分。总分越高，说明风险越大，为了规范这种方法可根据专家的经验，对所评价项目的了解程度、知识领域等，对专家评分的权威性确定一个权重值。最后的风险度值为每位专家评定的风险总分乘以各自的权威性的权重值，所得之积合计后再除以全部专家权威性的权重值。

2. 模糊数学法

在经济评价过程中，很多影响因素和活动很难用数字来定量地描述，它们的结果也是含糊不定的，无法用单一的准确性来评判。为解决这一问题，美国学者于 1965 年首次提出模糊集合的概念，对模糊行为和活动建立模型。对于复杂事物来说，边界往往具有很大的模糊性。模糊数学从二值逻辑的基础上转移到连续逻辑上来，把绝对的"是"与"非"变为更加灵活的概念，在相对的阈值上去划分是与非，这并非让数学家放弃其严格性去迁就模糊性，相反，是以严格的数学方法去处理模糊现象。

模糊数学的优势在于，它为现实世界中普遍存在的模糊、不清楚的问题提供了一种充分的概念化结构，并以数学语言去分析和解决它们。它特别适合于处理那些模糊、难以定义的并难以用数学描述而易于用语言描述的变量。正因为这种特性，模糊数学已广泛应用于各种经济评价中。

工程项目中潜含的各种风险因素很大一部分难以用数学来准确地加以定量描述，但都可以利用历史经验或专家知识，用语言生动地描述出它们的性质及其可能的影响结果。并且，现有的绝大多数风险分析模型都是基于需要输入的定量技术，而风险分析相关的大部分信息确实很难用数学表示的，却易于用文字或句子来描述，这种性质最适合于采用模糊数学模型来解决问题。

3. 层次分析法

层次分析法是一种多方案多评价因素的评价方法，又叫 AHP 法。AHP 是 20世纪 70 年代提出的，从 20 世纪 80 年代开始在我国流行。时至今日，仍有许多人对此方法进行改进和完善。AHP 法是一种定性和定量相结合的方法，特别适用于评价因素难以定量化且复杂的评价问题。

层次分析法的基本做法是，首先把评价因素分解成若干层次，接着自上而下对各层次的诸评价因素两两比较（类似于环比评分法），得出评价结果。然后，通过计算，自下而上把各层次的评价结果综合在一个评价因素（评价目标）下，即可获得系统方案的优劣顺序，供决策者决策时参考。运用层次分析法评价项目风险，能使主、客观因素综合考虑，从而避免了单靠直觉与经验进行评价的影响。表达了应用层次分析法进行项目评价的过程。层次分析法在运用过程中构造判断矩阵很大程度上依赖于专家的个人判断，为了使判断矩阵更加客观精确，首先运用层次分析法就每个专家的专业知识、经验和判断能力进行评估，确定每个专家的打分权重以保证判断矩阵的精确性。除上述三种方法以外，风险评价常用的方法还有概率统计法和敏感性分析法，但我们主要应用前三种方法，因此对此两种方法不再阐述。

第四节　建筑施工企业的风险管理对策

一、建筑施工企业风险管理对策分类

现代风险管理一般由三个阶段组成，即在识别、估计和评价风险后，就应考虑如何有效地控制和处理风险，这包括选择应采取的各种避免损失和控制损失的对策，并分析各对策的成本及后果，各建筑施工企业需根据自身的经济状况及风险管理的总方针和特定目标，确定各种对策的最佳组合，达到以最小费用开支获得最大安全效果的目的。风险管理决策通常分为两大类，即风险控制对策和风险财务对策。

风险控制对策是指处置风险和避免减少损失所采取的各种措施和手段，这种处理技术的主要特征是力图避免或减少涉及风险各方所面临的风险及其影响，它是通过回避风险、损失控制、非保险转移等手段来消除或抑制风险因素，防止风险事件发生，尽可能地将风险损失减少到最低限度，这些措施一般在损失发生前实施，回避风险系指直接避开能导致风险的事项和活动，以消除可能发生的损失。例如，不进入建筑市场就可以避开由于施工带来的风险。回避是一种简单易行，但较为消极的风险控制措施。损失控制系指为消除或减少风险因素所采取的措施。它包括损失预防和损失减少两个方面。前者包括使用预防技术，建立或改进预防设施，开展风险管理教育及有关技术培训等；后者则是在损失发生之时，为降低损失程度而采取的各种措施。损失控制具有积极主动处置风险的性质，但也有技术要求可能不易达到或成本可能较高的局限性。非保险转移风险系指采用除保险外的各种方式将风险转嫁出去。如出售、转让、分包、转包、转租等。这主要是通过各种经济合同来实现的，是保险转移的补充。非保险转移受法律及合同条款的制约。

在风险管理计划中，即使风险管理的目标是防止所有的损失，并且有相应的风险控制措施，难免有时也会出现某些损失。无法完全控制全部的风险意味着必须对可能出现的各种损失作出度量，并采取相应的财务处理措施。风险财务对策是指损失发生后的财务处理方式和经济补偿手段。它主要包括风险自留、风险保险转移和财务性非保险转移。自留风险又称自担风险，是自行承担损失发生后的财务后果的方式，自留风险分为主动自留风险和被动自留风险。前者是指出于经济性的考虑，自己主动承担的、并非无其他处置方式的识别风险；后者则指未能识别的、或已识别但因预测不准或忽略而不得不自己承担的风险。自留风险是风险管理中常用的风险财务工具。通常对损失频率和程度都小的风险，可以以自留风险方式处置。但应注意努力避免被动自留风险。至于保险，则是最常见、最有效的转移风险处理方式，它是投保人通过交纳一定保险费的形式将风险转嫁给承保人的一种风险处理工具。保险作为传统的风险处理手段，在风险管理中仍占有重要的地位。

二、建筑施工企业风险控制对策

1. 风险回避

风险回避主要是指中断风险源，使其不致发生或遏制其发展。当项目风险潜在威胁发生可能性太大，不利后果也太严重，又无其他策略可用时，主动放弃项目或改变项目目标与行动方案，从而避免风险的一种策略，如果通过风险评价发现项目的实施将面临巨大的威胁，项目管理班子又没有别的办法控制风险，甚至保险公司亦认为风险太大拒绝承保，这时就应当考虑放弃项目的实施，避免巨大的人员伤亡和巨大的财产损失。它包括两种方式：先期回避与中途放弃。这两种方式都是基于这样一种认识：承担或继续承担风险的成本将大大超过回避的可能费用。前者如拒绝承担某高风险项目，即避免了这个高风险项目可能导致的损失；后者如原先承担某项目，中途终止合同。通过回避来消除风险的做法并不常见。

一般来说，最适宜采用回避技术的有两种情况：第一，某种特定风险所致的损失频率和损失幅度相当高；第二，应用其他风险管理技术所需成本也超过其产生的效益。

回避风险是管理和控制风险的一种有效的、普遍应用的方法。通过回避风险，将从根本上排除风险来源和风险因素，从而避免可能产生的潜在的损失和不确定性，直接回避某种风险是处置该风险的最简单易行的办法，也最具彻底性和经济性。这是回避风险技术优于其他各种技术的地方。

然而，回避风险也有消极的一面。首先，回避某种风险可能意味着同时放弃某种获利的机会。当潜在的损失明显大于潜在的利益时，采用这种方法是一种明智的选择，如果所涉及的主要风险通过承包商的细心管理确实是可以控制的，而且细心管理又确实可以增加利益，那么承包商就应该把项目进行下去。其次，回避风险可能产生另一种风险，回避一处的风险可能使别处产生风险或加大某种已存在的风险。最后，有些风险是无法或很难回避的。

总之，回避风险自有它可取的一面，但也有局限性。当某种特定风险的损失频率和损失的程度相当高，或者应用其他风险控制技术的成本超过其产生的效益时，可采用回避风险技术，否则不宜采用。回避风险对策的成功与否要看最终是否避免了损失。

2. 损失控制

损失控制是在愿意承担风险前提下采取各种措施，减少损失频率，降低损失严重程度的控制技术。虽然损失控制和回避风险都是以风险单位为处理对象，而非以财务手段（如设立基金）来消纳损失，但损失控制是要积极改善风险单位的特性使之能被接受，而不是如回避风险那样消极地放弃或终止。损失控制包括两个方面的工作：减少损失发生的机会即损失预防；降低损失的严重性即遏制损失加剧，设法使损失最小化。

损失预防是一种事前的、积极的风险控制技术，即采用各种措施努力消除造成风险的一切原因，以达到减少损失发生次数（损失频率）或是损失不发生的目的。例如，房屋建造者通过改变建筑材料以防止使用材料不当而倒塌；承包商通过提高质量控制标准以防止因质量不合格而返工或罚款；在施工过程中通过加强安全教育和强化安全措施，减少事故发生的机会等。在签订施工合同时，业主要求承包商出具各种保函就是为了防止承包商不履约或履约不力；而承包商要求在合同中赋予其索赔权利也是为了防止业主违约或发生种种不测事件。

损失减少是指在风险损失已经不可避免地发生的情况下，通过种种措施以遏制损失继续恶化或局限其扩展范围使其不再蔓延或扩展，也就是一种事后的风险控制技术，它试图通过一系列措施来降低损失的严重程度，使发生损失的影响减到最小。例如，承包商在业主付款误期超过合同规定期限情况下，采取停工或撤出施工队伍，并提出索赔要求甚至提起诉讼；业主在确信某承包商无力继续实施其委托的工程时立即撤换承包商；施工事故发生后采取紧急救护，安装火灾警报系统等都是减少损失的措施。

3. 风险的分离、分散与控制型风险转移

风险的分离对策是常用的风险控制对策，它的主要思路是将企业或项目的风险因素分离开，而不是将它们集中于可能遭受同样损失的同一部位，以避免发生连锁反应或互相牵连。这种处理可以将风险局限在一定的范围内，从理论上讲，可以减少一种风险的最大预期损失。根据大数定律，企业或项目借助于风险分离，增加了独立风险单位数量，从而达到减少损失的目的。

分散是将同类风险单位加以增多或扩大，以有助于预测未来损失、降低风险的一种对策。由于分散使独立风险单位的数量增加，在其他条件不变时，根据的数定律预测损失经历的能力将得到提高，因而风险减少。企业实行分散的途径之一就是进行内部扩张。扩张之后资产增加、技术力量的加强、生产能力的提高，有利于产品的多样化和实行多种经营，因而有可能选择合理的风险组合，从而有利于分散风险，尤其是减少投机风险的损失。例如，企业内部扩张，增设实体以分散风险或企业兼并，从而加大风险承受能力。对于承包商，风险分散应成为其经营的主要策略之一，如多揽项目、广种薄收即可避免单一项目上的过大风险。

控制型风险转移是针对财务性风险转移来说的。在经营实践活动中有些风险无法通过上述手段进行有效控制，经营者只好采取转移手段以保护自己。风险转移并非转嫁损失。

这种手段也可能被认为是损人利己和有损商业道德的，因为有许多风险对一些人的确可能造成损失，但转移后并不一定同样给对方造成损失。其原因是个人的优势不一样，因而对风险的承受能力也不一样。当然需要强调的是，这里所说的风险转移是指合理、合法的正当途径的转移。无限制的、任意的、带有欺诈性等不择手段的转移均是不道德和非法的。实施风险转移应遵守政府法规和法令。这是任何经济单位都必须履行的社会责任。风险转移的手段常于工程承包中的分包、转让技术或合同、出租设备或房屋等手段将其自身全部承担的风险部分或全部转移至他人，从而减轻自身的风险压力。

4. 风险自留

所谓风险自留，是指既不回避也不转移风险，而自行承担风险即损失发生后的直接财务后果。自留风险是处理风险的最普通的方法。这种手段有时是无意识的，即当初并不曾有意识地采取某种有效措施，以致最后只好由自己承受；但有时也可以是主动的，即经营者有意识、有计划地将若干风险主动留给自己。这种情况下，风险承受人通常已经做好了处理风险的准备。这种无意识或低估将风险及潜在损失承担下来的情形称为被动自留。而有意识、有计划的风险自留称为主动自留。被动自留风险基本上是风险评估不力或疏忽大意的产物，它必然会对风险处理者产生不利的影响，因此必须避免被动自留风险。作为一类风险财务技术的风险自留，主要是指主动自留风险。

风险自留在一些情况下是唯一可能的对策。有时企业不能预防损失，回避又不可能，且没有转移的可能性，企业别无选择，只能自留风险。但是如果自留风险并非唯一可能的对策时，风险管理人应该认真分析研究，制定最佳决策。通常要考虑的因素如下：费用，应比较分析投保费用与自留风险可能耗去的费用之差距；期望损失与风险概率；机会成本，比较保费与损失发生时所开支费用的现值，这里涉及资金的时间价值；服务质量，保险公司的服务质量与企业自留风险是内部处理损失人员的工作素质之间的差距；税收考虑。

风险自留是一种重要的财务性风险管理技术，与风险控制技术不同，风险自留并未改变风险的性质、发生的频率以及损失的严重性。对那些风险潜在损失较小、重复性较高的风险可以采取自留策略。风险自留又分为主动的风险自留和被动的风险自留。

主动的风险自留是指风险管理人员通过合理的分析，有意识、有计划地将某些风险留给企业自身承担；被动的风险自留是指风险管理人员进行风险分析和评价时，没有意识到某些风险的存在，或者没有为处理某些风险做准备，当风险发生时，只能被动地承担不利后果。

在采取风险自留措施时，对风险造成损失的处理方法有以下几种：可以把损失纳入当前发生的费用，企业这样做是一种有意识的决策，一般适用于那些发生频率高但损失程度小的风险，比如机动车的修理费等损失；还有就是建立企业内部风险基金，这是一项专门设立的基金，主要目的就是在损失发生以后，能够提供足够的流动性资金来弥补损失；有的企业还建立了外部企业风险基金，通过向保险公司逐期支付一定的费用，由保险公司代为积累和管理，风险发生时，保险公司的赔偿以基金中的数额为限，在实际操作时，企业会通过超过基金累计额的损失与保险公司达成协议，即企业支付一定的保险费用，保险公司赔偿超过基金总额的那部分损失。

5. 工程保证担保

工程保证担保是指保证人在事先评估被保证人业绩和信用的基础上，向债权人保证被担保人能够按合同规定条款完成工程或及时支付有关款项的信用工具。其种类主要有投标担保、履约担保、预付款担保、业主支付担保、工程质量担保、分包担保和反担保等。

第二章 建筑工程项目合同风险及管控

本章站在建筑企业的角度，参考目前常用的风险管理理论和合同管理方法，对建筑工程合同风险管理过程进行了分析和研究。指出了我国施工企业在合同风险管理方面的不足以及如何加强和改进合同管理工作，提出了进行施工合同风险管理的基本流程，并对流程中各个环节的概念、步骤和方法等进行了详细的说明。

第一节 建筑工程合同体系

一、建筑工程合同的主要合同关系

建筑工程项目是一个极为复杂的社会生产过程，要经历可行性研究、勘察设计、工程施工、运行和维修改造等阶段；有建筑、土建、水电、设备安装、通信等专业设计和施工活动；需要各种材料、设备、资金和劳动力的供应。由于现代的社会化大生产和专业化分工，一个较大规模的工程项目其参加单位可能就有几十个，甚至成百上千个，它们之间形成各式各样的合同关系。工程项目的建设过程实质上就是一系列合同的签订和履行过程。

1.业主的主要合同关系

业主根据对工程的需要，确定工程项目的整体目标。为了实现这一目标，业主必须将建筑工程的勘察设计、工程施工、设备和材料供应等工作委托出去，必须与有关单位签订各种合同：

（1）咨询（监理）合同，即业主与咨询（监理）单位签订的合同。咨询（监理）单位负责工程项目的可行性研究、设计监理、招标和施工阶段监理等一项或几项工作。

（2）勘察设计合同，即业主与勘察设计单位签订的合同。勘察设计单位负责工程项目的地质勘察和工程设计工作。

（3）供应合同。对由业主负责提供的材料和设备，必须与有关的材料和设备供应单位签订供应（采购）合同。

（4）工程施工合同，即业主与承包人签订的工程施工合同。

（5）贷款合同，即业主与金融机构签订的合同。后者向业主提供资金保证。按照资金来源的不同，有贷款合同、合资合同和 BOT 合同等。

2. 承包人的主要合同关系

承包人是工程项目施工的具体实施者，是工程施工合同的执行者。承包人通过投标竞争获得工程的承包权，与业主签订工程施工合同或工程总承包合同。工程施工合同和承包人是任何建筑工程中不可缺少的。总承包人或施工承包人经发包人（业主）同意，可以将自己承包的部分工作交由第三人完成。所以，承包人常常又有自己复杂的合同关系。

（1）分包合同

工程承包单位可以将其承包工程中的部分工程发包给具有相应资质条件的分包单位。分包工程除总承包合同中约定的分包外，必须经建设单位认可。承包人与分包人签订分包合同。承包人在承包合同下可能签订若干个分包合同，而分包单位仅完成总承包人的工程。分包单位按分包合同的约定对总承包人负责，与业主无合同关系。总承包人和分包单位就分包工程对发包人承担连带责任。

（2）供应合同

承包人为工程施工所进行的必要的材料和设备的采购，必须与供应商签订供应合同。

（3）运输合同

承包人为解决材料和设备的运输而与运输单位签订的合同。

（4）加工合同

承包人将建筑材料、构配件、特殊构件加工任务委托给加工承揽单位而签订的合同。

（5）租赁合同

在工程施工过程中承包人需要许多施工机械设备、运输设备、周转材料。当有些机械设备、周转材料在现场使用率较低，或自己购置需要大量资金投入而自己又不具备这个经济实力时，可以采用租赁方式，与租赁单位签订租赁合同。

（6）劳务供应合同

承包人与劳务供应商之间签订的合同。由劳务供应商向工程提供劳务。

（7）保险合同

承包人按施工合同要求对工程进行保险，与保险公司签订保险合同。

3. 其他的合同关系

在实际工程中还可能存在下列一些合同关系：

（1）设计单位、各供应单位也可能存在各种形式的分包。

（2）承包人有时也承担工程（或部分工程）的设计（如设计—施工总承包），承包人有时会将设计委托给设计单位进行，与设计单位签订委托设计合同。

（3）大型建筑工程或结构复杂的建筑工程，可以由两个以上的承包单位联合共同承包，则联合体成员之间必须订立联营合同。

二、建筑工程项目的合同体系

通常一个规模较大的建筑项目有几十份、几百份，甚至几千份合同，这些合同之间既相互独立，又相互联系，形成了项目的合同体系。在工程项目合同体系中，业主签订的合同（主合同）通常包括咨询（监理）合同勘察设计合同、工程施工合同供应合同、贷款合同等。但是，不同项目的主合同在工程范围、内容、形式上会有很大差别。例如，业主可以只签订一份合同，将工程的勘察设计、土建施工、设备安装都委托给一个承包人；也可以根据工程需要将各专业工程分段或分别委托，甚至签订几十份合同。

三、建筑工程项目合同的类型

工程项目合同按不同的分类方法，有不同的类型。最常用的分类方法有以下几种：

1. 按照工程建设阶段分类

工程项目的建设须经过勘察、设计施工等若干个过程才能最终完成，而且这个过程具有一定的顺序性，前一个过程是后一个过程的基础和前提，后一个过程是前以一个过程的目的和结果，各个阶段不可或缺。这 3 个阶段的建设任务虽然有着十分紧密的联系，但仍然有明显的区别，可以单独地存在并订立合同。因而，合同法将建筑工程合同分为工程勘察合同、工程设计合同和工程施工合同。

（1）工程勘察合同

工程勘察合同是指对工程项目进行实地考察或察看，其主要内容包括工程测量、水文地质勘察和工程地质勘察等，其任务是为建设项目的选址、工程设计和施工提供科学、可靠的依据。

（2）工程设计合同

工程设计合同是指正式进行工程的建筑、安装之前，预先确定工程的建设规模、主要设备配置、施工组织设计的合同。根据我国现行法律规定，一般建设项目按初步设计和施工图设计两个阶段进行设计，技术复杂又缺乏经验的项目，需增加技术设计阶段，对一些大型联合企业、矿区和水利枢纽工程，还需要进行总体规划或总体设计。

（3）工程施工合同

工程施工合同是指承包人按照发包人的要求，依据勘察、设计的有关资料、要求，进行建设、安装的合同。工程施工合同可分为施工合同和安装合同两种，有关法律将它们合并称为工程施工合同。实践中，这两种合同还是有区别的。施工合同是指承包人从无到有、进行土木建设的合同。安装合同是指承包人在发包人提供基础设施、相关材料的基础上，进行安装的合同。一般来说，施工合同往往包含安装工程的部分，而安装合同虽然也进行施工，但往往是辅助工作。

以上3种建筑工程合同，勘察、设计往往结合在一起，称作工程勘察设计合同。

2. 按照发承包方式分类

按发承包方式的不同，建筑工程合同可以分为以下几种：

（1）勘察、设计或施工总承包合同

勘察、设计或施工总承包合同，是指建设单位将全部勘察、设计或施工的任务分别发包给一个勘察、设计单位或一个施工单位作为总承包单位，经发包人同意，总承包单位可以将勘察、设计或施工任务的一部分再发包给其他单位。在这种模式中，发包人与总承包人订立总承包合同，总承包人与分承包人订立分包合同，总承包人与分承包人就工作成果对发包人承担连带责任。这种发承包模式是我国工程建设实践中最常见的形式。

（2）单位工程施工承包合同

单位工程施工承包，是指一些大型、复杂的建筑工程中，发包人可以将专业性很强的单位工程发包给不同的承包商，与承包商分别签订土木工程施工合同、电气与机械工程承包合同，这些承包商之间为平行关系。单位工程施工承包合同常见于大型工业建筑安装工程。

（3）工程项目总承包合同

工程项目总承包，是指建设单位将包括工程设计、施工、材料和设备采购等一系列工作全部发包给一家承包单位，由其进行实质性设计、施工和采购工作，最后向建设单位交付具有使用功能的工程项目。

按这种模式发包的工程主要为"交钥匙工程"。一般适用于简单、明确的常规性工程，如一般的商业用房、标准化建筑等。对一些专业性较强的工业建筑，如钢铁、化工、水利等工程由专业的承包商进行项目总承包也是常见的。

（4）工程项目总承包管理合同

工程项目总承包管理，即 CM（Construction Management）承包方式，是指建设单位将项目设计和施工的主要部分发包给专门从事设计和施工组织管理工作的单位，再由后者将其分包给若干设计、施工单位，并对它们进行项目管理。

项目总承包管理与项目总承包的不同之处在于：前者不直接进行设计和施工，没有自己的设计和施工力量，而是将承包的设计和施工任务全部分包出去，总承包单位专心致力于工程项目管理；而后者有自己的设计、施工力量，直接进行设计、施工、材料和设备采购等工作。

（5）BOT 承包合同（又称特许权协议书）

BOT 承包模式，是指由政府或政府授权的机构授予承包商在一定期限内，以自筹资金建设项目并自费经营和维护，向东道国出售项目产品或服务，收取价款或酬金，期满后将项目全部无偿移交东道国政府的工程承包模式。

3.按照承包工程计价方式分类

按照承包工程计价方式，建筑工程合同可以分为以下几种：

（1）固定价格合同

这种合同的工程价格在实施期间不因价格变化而调整。在工程价格中应考虑价格风险因素并在合同中明确固定价格包括的范围。当合同双方在约定价格固定的基础上，同时约定在图纸不变的情况下，工程量不做调整，则该合同就成为固定总价合同。

（2）可调价格合同

这种合同的工程价格在实施期间可随价格变化而调整，调整的范围和方法应在合同中约定。

（3）工程成本加酬金合同

这种合同的工程成本按现行计价依据以合同约定的办法计算，酬金按工程成本乘以通过竞争确定的费率计算，从而确定工程竣工结算价。

4. 与建筑工程有关的其他合同

严格讲，与建筑工程有关的其他合同并不属于建筑工程合同的范畴。但是这些合同所规定的权利和义务等内容，与建筑工程活动密切相关，可以说建筑工程合同从订立到履行的全过程离开了这些合同是不可能顺利进行的。这些合同主要有以下几种：

（1）建筑工程委托监理合同

有关法律规定了建筑工程监理制度，作为明确业主与监理单位之间权利义务关系的协议，建筑工程委托监理合同在工程建设全过程中发挥着重要作用，与建筑工程合同密不可分。

（2）国有土地使用权出让或转让合同、城市房屋拆迁合同

建设单位进行工程项目的建设，必须合法取得土地使用权，除以划拨方式取得土地使用权以外，都必须通过签订国有土地使用权出让或转让合同来获得。城市房屋拆迁合同的有效履行，是建设单位依法取得施工许可的先决条件。根据有关规定，建设单位申请施工许可证时，应当具备的条件之一是拆迁进度符合施工要求。

（3）建筑工程保险合同和担保合同

建筑工程保险合同是为了化解工程风险，由业主或承包商与保险公司订立的保险合同。建筑工程担保合同是为了保证建筑工程合同当事人的适当履约，由业主或承包商作为被担保人，与银行或担保公司签订的担保合同。建筑工程保险合同和工程担保合同是实施工程建设有效风险管理、增强合同当事人履约意识、保证工程质量和施工安全的需要，FIDIC 等合同条件中都规定了工程保险和工程担保的内容。

第二节　建筑工程合同策划

一、合同策划的内容及其重要性

建筑工程合同策划的目的是通过合同保证项目目标的实现。它反映了工程项目战略和企业战略，反映了企业经营指导方针和根本利益。合同策划主要应确定以下一些重要问题：将项目分成几个独立的合同，各合同的工程范围；合同所采

取的委托方式和承包方式；合同所采用的类型和条件；合同的重要条款；各相关合同在内容、时间、组织技术等方面的协调；合同的签订与实施中的重大问题。

二、业主的合同策划

由于业主在工程建设过程中的主导地位，使得业主的合同策划对于整个工程项目产生很大影响，承包商的合同策划也直接受其影响。业主的合同策划必须确定以下几个问题：

1.确定合同范围与分标

招标前，业主须首先确定整个工程项目将划分成几个标或是采用总包。传统的工程发包方式是业主将工程项目的勘察设计、工程施工、材料和设备供应分别发包给几个独立的承包商；勘察设计承包商、施工（包括土建、安装、装饰）承包商、材料和设备供应商，分别签订合同。

在工程规模大、工期长、技术复杂等情况下，业主可以将整个工程项目，特别是工程项目的施工阶段，按项目、专业划分成几个合同段，分别发包给不同的承包商。根据工程总进度要求和建设市场的实际情况，并结合技术施工设计的进度和周期，确定采用分标招标。例如，把整个隧道主体的建筑安装工程分成 7 个标段，此外还有多个设备采购分项标。

采用分标方式有利于业主多方组织强大的施工力量，按专业选择优秀的施工企业；完善的计划安排还有利于缩短建设周期。但是，由于分标，招标次数增多、合同数多、业主直接面对的承包商数量多，因此对业主来说，管理跨度大，协调工作多，合同争执也较多，索赔较多，管理工作量大而且复杂，要求业主有较强的管理能力，或委托得力的监理单位。

总包（交钥匙工程）则是将项目的勘察设计、施工、供应，甚至项目前期工作的后期运营等全部包给一个承包商，承包商向业主承担全部责任。当然，承包商可将部分项目分包出去。这种方式的特点是：业主的管理工作量较小，仅需一次招标，合同争执及索赔较少，协调工作容易，现场管理较简单。但是，对承包商的要求甚高，业主必须选择既有强大的各专业工程施工能力、供应能力，又有强大的勘察能力；既有管理能力，又有良好的资信，甚至很强的融资能力的承包商。对业主来说，承包商资信风险很大，需加强对承包商的宏观控制，例如，业主可以采用联合体投标承包方式，按法律约定联合体成员之间的连带责任，降低风险。

2. 选择招标方式

工程项目的招标方式有公开招标、邀请招标和议标等，各种招标方式有其特点和适用范围。一般要根据发包模式、合同类型、业主所拥有的招标时间（工程项目紧迫程度）、业主的项目管理能力和期望的工程建设的控制程度等决定。

对业主来说，公开招标（无竞争性招标），选择范围大，利于择优选取理想的承包商。承包商之间公平竞争，有利于降低报价。但是，公开招标程序多，时间较长；业主管理工作量大，如需要准备许多资格预审文件和招标文件；资格预审、评标、澄清等工作量大，且必须严格认真，以防止不合格承包商混入。

邀请招标（有限竞争性招标）。业主根据工程项目的特点，有目标、有条件地选择几个承包商，邀请他们参加工程项目的投标竞争，这是国内外经常采用的招标方式。邀请招标，由于不需要进行资格预审，减少了程序，简化了手续，可以节约招标费用和时间。业主对所邀请的投标人较了解，降低了风险。但是由于被邀请的投标人较少，可能漏掉一些技术上、报价上有竞争力的承包商，业主获得的报价可能不十分理想。

邀请招标一般适合以下几种情况：专业性强，特别是在经验、技术装备、专门技术人员等方面有特殊要求的；工程不大，若公开招标使业主在时间和资金上耗费不必要的精力；工期紧迫、涉及专利保护或保密工程等；公开招标后无人投标的。

议标，即业主直接与一个承包商进行合同谈判，由于没有竞争，承包商报价较高，工程合同价格自然很高。一般在如下情况下采用：业主对承包商十分信任，可能是老主顾，承包商资信很好；由于工程的特殊性，如军事工程、保密工程、特殊专业工程和仅由一家承包商控制的专利技术工程等；有些采用成本加酬金合同的情况；在一些国际工程中，承包商帮助业主进行项目前期策划，做可行性研究，甚至做项目的初步设计。当业主决定上马这个项目后，一般都采用全包的形式委托工程，采用议标形式签订合同。

此类合同谈判业主比较省事，仅一对一谈判，无须准备大量的招标文件，无须复杂的管理工作，时间又很短。但由于该类招标方式没有竞争，所以通常合同价格较高。

3. 合同类型的选择

合同按其计价方式主要有单价合同、固定总价合同和成本加酬金合同等。各种类型合同有其适用条件，合同双方有不同的权利与责任，承担不同的风险。工程实践中应根据具体情况选择合同类型，有时一个项目的不同分项采用不同的计价方式。单价合同适用范围广泛，如 FIDIC 土木工程施工合同和我国的建筑工程施工合同文本，都采用单价合同。

单价合同的优点在于：

（1）招标前，发包人无须对工程做出完整、详尽的设计，因而可以缩短招标时间。

（2）能鼓励承包商提高工作效率，节约工程成本，增加承包商利润。

（3）支付时，只需按已定的单价乘以支付工程量即可取得支付费用，计价程序较简单。

单价合同适用于招标时尚无详细图纸或设计内容尚不十分明确，工程量尚不够准确的工程。单价合同中，承包商承担单价变化的风险，而业主则承担工程量增减的风险，是符合风险管理原理且公平合理的。

固定总价合同以一次包装的总价格委托，价格不因环境的变化和工程量增减而变化。所以在这类合同中承包商要承担单价和工程量的双重风险。除了设计有重大变更，一般不允许调整合同价格。由于承包商的风险较大，所以报价一般都较高。

这种合同适用于设计深度满足精确计算工程量的要求，图纸和规定、规范中对工程作出了详尽的描述，工作范围明确，施工条件稳定，结构不甚复杂，规模不大，工期较短，且对最终产品要求很明确，而业主也愿意以较大富裕度的价格发包工程项目。

成本加酬金合同，它是以实际成本加上双方商定的酬金来确定合同总价。这种合同与固定总价合同截然相反，合同价格在签订合同时不能确定。工程费用实报实销，业主承担着全部工程量和价格的风险；而承包商不承担风险，一般来说获利较小，但能确保获利。

这种合同的应用受到很大的限制，主要适用于：开工前工程内容不十分确定，如设计尚未全部完成即要求开工，或工程内容估计有很大变化，工程量及人工、材料用量有较大出入；质量要求高或采用新技术、新工艺，事先无法确定价格的工程；时间紧迫的抢险、救灾工程；带有研究、开发性质的工程。

对于这种合同，业主应加强对工程的控制，合同中应规定成本开支范围，规定业主有权对成本开支进行决策、监督和审查。

合同类型的选择应考虑下列因素：一是业主的意愿；二是工程项目设计的深度；三是项目的规模及其复杂程度；四是工程项目的技术先进性；五是承包商的意愿和能力；六是工程进度紧迫性；七是市场情况；八是业主的管理能力；九是

外部因素或风险，如政治局势、通货膨胀、恶劣气候等。

采用何种合同类型不是固定不变的，有时一个项目中的各不同工程部分，或不同阶段，可能采用不同类型的合同，业主必须根据实际情况，全面、反复地权衡利弊，选定最佳的合同类型。

4. 合同条款的选用

合同条款和合同协议书是合同文件最重要的部分。业主应根据需要选择拟定合同条款，可以选用标准的合同条款，也可以根据需要对标准的文本作出修改、限定或补充。

（1）选用合同条款时，应注意以下几个问题：合同条款应尽可能使用标准的合同条款；合同条款应与双方的管理水平匹配，否则执行时有困难；选用的合同条款双方都较熟悉，既利于业主管理工作，又利于承包商对条款的执行，可减少争执和索赔；选用合同条款还应考虑到各方面的制约。

（2）因为招标文件由业主起草，业主居于合同主导地位，所以业主应特别关注下列重要合同条款：适用合同关系的法律、合同争执仲裁的机构和程序等；付款方式；合同价格调整的条件、范围、方法，特别是由于物价、汇率、法律、关税等的变化对合同价格调整的规定；对承包商的激励措施。对于承包商提前竣工，提出新设计，使用新技术、新工艺使业主节省投资等，业主可采用奖励型的成本加酬金合同，质量奖等；合同双方的风险分配；保证业主对工程的控制权利。包括工程变更权利、进度计划审批权利、实际进度监督权利、施工进度加速权利、质量的绝对检查权利、工程付款的控制权利、承包商不履约时业主的处置权利，等等。

5. 合同间的协调

工程项目的建设，业主要签订若干合同，如勘察设计合同、施工合同、供应合同、贷款合同等，在这个合同体系中，相关的同级合同之间，主合同与分合同之间关系复杂，业主必须对此作出周密安排和协调，其中既有整体的合同策划，又有具体的合同管理问题。

（1）工作内容的完整性

业主签订的所有合同所确定的工作范围应涵盖项目的全部工作，完成了各个合同也就实现了项目总目标。为防止缺陷和遗漏，应做好下述工作：招标前进行项目的系统分析，明确项目系统范围；将项目做结构分解，系统地分成若干独立的合同，并列出各合同的工程量表；进行各合同（各承包商或各项目单元）间的界面分析，划清界面上的工作的责任、质量、工期和成本。

（2）技术上的协调

各合同间只有在技术上协调，才能构成符合项目总目标的技术系统。应注意下述几个方面：

1）主要合同之间设计标准的一致性，土建、设备、材料、安装等，应有统一的技术质量标准及要求，各专业工程（结构、建筑、水、电、通信、机械等）之间应有良好的协调。

2）分包合同应按照总承包合同的条件订立，全面反映总合同的相关内容；采购合同的技术要求须符合承包合同中的技术规范的要求。

3）各合同之间应界面清晰，搭接合理。如基础工程与上部结构、土建与安装、材料与运输等，它们之间都存在责任界面和搭接问题。

在工程实践中，各个合同签订时间、执行时间往往不是同步的，管理部门也常常是不同的。因此，不仅在签约阶段，而且在实施阶段，不仅在合同内容上，而且在各部门管理过程上，都应统一、协调。有时，合同管理的组织协调甚至比合同内容更为重要。

三、承包商的合同策划

对于业主的合同策划，承包商常常必须执行或服从。如招标文件规定，承包商必须按照招标文件的要求做标，不允许修改合同条件，甚至不允许使用保留条件。但承包商也有自己的合同策划问题。承包商的合同策划主要是下面几个问题。

1. 投标项目的选择

承包商通过市场调查获得许多工程项目的招标信息，承包商就是否参与某一项目的投标作出战略决策。其依据为下面几个方面。

（1）政治文化环境，例如，国内政局、国际关系、法律规定、风俗习惯、宗教信仰等。

（2）经济环境，例如，市场景气、生产水平、劳动力成本、汇率、利率、价格水平等。

（3）自然环境，例如，水文、地质、气候、自然灾害等。

（4）业主的状况，例如，资信、经营状况、支付能力、招标方式、合同类型及主要条款、工程性质、范围、等级、技术难度、执行规范标准、工期要求等。

（5）承包商自身的状况，例如，施工力量、技术水平、管理水平、工程经验、在手工程数量、资金状况等。

（6）竞争对手的状况、数量、竞争等。

总之，选择的投标项目应符合承包商自身的经营战略要求，最大限度地发挥自身优势。对于技术水平、管理水平、财务能力和竞争能力勉为其难的，应予否决。

2.承包商合同风险评价

承包商在合同策划时必须对工程的合同风险有一个总体的评价。合同风险评价主要包括风险的辨识和风险的评估两项工作。一般情况下，如果工程存在下列问题，则说明工程风险很大：

（1）工程规模大，工期较长，而业主采用固定总价合同形式。这种情况下，承包商须承担全部工程量和价格的风险。

（2）业主要求采用固定总价合同，但工程招标文件中的图纸不详细、不完备，工程量不准确、范围不清楚等。这对承包商很不利。

（3）业主将做标期压缩得很短，承包商没有时间详细分析招标文件，而且招标文件为外文，采用承包商不熟悉的合同条件，这不仅对承包商风险很大，而且还会造成对整个工程总目标的损害，常常欲速则不达。

（4）工程环境不确定性大。如物价和汇率大幅度变动、水文地质条件不清楚，而业主要求采用固定价格合同。

大量的工程实践证明，如果存在上述问题，特别当一个工程上同时出现上述多种问题，则这个工程可能彻底失败，甚至将整个承包企业拖垮。这些风险可能造成损失的大小，在签订合同时往往是难以想象的。遇到这类工程，承包商应有足够的思想准备和应对措施。

3.合作方式的选择

在总发包模式下，承包商必须就如何完成合同范围的工程作出决定。因为任何承包商都不可能自己独立完成全部工程，必须与其他承包商合作，充分发挥各自的技术、管理、财力优势，以共同承担风险。但不同的合作方式其风险分担程度也不相同。

（1）分包

分包在工程中使用较多，通常出于下述几种原因：

1）技术上的需要。承包商不可能也不必要具备工程所需各种专业的施工能力，它可以通过分包形式得到弥补。

2）经济上的目的。对于某些分项，将其分包给有能力且报价低的分包商，可获得一定的经济效益。

3）转嫁或减小风险。通过分包可将风险部分地转移给分包商。

4）业主的要求。即业主指定承包商将某些分项工程分包出去。一般有两种情况：一种是业主对某些分项工程只信任某一承包商；另一种是一些国家规定，外国承包商必须分包一定量的工程给本国的承包商。

承包商在投标报价时，一般就应确定分包商的报价，商定分包的主要条件，甚至签订分包意向书。由于承包商向业主承担工程责任，分包商出现任何问题都由总包负责，所以选择分包商应十分慎重，要选择符合要求的、有能力的、长期合作的分包商。此外，还应注意分包不宜过多，以免出现协调和管理的困难，以及引起业主对承包商能力的怀疑。

（2）联营承包

联营承包是指两家或两家以上的承包商联合投标，共同承接工程。

承包商通过联合承包，可以承接工程规模大、技术复杂、风险大、难以独家承揽的工程，扩大经营范围；同时，在投标中可以发挥联营各方的技术、管理、经济和社会优势，使报价更具竞争力；联营各方可取长补短，增强完成合同的能力，业主较欢迎，易于中标。联营有多种方式，最常见的是联合体方式。联合体方式指各自具有法人资格的施工企业结成合作伙伴联合承包一项工程。他们以联合体名义与业主签订合同，共同向业主承担责任。组成联合体时，应推举其中一方成员为该联合体的责任方，代表联合体的任一方或全体成员承担本合同的责任，负责与业主和工程师联系并接受指令，以及全面负责履行合同。

联营各方应签订联合体协议和章程，经业主确认的联合体协议和章程应作为合同文件的组成部分。在合同履行过程中，未经业主同意，不得修改联合体协议和章程。联合体协议属于施工承包合同的合同。通常联合体协议先于施工承包合同签订，但是，只有施工承包合同签订了，联合体协议才有效；施工承包合同结束，联合体协议也结束，联合体也就解散。

4.合同分析

合同分析是指从履行合同的角度对合同文件（重点是合同条款）进行一次全面的审查分析。如发现问题，业主方应及时予以纠正，承包商应及时要求业主解释澄清，使合同目标能落实到履行合同的具体事件和工作上，最终形成一个好的合同。一个好的合同，对今后履行合同、处理合同履行中发生的各种问题、保护合同当事人的合法权益，顺利达到合同目标是极为重要的。所以合同分析是继合同策划后一个重要的合同管理工作，无论业主还是承包商都应给予充分重视。

　　进行合同分析应严格地按照合同文字的表述，对每一条款、每一句、每一词甚至每一标点符号认真推敲，深入理解，不能只观大概、不顾细节，更不能从主观愿望想当然地解释。合同分析一般包括合法性分析、完备性分析、公平性分析、整体性分析、应变性分析以及文字唯一性和准确性分析等内容。合同分析涉及法律、法规、经济管理、工程技术和环境、人文等很多方面，是一项综合性很强的工作。

　　（1）合同合法性分析

　　合同合法与否，将关系到合同全部或部分有效与否。合同合法性分析的内容有：

　　1）当事人资格，发包人应具有发包工程、签订合同的资质、权能。承包商则须具备相应的权利能力（营业执照、许可证）和相应的行为能力（资质等级证书）。这样，合同主体资格才为有效。

　　2）工程项目具备招标和签订合同的全部条件，工程项目的批准文件、工程建设许可证、建设规划文件、已批准的设计文件，合法的招标投标程序和已列入年度计划等。

　　3）合同内容及其所指行为符合法律要求。如纳税、外汇、劳保、环保、担保等条款都应符合相应法律、法规的有关规定。

　　4）有些需经公证或官方批准方可生效的合同，已办妥了这方面手续，获得了证明或批准。对于某些政府工程、国家项目尤应注意这点。

　　（2）合同完备性分析

　　合同的完备性包括合同文件完备性和合同条款完备性两个方面。

　　1）合同文件的完备性，要求合同所包括的各种文件齐全，一般包括合同协议书、中标函、投标书、工程设计、规范、工程量清单和合同条款等。

　　2）合同条款的完备性，要求对各有关问题进行规定的条款要齐全。若采用标准合同文件，如 FIDIC 合同条款，虽然其通用条款部分条款齐全，对于一般的工程项目而言，内容比较完整。但对于每一特定的工程，根据工程具体情况和合同双方的特殊要求，还必须补充合同专用条款。若未采用标准合同文本，则应以标准文本作样本，对照所签合同，寻找缺陷，补齐必需的条款。若尚无标准合同文本，如联合体协议、劳务合同，则须收集实践中的同类合同文本，并作相互补充，以保证所签合同的完备性。

　　对于合同条件的不完备，有的业主认为这样有利于推卸业主责任、增加承包商的责任和工作范围，而有的承包商则会认为这样会给自己带来索赔的机会。其实这都是十分危险的想法。因为，对于前者，业主应对招标文件的错误、缺陷、矛盾、模糊、异义承担责任，不可能推卸责任；而对于后者业主往往可以"合同未做明确规定"或"承包商事先未提出澄清解释"来否定承包商的索赔。不完备的合同条件使得双方对权利义务的误解，会最终影响工程项目的顺利实施，所以，合同双方应努力签订一份完备的合同。

（3）合同公平性分析

合同公平性分析主要是指合同所规定双方的权利和义务的对等、平衡和制约问题，可以从以下几个方面进行具体分析：

1）双方的权利和义务应该是对等的、公平合理的。如有条款规定"承包商违约，业主有警告、停工整顿、解除合同的权利"，同时条款也规定"业主违约，承包商有减缓施工速度、暂停施工、解除合同的权利"。某些显失公平或免责条款，如某合同中规定"在施工期中不论什么原因使邻近地区受到损害的均由承包商承担赔偿责任"。这显然违反了公平原则，应予以删除或修改。

2）合同规定一方一权利，则同时应考虑到该权利应如何制约，有无滥用该项权利的可能，行使该权利应承担的责任等。如施工合同示范文本中规定"发包人有权要求承包商进行重新检验，承包商必须执行。"同时也规定"如果检验结果合格，则由此引起的工期延误和费用增加由发包人承担责任。"这就是一种对权利的制约。

3）合同规定一方一项义务，则也应规定其有完成该项义务所需的相应权利，或由此义务所引申出的权利。如合同条款规定"承包商要对施工的完备稳定和安全负全部责任"，同时也赋予承包商"有不受任何人（除工程师的指令外）干预施工"的权利。

4）合同规定，还应分析承担这一项义务的前提条件，若此前提由对方提供，则应同时规定为对方的一项义务。如FIDIC条款规定"承包商向业主提交了结清单后，不再要求业主支付结清单外的金额"，但同时也规定了"必须业主履行了退还履约保函和按最终报表支付两项义务后结清单才生效"。

（4）合同整体性分析

合同条款是一个整体，各条款之间有着一定的内在联系和逻辑关系。一个合同事件往往会涉及若干条款，如关于合同价格就涉及工程计量、计价方式、支付程序、调价条件和方法暂定金的使用等条款；关于工程进度就涉及进度计划、开工和完工、暂停施工、工期的延误和提前等条款。必须认真仔细地分析这些条款在时间上和空间上、技术上和管理上、权利义务的平衡和制约上的顺序关系和相互依赖关系。各条款间必须相互配合、相互支持，共同规范一个事件，而不能出现缺陷、矛盾或逻辑上的不足。

（5）合同应变性分析

合同状态是指合同各方面要素的综合，它包括合同价格、合同条件、合同实施方案和工程环境4个方面。这4个方面相互联系、相互影响、相互制约，综合成一个合同状态。建筑工程一般规模较大、工期较长，受各方面的影响较多，因此在合同履行过程中，其合同状态经常会出现变化，一旦合同状态的某一方面发生变化，即打破了合同状态的"平衡"。合同应事先规定对这些变化的处理原则和措施，并以此来调整合同状态，这就是合同的应变性。合同应变性可以从下列几个方面加以分析：

1）合同文件变化，如设计文件的修改、业主对工程有新的要求、合同文件的缺陷等，一般均应由业主承担责任，按规定调整合同价格和延长工期。

2）工程环境变化，如工程所在国（或地区）法律和法规变化、物价变动、出现不可预见的外界障碍或条件等，一般也应由业主承担此类风险，按规定调整合同价格和延长工期。

3）实施方案变化。合同的实施方案（施工组织设计等）通常由承包商制订，经工程师批准后实施的，承包商应负全部责任。如果在实施过程中，工程师下指令修改实施方案，则应视为工程变更，应调整合同价格，如业主不履行或不完全履行义务，或者对方案实施进行干扰，由此引起实施方案不得不变化，则业主应承担责任，按规定赔偿。

（6）合同文字唯　性和准确性分析

对合同文件解释的基本原则是"诚实信用"，所有合同都应按其文字所表达的意思准确而正当地予以履行。

在解释合同文件中，常出现一种情况，即撰写方认为某一条款已写得很清楚，但对方却作出了另一种解释。其主要原因在于撰写方了解自己想表达些什么，所以很容易对文字作出与自己意图一致的解释；但对方并不了解编写方的意图，只能从文字的表达来理解，就可能作出另一种解释。因此编写方必须树立"合同是要给对方阅读理解并执行的，重要的不是编写者认为已说明了意图，而是合同文件的文字表述说明了什么"的观念。这就要求合同文件文字具备准确性、严谨性和解释的唯一性，而不能出现模糊、不确定或多义性的情况。

第三节　工程项目合同签订

一、合同谈判

由于合同在项目建设过程中对双方有很强的约束力，因此双方必然利用一切时机力争使条款对己有利。这种争取集中表现在项目合同的谈判上。

1. 谈判的基础与准备

（1）组织谈判代表组

谈判的成功与否，很大程度上由谈判代表组的成员决定，谈判代表组的成员必须具备业务精、能力强、基本素质好、有经验等优势。从谈判人员的身上首先反映所代表企业的形象。

（2）收集资料

谈判准备工作的首要任务就是要收集整理有关合同对方及项目的各种基础资料和背景资料。这些资料的内容包括对方的资信状况、履约能力、已有成绩、工程项目的由来、土地获得情况、项目目前的进展、资金来源等。这些资料可以通过合法调查手段获得。

（3）分析和确定自己的谈判基础和谈判目标

谈判的目标直接关系到谈判的态度、动机和诚意，也明确了谈判的基本立场。对于业主而言，有的项目侧重于工期，有的项目侧重于投资，有的项目侧重于质量。而不同的侧重点使他在谈判中的立场是不完全一样的。对于承包商而言，有的项目是势在必得，有的项目是可得可不得，有的项目是以盈利为目标，有的项目则是以扩大知名度为目标的。不同的目标也必然使承包商的谈判态度和坚持的立场各不相同。

（4）分析和摸清对方情况

摸清对方谈判的目标以及人员情况，关键人物和关键问题，做到"知己知彼"。

（5）拟定谈判方案

在上述调查分析的基础上，可总结出该项目的操作风险、双方的共同利益、双方的利益冲突，以及双方在哪些问题上已取得一致，哪些问题上还存在着分歧，从而拟定谈判的初步方案，决定谈判的重点，在运用谈判策略和技巧的基础上取得谈判的胜利。

2. 谈判的策略和技巧

谈判是通过不断的会晤确定各方权利义务的过程，它直接关系到谈判桌上各方最终利益的得失。因此，谈判绝不是一项简单的机械性工作，而是集合了策略与技巧的艺术。下面是一些常用的谈判策略和技巧。

（1）掌握谈判议程，合理分配各议题的时间

成功的谈判者善于掌握谈判的进程，在充分合作气氛的阶段，展开自己所关注的议题的商讨，从而抓住时机，达成有利于己方的协议。而在气氛紧张时，则引导谈判进入双方具有共识的议题，一方面缓和气氛，另一方面缩小双方差距，推进谈判进程。同时，谈判者应懂得合理分配谈判时间。对于各议题的商讨时间应得当，不要过多拘泥于细节问题。这样可以缩短谈判时间，降低交易成本。

（2）高起点战略

谈判过程是各方妥协的过程。通过谈判，各方都或多或少会放弃部分利益以求得项目的进展。而有经验的谈判者在谈判之初会有意识地向对方提出苛求的谈判条件。这样对方会过高估计另一方的谈判底线，从而在谈判中做出更多的让步。

（3）注意谈判气氛

谈判各方往往存在利益冲突，要兵不血刃即获得谈判成功是不现实的。但有经验的谈判会在各方分歧严重、谈判气氛激烈的时候采取润滑措施，舒缓压力。在我国最常见的方式是饭桌式谈判。通过餐宴，联络谈判双方的感情，拉近双方的心理距离，进而在和谐的氛围中重新回到议题。

（4）拖延和休会

当谈判遇到障碍，陷入僵局的时候，拖延和休会可以使明智的谈判方有时间冷静思考，在客观分析形势后提出替代方案。在一段时间的冷处理后，各方都可以进一步考虑整个项目的意义，进而弥补分歧，将谈判从低谷引向高潮。

（5）避实就虚

谈判双方都有自己的优势和弱点。谈判者应在充分分析形势的情况下，做出正确判断，利用对方的弱点，猛烈攻击，迫其就范，做出妥协。而对于己方的弱点，则要尽量注意回避。

（6）分配谈判角色

任何一方的谈判代表组都由众多人员组成，谈判中应利用各人不同的性格特征各自扮演不同的角色。有的唱红脸，积极进攻；有的唱白脸，和颜悦色。这样软硬兼施，可以事半功倍。

（7）充分利用专家的作用

工程项目谈判涉及广泛的学科领域，充分发挥各领域专家的作用，既可以在专业问题上获得技术支持，又可以利用专家的权威性给对方以心理压力。在有限的谈判空间和时限内，合理有效地利用以上各种谈判策略和技巧，将有助于获得谈判的优势。

二、合同签订

工程合同的订立，是指发包人和承包人之间为了建立发承包关系，通过对工程合同具体内容进行协商而形成合意的过程。

1. 订立工程合同的基本原则及具体要求

（1）平等原则

有关法律规定："合同当事人的法律地位平等，一方当事人不得将自己的意志强加给另一方。"合同当事人法律地位平等首先是指当事人之间在合同关系中不存在管理与被管理、服从与被服从的关系。即当事人之间在其他方面具有不平等的关系，如行政上的领导与被领导的关系，而在订立合同时，也必须居于平等的法律地位，一方不能凌驾于另一方之上，不得将自己的意志强加给一方，否则会影响合同的效力。

（2）自愿原则

所谓自愿原则，是指是否订立合同、与谁订立合同、订立合同的内容以及变更不变更合同，都要由当事人依法自愿决定。订立工程合同必须遵守自愿原则。自愿原则和平等原则是相辅相成，不可分割的。平等体现了自愿，自愿要求平等。自愿原则也不是绝对的，自愿只有在合法的前提下才能得以体现，也就是说自愿原则要受到一定的干预与限制。

（3）公平原则

公平原则是指当事人在设立权利义务、承担民事责任方面，要公正、公允、合情、合理。贯彻该原则最基本的要求就是发包人与承包人的合同权利义务：承担责任要对等而不能显失公平。

（4）诚信原则

诚实信用原则主要是指当事人在订立、履行合同的过程中，应当抱有真诚的善意，相互协作，密切配合，言行一致，表里如一，说到做到，正确、适当地行使合同规定的权利，全面履行合同规定的义务，不弄虚作假、尔虞我诈，不做损害对方和国家、集体、第三人以及社会公共利益的事情。

（5）合法原则

所谓合法原则，主要是指在合同法律关系中，合同主体、合同的订立形式、订立合同的程序、合同的内容、履行合同的方式、对变更或者解除合同权利的行使等都必须符合我国的法律、行政法规。

2.订立工程合同的形式和程序

（1）订立工程合同的形式

当事人订立合同有：书面合同、口头形式和其他形式。法律、行政法规规定采用书面形式的，应当采用书面形式。当事人约定采用书面形式的应当采用书面形式。按此条看，合同可以任何形式订立。当然，法律另有规定或当事人另有约定的，应按规定或约定办理。由于工程合同涉及面广、内容复杂、建设工期长、标的金额大，工程施工合同应当采用书面形式。

（2）订立工程合同的程序

当事人订立合同，采取要约、承诺方式。

1）要约

要约是希望和他人订立合同的意思表示。发出要约的当事人称为要约人，而要约所指向的对方当事人则称为受要约人。一项要约要取得法律效力，必须符合下列规定：首先，要约的内容具体确定。要约的内容必须包括足以决定合同主要条款，因为订约当事人双方就合同主要条款达成一致，合同才能成立。因此，要约既然是订立合同的提议，就须包括能够足以决定合同主要条款的内容，受要约人才能决定是否接受该要约。如果一方提议的内容不足以决定合同的主要条款，即使对方接受提议，也无从确定当事人对合同的主要条款是否达成一致，则合同不能成立。这样的提议不是要约，它只希望对方提出合同主要条款的意思表示，属于要约邀请。其次，要约必须表明经受要约人承诺，要约人即受该意思表示约束。即要约必须具有缔结合同的目的。当事人发出要约，是为了与对方订立合同，要约人要在其意思表示中将这一意愿表示出来。要约可以撤回与撤销。

2）承诺

承诺是受要约人同意要约的意思表示。承诺应具备下列条件：承诺必须由受要约人或其代理人作出；承诺的内容应当和要约的内容一致；承诺要在要约的有效期内作出；承诺要送达要约人。承诺可以撤回但不得撤销。承诺通知到达要约人时生效。不需要通知的承诺，根据交易习惯或者要约的要求作出承诺的行为时生效。承诺生效时，合同成立。

根据相关法律对招标、投标的规定，招标、投标、中标实质上就是要约、承诺的一种具体方式。招标人通过媒体发布招标公告，或向符合条件的投标人发出招标文件，为要约邀请；投标人根据招标文件内容在约定的期限内向招标人提交投标文件，为要约；招标人通过评标确定中标人，发出中标通知书，为承诺；招标人和中标人按照中标通知书、招标文件和中标人的投标文件等订立书面合同时，合同成立并生效。

3. 工程合同的文件组成及主要条款

（1）工程合同文件的组成及解释次序

不需要通过招标、投标方式订立的工程合同，合同文件常常就是一份合同或协议书，是最多在正式的合同或协议书后附一些附件，并说明附件与合同或协议书具有同等的效力。通过招标、投标方式订立的工程合同，因经过招标、投标、开标、评标、中标等一系列过程，所以合同文件不单单是一份协议书，通常由以下文件共同组成：本合同协议书、中标通知书、投标书及其附件、本合同专用条款、本合同通用条款、标准、规范及有关技术文件、图纸、工程量清单、工程报价书或预算书。

当上述文件间前后矛盾或表达不一致时，以在前的文件为准。

（2）工程合同的主要条款

一般合同应当具备如下条款：当事人的名称或姓名和住所，标的，数量，质量，价款或者酬金，履行期限、地点和方式，违约责任，争议的解决方法。工程施工合同应当具备的主要条款如下：

1）建筑安装工程通常分为基础工程（含桩基工程）、土建工程、安装工程、装饰工程，合同应明确哪些内容属于承包方的承包范围，哪些内容发包方另行发包。

2）发承包双方在确定工期的时候，应当以国家工期定额为基础，根据发承包双方的具体情况，并结合工程的具体特点，确定合理的工期。工期是指从开工日期至竣工日期的期限，双方应对开工日期及竣工日期进行精确的定义，否则，日后易起纠纷。

3）确定中间交工工程的工期，需与工程合同确定的总工期相一致。

4）工程质量等级标准分为不合格、合格和优良，不合格的工程不得交付使用。发承包双方可以约定工程质量等级达到优良或更高标准，但是，应根据优质优价原则确定合同价款。

5）技术资料交付时间，发包人应当在合同约定的时间内向承包人按时提供与本工程项目有关的全部技术资料，否则造成的工期损失或者工程变更应由发包人负责。

6）材料和设备供应责任，发承包双方需明确约定哪些材料和设备由发包方供应，以及在材料和设备供应方面双方各自的义务和责任。

7）付款和结算，发包人一般应在工程开工前支付一定的备料款（预付款），工程开工后，按工程形象进度或按月支付工程款，工程竣工后应当及时进行结算，扣除保修金后应按合同约定的期限支付尚未支付的工程款。

8）竣工验收，竣工验收是工程合同重要条款之一，是工程建设的最后一道程序，是全面考核设计、施工质量的关键环节，合同双方还将在该阶段进行决算。竣工验收应当根据有关规定进行。

9）质量保修范围和期限，合同当事人应当根据实际情况确定合理的质量保修范围和期限，但不得低于规定的最低质量保修期限。除了上述 10 项基本合同条款以外，当事人还可以约定其他协作条款，如施工准备工作的分工、隐蔽工程验收、安全施工、工程变更、工程分包、合同解除、违约责任、争议解决方式等条款。

第四节　工程项目合同的履行管理

一、工程项目合同的履行

1.合同履行的原则

项目合同的履行是指项目合同的双方当事人根据项目合同的规定在适当的时间、地点，以适当的方式全面完成自己所承担的义务。

严格履行项目合同是项目双方当事人的义务。因此，项目合同的当事人必须共同按计划履行合同，实现项目合同所要达到的各类预定的目标。项目合同的履行分为实际履行和适当履行两种形式。

（1）项目合同的实际履行

项目合同的实际履行，就是要求项目合同的当事人按照合同规定的目标来履行。实际履行已经成为我国合同法规的一个基本原则。采用该原则对项目合同的履行具有十分重大的意义。由于项目合同的标的物大多为指定物，因此不得以支付违约金或赔偿经济损失来免除项目合同一方当事人继续履行合同规定的义务。如果允许合同当事人一方可用货币代偿合同规定的标的，那么，当事人的另一方可能在经济上蒙受更大的损失或无法计算的间接损失。此外，即使当事人一方在经济上没有遭受损失，但是，对于预定的项目目标或任务，或某些涉及国计民生、社会公益项目不能得以实现，实际上的损失很大。所以，实际履行的正确含义只能是按照项目合同规定的标的履行。

当然，在贯彻以上原则时，还应从实际出发。在基本情况下，过于强调实际履行，不仅在客观上不可能，而且还会给项目合同的另一方当事人和社会利益造成更大的损失。这样，应允许用支付违约金和赔偿损失的办法，代替合同的实际履行。

（2）项目合同的适当履行

项目合同的适当履行，即项目合同的当事人按照法律和项目合同条款规定的标的，按质、按量、按时地履行。合同的当事人不得以次充好，以假乱真。否则，合同的另一方当事人有权拒绝接受。所以，在签订项目合同时，必须对标的物的规格、数量、质量等要求作出具体规定，以便当事人按规定履行，另一方当事人在项目结束时也能按规定验收。这对提高项目的质量，满足另一方当事人的需求，甚至是满足人民日益增长的需求具有十分重要的意义。

2.内容约定不明确的合同的履行

按规定合同生效后，如当事人对主要条款内容未约定或约定不明确的，可以协议补充或按合同有关条款、按交易习惯确定。仍不能确定的，可适用下列规定：

（1）质量要求不明确的，按照国家标准、行业标准履行；没有国家标准、行业标准的，按照通常标准或者符合合同目的的特定标准执行。

（2）价款或者报酬不明确的，按照订立合同时履行地的市场价格履行；依法应当执行政府定价或者政府指导价的，按照规定执行。

（3）履行地点不明确的，给付货币的，在接受货币一方所在地履行；交付不动产的，在不动产所在地履行；其他标的，在履行义务方所在地履行。

（4）履行期限不明确的，债务人可以随时履行，债权人也可以随时要求履行，但应当给对方必要的准备时间。

（5）履行方式不明确的，按照有利于实现合同目的的方式履行。

（6）履行费用的负担不明确的，由履行义务一方负担。

3. 价格变化后合同的履行

执行政府定价或者政府指导价的，在合同约定的交付期限内政府价格调整时，按照交付时的价格计价。逾期交付标的物的，遇价格上涨时，按照原价格执行；价格下降时，按照新价格执行。逾期提取标的物或者逾期付款的，遇价格上涨时，按照新价格执行；价格下降时，按照原价格执行。

执行政府定价或政府指导价格的合同当事人，由于逾期不履行合同遇到国家调整物价时，在原价格和新价格中，执行对违约方不利的那种价格。这是对不按期履行合同的一方从价格结算上给予的一种惩罚，也称为价格制裁。这样规定，有利于促进双方按规定履行合同。需要注意的是，这种价格制裁，只适用于当事人因主观过错而违约，不适用于因不可抗力所致。

4. 当事人变更后合同的履行

合同生效后，当事人不得因姓名、名称的变更或者法定代表人、负责人、承办人的变动而不履行合同义务。

5. 不安抗辩权

不安抗辩权，又称异时履行抗辩权，是指合同双方的当事人，一方负有义务先履行合同的，在履行之前，有充分的证据证明后履行一方有未来不履行或者无力履行合同时，先履行义务人可以暂时中止履行。不安抗辩权的适用必须具有法定事由和确切证据。

应当先履行债务的当事人，有确切证据证明对方有下列情形之一的可以中止履行：经营状况严重恶化；转移财产、抽逃税金，以逃避债务；丧失商业信誉；有丧失或者可能丧失履行债务能力的其他情形。当事人没有确切证据中止履行的，应当承担违约责任。当事人按合同法行使不安抗辩权，中止履行合同，应及时通知对方当事人在合理的期限内提供适当担保；如果对方在合理期限内提供了适当担保的，中止履行的一方应当恢复履行；如果对方当事人在合理的期限内未恢复履行能力且未提供适当担保的，中止履行的一方可以解除合同。

6. 代位权

因债务人怠于行使其到期债权对债权人造成损害的，债权人可以请求人民法院以自己的名义代位行使债务人的债权，但该债权专属于债务人自身的除外。代位权的行使范围以债权人的债权为限。债权人行使代位权的必要费用，由债务人承担。在我国承认代位权有着特殊意义。在当前经济生活中，当事人的信用观念还不强，欠债不还的现象还比较普遍，"三角债"、债务纠纷案件执行难都是比较突出的问题，有债权而不去积极追索，已成为债务人赖账而损害债权人利益的一种严重的现象。法律明确规定代位权可以遏制这些现象的发生，保护债权人的债权实现。

7. 撤销权

因债务人放弃其到期债权或者无偿转让财产，对债权人造成损害的，债权人可以请求人民法院撤销债务人的行为。债务人以明显不合理的低价转让财产，对债权人造成损害，并且受让人知道该情形的，债权人也可以请求人民法院撤销债务人的行为。撤销权的行使范围以债权人的债权为限。债权人行使撤销权的必要费用，由债务人承担。

构成撤销的具体事由有 3 个方面：一是债务人放弃到期债权。这是对权利的放弃，属于单方行为。在债务人负有义务的情况下，其到期债权的实现可以增加债务人用于偿债的现实财产。债务人放弃到期债权会减少债务人责任财产，损害债权人的利益，债权人可以行使撤销权。二是债务人无偿转让财产。无偿转让财产属于赠与，其效果与放弃到期债权相同。三是债务人以明显不合理的低价转让财产。如果债务人以明显不合理的价格转让财产，则会减少其责任财产，损害债权人的利益，对此债权人可以行使撤销权。

撤销权成立后，债权人中的任何一方均得行使撤销权。撤销权的行使，应由债权人以自己的名义，并采取提起诉讼的形式。撤销权的行使范围以债权人的债权为限。债权人行使撤销权的必要费用，由债务人承担。

二、合同的变更、转让和解除

1. 合同变更

当事人协商一致，可以变更合同。法律、行政法规规定变更合同应当办理批准、登记等手续的，依照其规定。本条规定是指合同内容的变更，而不包括合同主体的变更。

（1）合同变更特征

具有下列特征：

1）合同变更是通过协议达成的，当事人协商一致，可以变更合同。也就是说合同变更必须是在原合同的基础上达成新协议。任何一方未经对方同意，擅自变更合同内容的，不但不具有法律约束力，而且会构成违约。在变更协议成立之前，原合同关系仍然有效。

2）合同的变更也可以依据法律的规定产生，根据合同法的规定，因重大误解订立的合同和显失公平的合同，当事人可以请求人民法院或仲裁机构予以变更或撤销。

3）合同的变更是合同内容的局部变更，是对合同内容做某些修改和补充，而不是合同内容的全部变更。如果合同内容全部变更，实际上导致了原合同权利义务关系的消灭，而新合同权利义务关系的产生，这就不属于合同的变更而属于合同的更新。

4）合同的变更会变更原有权利义务关系，产生新的权利义务关系。

（2）合同变更的法律效力

应当包括下列方面：

1）变更后的合同部分，原有的合同内容失去效力，当事人应按照变更后的合同内容履行。

2）合同的变更只对合同未履行的部分有效，不对合同已经履行的内容发生效力。也即合同的变更没有溯及力。合同的当事人不得以合同发生了变更，而要求对已履行的部分归于无效。

3）合同的变更不影响当事人请求损害赔偿的权利。合同变更以前，由于一方的原因而给对方造成损害的，对方有权要求责任方承担赔偿责任，并不因合同发生了变更而受影响。合同的变更本身给一方当事人造成损害的，另一方当事人也应对此承担赔偿责任，不得以合同的变更乃是当事人自愿的而不负赔偿责任。

2. 合同的转让

合同转让是指合同当事人一方依法将其合同的权利和（或）义务全部或部分地转让给第三人。合同转让包括合同的权利转让、合同的义务转让、合同的权利和义务一并转让。合同转让的主要特征是：

（1）合同的转让以有效合同的存在为前提

合同的转让是合同权利义务的转让，合同的权利义务是合同转让的标的。因此，有效合同、有效的合同权利义务的存在是合同转让的前提。合同没有成立，合同权利义务关系没有产生，就不会有合同的转让；合同被确认无效或撤销或被解除，合同权利义务关系不复存在，也不会有合同的转让。

（2）合同的转让是合同主体的改变

合同转让是合同一方当事人将其合同权利义务全部或部分转让给第三人，这就必然由第三人代替合同当事人一方成为合同当事人或由第三人与合同当事人一方共同成为合同当事人。合同的转让也就是合同主体的变更，是新的债权人，债务人代替原来的债权人、债务人。

（3）合同的转让不改变原合同的权利义务内容

合同的转让是将合同的权利义务转让给第三人，是改变合同的主体，而不是改变合同的内容。合同一方当事人转让的是原合同的全部或部分权利义务，第三人受让的权利义务既不会超出原合同权利义务的范畴，也不会实质更改原合同的权利义务的内容。

（4）必须经债权人同意或通知债务人

合同转让不仅涉及转让人（合同一方当事人）和受让人（第三人）之间的关系，而且涉及转让人、受让人与合同对方当事人的关系。合同转让、合同当事人的变更，会对合同对方当事人的债权实现和债务履行产生影响，因此合同的转让必须经合同对方当事人同意或通知合同对方当事人。

合同权利的转让，涉及合同债权人的变更、接受履行主体的变更，应当通知合同对方当事人（债务人），否则，合同权利的转让对债务人不发生效力。合同义务的转移，涉及合同债务人的变更、履行主体的变更。合同的履行主要是通过履行主体（债务人）的履行行为完成的，债务人（履行主体）的变更，对合同能否履行、债权人债权能否实现，具有重要影响，因此合同义务的转移必须经合同对方当事人（债权人）同意，否则，合同义务的转移对债权人不发生效力。

（5）合同权利的转让必须是转让依法能转让的权利

合同权利的转让是有限制的，有些合同权利是不能转让的。根据规定，不能转让的合同权利包括：根据合同性质不得转让的；按照当事人约定不得转让的；依照法律规定不得转让的。这些不得转让的合同权利，即使当事人将其转让给第三人，也不会发生合同权利转让的效力。

3. 合同的解除

合同的解除是指合同生效成立后，在一定的条件下通过当事人的单方或者双方协议终止合同效力的行为。合同解除有协议解除和单方解除两种基本方式。

（1）合同的协议解除

合同的协议解除是指当事人通过协议解除合同的形式。经当事人协商一致，可以解除合同。当事人可以约定一方解除合同的条件。解除合同的条件成立时，解除权人可以解除合同。经当事人协商一致解除合同的，当然属于协议解除。而在约定的解除条件成立时的解除，也是以合同对解除权的约定为基础的，可以看作一种特殊的协议解除。

（2）合同的单方解除

合同的单方解除（也可称法定解除）是指在具备法定事由时合同一方当事人通过行使解除权就可以终止合同效力。

有下列情形之一的，当事人可以解除合同：因不可抗力致使不能实现合同目的；在履行期限届满之前，当事人一方明确表示或者以自己的行为表明不履行主要债务；当事人一方迟延履行主要债务，经催告后在合理期限内仍未履行；当事人一方迟延履行债务或者有其他违约行为致使不能实现合同目的；法律规定的其他情形。

合同解除后，尚未履行的，终止履行；已经履行的，根据履行情况和合同性质，当事人可以请求恢复原状，或者采取补救措施，并有权要求赔偿损失。合同权利义务终止，不影响合同中结算和清理条款效力。也就是说合同解除后结算和清理条款的效力不受影响。合同中结算和清理条款属于在权利义务终止时进行善后处理的条款，不同于当事人在合同中享有的实体权利义务条款，合同的终止不但不影响其法律效力，而且还可以作为处理合同终止后善后事宜的依据。

三、建筑工程项目合同的履行管理

1.增强合同管理的法律责任，健全法制体系

主管部门严格依法办理合同备案，保证施工合同全面依法履行，加大监督检查力度，整顿规范建筑市场。查明承发包双方的主体资格以及企业的经营情况，审查合同条款，使合同内容规范。加强对合同履约全过程的跟踪管理，建立检查制度，加大执法力度，督促合同双方自觉履行合同。加快完善信用体系建设，将违约企业记入诚信档案，曝光合同违规行为。严肃查处肢解工程、违法分包、逃避招投标及阴阳合同，修订、出台与合同备案相关的法律、法规或规范性文件，对施工合同内容严格审查把关，使施工合同公正公平、条款齐全、文字表达严密准确，将合同纠纷消灭在萌芽状态，提高合同履约率，使合同管理步入正规化、规范化的轨道。

2.合同履行跟踪管理措施

（1）健全备案管理制度

要积极引导合同当事人做好合同的签订工作，通过对合同订立行为的规范处理，保证合同条款的合理、公正，做好招标承诺的履行，做好合同管理基础：第一，审核招标文件。从文件备案入手，对招标、投标人的对应资格进行严格审核，

保证双方合同主体具有合法资格；第二，审查合同。要先做好合同范围的明确，保证在涉及范围内描述具有准确以及清晰的特征，减少存在模糊内容的合同，保证合同范围具有准确以及细致的描述；第三，科学选择计价方式。无论是总价包干，还是清单计价，在具体合同计价工作中，都必须清晰明确。根据示范合同文本中建议具有三种类型：第一种为总价合同计价，适合应用在工程规模小、工期短以及合同相对明确简单的项目，但承包人将因此具有较大的风险。第二种为可调价合同，双方约定在项目建设当中，业务可以变更，材料价格变动时，按照相关规范调整合同价格。对于该方式来说，其虽然在实际处理中具有较为合理的特征，但在实际结算方面则相对复杂。第三种即酬金同成本的方式，业主在对成本支付后，再根据具体约定方式做好利润以及管理费的交付，该方式在实际应用当中具有较为机动以及灵活的特征。

健全备案管理制度，对管理合同以及合同双方履行起到一定的保护作用，由于现在为了简化办证时间，简化程序，有很多地方都省略了合同备案手续。为了减少合同纠纷发生，方便管理机关监督检查，合同备案手续应该坚持发展。

（2）推行合同示范文本

招标代理等做好标准化合同示范文本的应用，按照国家法律、法规，以协调、平等以及等价有偿做好工程合同的订立，避免合同条款出现不完整以及不全面情况，在对合同表述形式进行规范化的基础上，尽量减少合同当中存在的错误以及矛盾。全面修订并推行建设工程施工合同示范文本，针对易发生纠纷的环节进行细化明确，避免和减少项目实施过程中，出现意外无以应对的状况，明确计价依据，造价条款，规范工程款拨付、变更调整办法规定风险范围，以及超出约定风险的处理办法。规范施工合同签订，防止违规条款出现，避免缺款少项，减少合同纠纷发生，方便管理机关监督检查，促进建筑市场健康、有序发展。

3.加强履约行为监督

第一，加强合同监管，对合同跟踪管理手册制度进行全面地推行，以全面、及时的方式做好合同履约以及项目进展情况的掌握。对于工作中发现的违法以及不良行为，需要在及时进行查处的情况下计入信用档案当中，通过一定惩戒以及激励机制的应用，做好建筑市场秩序的维护，实现工程建设水平的提升；第二，建立跟踪机构，做好合同管理人员的配备。对于工程合同跟踪管理来说，其是行政主管部门管理的内容，对此，需要做好跟踪管理检查机制的建立，在明确专人负责的基础上加强日常跟踪检查，在获得检查情况之前再将其计入管理手册当中。同时，需要积极引导当事人内部做好合同跟踪管理机构的建立，在做好专职管理人员配备的基础上建立起统计、检查以及台账制度，实现合同管理水平的有效提升；第三，促进信用建设。做好合同履行信用评价标准的制定，从守德、守法以及守约这几方面评估、评价合同履约行为，在向社会公布评价结果的基础上促进信用建设与合同履行。

4. 设立合同管理机构，实行合同备案专人负责制

施工合同备案的一项复杂的法律政策性综合技术管理工作，需要由专业技术人才专管，各级行政机关应重视合同管理专家型人才的培养，设立专职合同管理机构，深入研究建立合同管理制度，对监管力量进行整合，形成合力，配合协管，强化协调监督功能，深化细化监管和服务职能，加大对合同备案签证，加强对履约过程的跟踪管理。建立定期检查制度，搞好服务，引导企业签订、履行合同。加大执法力度，严肃查处违法企业，利用经济手段和法律手段，坚决纠正不良合同行为，依法强制执行，确保监管权威，提高建设各方对合同管理工作重要性的认识，保障建筑市场统一开放、平等竞争、健康有序的投资运行环境。

5. 合同动态管理方式

对建筑工程的合同管理来说，其是一个具有动态特征的管理过程，对此，需要做好合同履行情况的把握，以此为基础开展跟踪管理工作：第一，要做好合同范围以及监管的明确与深化。当工程正式进入实施阶段之后，合同即处于被执行状态。而在具体施工过程逐渐推进的情况下，很多合同在具体签订中则会逐渐暴露其中没有明细的记载。为了保证工程能够得到顺利的执行，需要理清原有合同范围，严格根据合同范围对内容变更情况进行处理，以此保证在合理执行合同的情况下使其处于动态平衡状态；第二，要积极组织人员力量抽查、检查合同在具体过程中的执行情况，具体可以根据实际情况确定抽查时间与抽查方式，如函件调查以及现场调查等，以此保证合同能够得到良好的执行；第三，加强工程竣工结算管理。对竣工结算备案制进行应用，以此在保证计价工作规范性开展的基础上做好合同的动态管理工作。

第五节　建筑工程项目合同风险分析

一、建筑工程项目合同风险分类

伴随着我国建筑领域的快速发展，传统建筑标准已经不能满足日益追求质量化的市场需求。通过合同管理对建筑工程的环节进行明确规定，分层处理市场需求，有助于提高建筑工程的经济效益；将建筑工程的节点情况进行标准制定，有助于减少建筑工程风险的产生；系统化进行建筑工程合同管理，也有助于提高建筑行业的社会效益。

1. 可控风险与不可控风险

在建筑工程的合同风险管理中，可控风险是指在进行建筑工程合同管理环节时，将内部合同管理条例进行明确化、制度化的规定，并按照建筑工程的进度工序进行管理分级，将分级好的合同条例进行信息化风险预测、发生风险预测、工程纠纷预测与终止合同预测等，将合同管理当作整体，结合内部条例联系能够有效降低合同管理环节中的风险，并对可能发生的风险进行预测，从而提前做出准备，减少损失。不可控风险则是指在进行建筑工程合同管理环节时，由于当时的经济市场条件、政策因素、自然灾害等情况突然产生，从而使得建筑工程遭到冲击，进而引起合同管理风险的产生，即合同不能进行签订、实施终止等，但是上述因素属于不可掌握因素，所以称为不可控因素。

2. 外界环境风险与内部管理风险

在进行建筑工程合同风险管理中，根据风险产生环境进行分类，可以分为外界环境风险与内部管理风险，所产生的风险一般都是从合同管理所处的经济市场、政策以及法律规定等方面产生，因此此类风险的合同双方都负有一定责任，并且难以控制预测。外界环境风险是指进行合同签订的一方或者双方存在信用问题、恶性竞争与资金周转困难等原因造成的，导致签订的合同执行困难和属于欺骗合同等风险产生。内部管理风险则是指签订合同的双方企业内部的合同条例制度不明确，相关手续不齐全，在执行合同内容时缺乏审核督查流程，内部人员的素质较低，导致在合同的后续工作中形成合同漏洞，使得该合同项目工程的工期延长，成本提高，错误决策等风险产生。

3. 直接管理风险与间接管理风险

在建筑工程合同风险管理中，根据对风险预测与控制的责任进行分类，可以分为直接管理风险与间接管理风险。顾名思义，直接管理风险就是根据在合同内容执行时，直接参与到合同管理进度中的人员或企业，在进行建筑工程的流程变动，督查流程进度，合同管理模式的设立过程中存在不规范的管理制度、合同管理机理不完善，直接造成合同管理出现漏洞的，从而形成合同管理的直接管理风险产生。间接管理风险则是指在企业公司将建筑工程进行承包，承包商作为过程的直接决定者，而公司作为一个间接影响工程的，由于承包商内部人员素质较低、合同管理制度不完善、资金支持不到位等情况产生，导致合同建筑工程中存在错误的，从而引起合同管理的间接风险产生。

4. 客观性合同风险和主观性合同风险

（1）客观性合同风险

客观性合同风险是指贯穿于施工合同的整个生命期中，由法律、法规、自然环境、国家政策等原因导致的风险。这类风险的风险责任是合同当事人无法回避的，通过人的努力往往也无法控制。例如，在施工期间发生地质灾害，造成工期的延误，属于自然风险；合同中规定对于合同价格不予调整，则承包商承担市场价格波动带来的全部风险，如果允许在一定范围内调整，则承担部分由于价格波动带来的风险，这属于经济风险。客观性合同风险主要包括以下几方面：政治风险、经济风险、环境风险等。

（2）主观性合同风险

主观性合同风险是指由人为因素引起的，但通过采取一定措施可避免或控制的合同风险。

1）合同谈判风险

施工合同是施工企业进行工程施工和工程结算的依据，而合同的谈判则是把双方在招投标期间达成的协议具体化的一个过程。在合同的谈判过程中施工企业要组织有经验的合同谈判人员进行谈判，明确谈判的目标，掌握一定的谈判技巧，对自身应享有的权利要据理力争，尽量完善合同条款，争取对自己有利的结果，而任何的疏忽大意都可能造成巨大损失。

2）合同条款风险

在签订合同时应首先做到使合同条款尽量完善，语言表达尽量准确。如果合同条文不完整、不全面，就可能出现对合同中一些问题约定不明或者没有约定，没有将合同双方的责权利关系表达清楚，导致双方发生分歧进而影响到合同的履行。其次应做到合同条款之间表达要彼此一致，如果合同条款之间存在矛盾或歧义性，会导致合同双方对合同条款的理解和认识发生争议。发生争议时，业主往往依仗自身的优势地位对其进行曲解，逃避应承担的责任，承包商如果不能及早发现合同条款中存在的问题，则会给自己留下隐患。

3）合同变更风险

在建设工程项目施工合同的履行过程中，发生变更是经常出现的现象。事实上在合同条款中已经规定了工程变更，也就是说合同中有关变更的条款是进行工程变更的合同依据。但由于工程项目自身的特点，造成在施工过程中会碰到很多难以预见的因素，工程的变化有时会超出合同规定的范围。对于承包商而言，可能会造成工程量的增加、工期的拖延以及成本的增加。因此，在发生工程变更时，承包商要及时采取有效应对措施，以保证工程的顺利完成和合同目标的顺利实现。

4）合同管理风险

合同管理风险隐含在施工合同的投标、谈判、履行、变更直至终止的全过程。要准确把握合同管理风险的类型，分析其产生的原因，是由合同管理制度不健全造成的，还是由合同管理人员素质低造成的，或者是监督管理工作不到位引起的等。然后根据具体情况采取相应的防范控制措施，降低合同风险，提高企业的经济效益。

5）合同类型风险

按照支付方式的不同，可以把施工合同分为总价合同、单价合同和成本加补偿合同三大类。不同的合同形式下，合同双方的风险分配是有很大差异的。对于承包商而言，总价合同风险最大，单价合同次之，成本补偿合同所承担的风险最小。因此，在投标和签订合同的时候承包商要对合同中所采用的支付方式进行仔细分析，这是决定合同双方风险责任分配的重要因素。

6）索赔风险

在施工合同执行过程中出现索赔是难免的，一旦一方违约，另一方就可以根据合同条款的规定，通过向对方索赔来维护自己的权益。因此，对于承包商来说，首先，要提高对索赔的认识，对并非自己的过失造成的应由对方承担的情况所造成的损失，提出合理的索赔请求，并应按照合同的约定按质按量交付工程项目。其次，还要根据施工合同中规定的条款，严格履行合同中规定的应承担的义务，减少或防止因违约而引起的业主对自己的索赔。

7）项目完工风险

项目的完工风险是指工程项目没有达到合同中规定条款的要求，所带来的工程建设延期、建设成本超支、没有达到设计所规定的技术经济指标等一系列问题。对于承包商来说，完工风险所造成的损失意味着其贷款偿还期限延长、支付利息增多，而由于不能够及时拿到工程款，造成资金回收困难，有可能错失良机，严重影响后续工程承包任务的开展。

8）合同遗留问题风险

合同遗留问题是指工程完工后合同双方仍然存在争议的一些问题。比如现场签证是由业主代表或者监理工程师签批，用来证明施工过程中出现某些特殊情况的手续。它可以为工程结算和索赔提供依据。但在实际运作时，有些监理工程师只是发布口头指令，没有及时采取书面的形式进行答复，因而造成双方在结算时僵持不下，纠纷不断。

9）其他风险

其他风险需要合同管理人员根据各个项目的具体情况进行具体分析。

二、建筑工程项目合同风险成因

1. 外界环境风险成因

在建筑工程的外界环境不外乎包括：市场变动、政策改变、文化习俗、法律条规、自然灾害等，上述外界风险因素几乎都不能进行有效的预测。国际市场的经济变动影响着市场经济的变动，因此只能对国际经济形势进行深入分析，才能在市场经济风险到来的同时有效减少风险造成的损失。国家政策与相关法律条规要随着经济变化同向变动，才能不断地深化政治体制的改革，针对此类合同管理风险应当全面了解经济、政策，并结合具体的法律规范进行有效分析，才能对将来的相关风险进行准确预测。另外，自然灾害导致的合同管理风险属于不可控范围，提前预测的难度过大，因此只能在合同签订的条款上进行责任的转移。

2. 工程人员素质因素

在建筑工程合同管理中，工程人员是合同的执行者，因此建筑工程人员对合同管理风险的产生具有决定性影响。建筑工程人员由于知识的局限性，对合同管理条例与实际情况的结合出现偏差，导致在合同管理中，不能根据当时市场经济变化做出合理的规划，并对政策、法律条例的变动缺乏机动性，导致在合同管理的执行过程中留下安全隐患。除此之外，建筑工程管理人员自身的认知有限，在签订合同时对其中的不利条款不能及时发现，缺乏针对性应对策略，甚至出现不听取别人意见的情况，使得合同本身就具有极大的隐患，因此在后续管理过程中更加容易引起风险的产生。

3. 合同管理规定因素

在建筑工程合同管理风险中，由于自身合同管理规定存在漏洞导致的风险也不在少数，多以合同内容评估、工程项目投入、交付资金流程与审核管理等为主。其中合同内容评估是指在进行合同签订之前，信息收集，签订合同时间、地点及流程，如果这些存在漏洞，就会导致建筑工程合同不能如期进行签订，使得合同签订的前期工作付诸东流。工程项目投入与交付资金流程都与成本息息相关，一旦形成经费不足的问题，建筑工程项目就会出现滞后的风险，甚至出现挪用资金的情况产生。因此，审核管理是保障合同管理有序进行的必要流程，能够对建筑工程的进度、资金使用等情况进行审核，及时发现其中存在的风险，并且在建筑工程项目完成后能够有效进行数据信息的收集，整理成册，保障合同管理的正确进行，为该建筑工程合同留下一个完美的收尾。

4. 风险防控思想薄弱

当前对合同管理风险没有一个全面的认识，导致大部分企业都不重视对合同管理风险的把握，防控思想主要以法律意识、权责意识、风险意识为主。法律意识是指在合同管理流程中对相关法律、法规的规定不明确，或者滞后于当前法律思想，使得在进行合同阅读时容易陷入合同陷阱，形成合同管理隐患；权责意识是指在对相关合同管理风险缺乏深度了解，责任意识薄弱，不能有效及时地承担责任，使得合同管理风险防控手段失效；风险意识是指签订合同的人员或企业轻视合同管理风险，没有进行明确的风险防控措施制定，因此对合同管理风险缺乏预测，也不能进行有效控制。

三、建筑工程项目合同风险估计与评价

（一）合同风险估计

1. 合同风险估计的含义

从施工合同的风险管理周期来看，风险识别是进行风险管理的基础，通过风险辨识可以把可能存在的风险识别出来，但是仅仅知道风险存在是远远不够的，还要掌握各个风险事件发生的可能性以及风险一旦发生可能造成的损害程度。这些工作需要通过风险估计解决。风险估计的对象是各个单个风险，而不是合同的整体风险。

风险估计应当包含对事件发生的概率和事件后果的估计两方面。

基于客观概率对风险进行估计是客观估计；基于主观概率对风险进行估计是主观估计；部分采用客观概率、部分采用主观概率所进行的风险估计是合成估计。关于事件后果的估计同样也有主观和客观之分。当事件的后果可以进行直接观测时称为客观后果估计；主观后果估计则是由某一特定风险承担者本人的个人价值观和情况所决定的；介于两者之间的估计称为合成后果估计。

客观估计是根据足够的历史资料或者是实验数据，利用统计分析的方法对其进行处理，从而得出风险发生的概率和损害程度。因为进行客观估计的依据是客观存在的，不以人的意志为转移，所以，客观估计得出的结论是比较准确的。

在风险估计时，并不是所遇到的所有事件都可以通过试验来验证，有时候过去的资料很难获得，或者这些事件出现的次数比较少无法满足统计处理的要求，这就需要风险管理人员利用有限的信息资源和自身的经验对风险发生的概率和后果进行估计判断，也就是采用主观估计的方法。

在风险估计中，虽然常常用到主观估计，但人们还是在试图增加估计的客观性，尽量向客观估计靠近。因此，在进行风险估计时，主观估计与客观估计实际上是两种极端情况，大多数估计是介于两者之间的。这种估计既不是直接由大量试验或分析得来，也不是完全由某人主观确定，是相关管理人员在这两方面共同努力的结果。

2. 合同风险估计的内容

（1）风险事件发生可能性的估计

进行合同风险估计的首要任务是估计风险事件发生的概率，即发生的可能性大小。这是风险估计工作中最重要的，常常也是最困难的内容。主要原因在于与风险事件相关的一系列数据有时候收集起来比较困难，还有就是各个项目之间的差异比较大，如果用类似工程项目数据推断当前项目合同风险发生的概率，误差可能比较大。

（2）风险造成损失程度的估计

风险事故造成的损失表现在三个方面：损失性质、损失范围以及损失的时间分布。

损失性质是指产生的损失是属于政治性的或是经济性的，还是其他性质的。损失范围包括严重程度、变化幅度和分布情况。严重程度以及变化幅度可以用损失的期望和方差分别表示，而分布情况可以用损失涉及的参与者的数量来表示。损失的时间分布是指风险事件出现的时间，一般来说，出现较早的风险应进行及早控制，而较晚发生的风险应对其进行跟踪、观察，并进行适时地干预，达到降低风险损失的目的。

（二）合同风险评价

工程项目合同风险评价是对施工合同风险进行综合分析，并依据风险对合同目标的影响程度进行合同风险分级排序的过程。它是在风险识别和估计的基础上，通过建立合同风险的系统评价模型，对各风险因素的影响、风险发生的概率、损失程度和其他因素进行综合分析，找出项目的关键风险，并确定合同的整体风险水平，为制定风险应对措施提供依据。

施工合同风险估计是对各单个合同风险进行估计和量化，包括发生概率、影响范围以及可能造成的损失，而风险评价则是考虑各单个合同风险综合起来的总体风险对项目合同目标的影响以及主体对风险的承受能力。

1. 合同风险评价的目的

施工合同风险评价的目的主要有以下几个方面：

（1）对各施工合同风险进行比较分析和综合评价，确定它们的先后顺序

根据各风险对实现项目合同目标的影响程度，包括各风险发生的概率、造成的后果，来确定它们的排序，为制定有效的风险应对措施提供依据。

（2）明确各施工合同风险之间的内在联系

虽然导致产生施工合同风险的因素有很多，但这些因素之间往往存在着相互联系，表面上看起来毫不相干的多个风险事件，往往是由一个共同的风险源造成的。例如，遇到百年不遇的洪涝灾害，则会导致项目的工期拖延、成本增加等多种不利后果，影响合同目标的实现。风险评价就是站在项目全局的角度，确定各风险事件之间的因果关系，来估计风险造成的损失，为制订相应的风险应对计划提供帮助。

（3）综合考虑各种风险之间相互转化的条件

主要是如何能把威胁化为机会以及机会在什么条件下会转换成威胁等。

（4）对合同风险进行量化研究

进一步量化已识别风险发生的可能性和后果。减少风险发生概率和后果估计中的不确定性，为风险应对提供策略和依据。

2. 合同风险评价的步骤

（1）确定风险评价基准，即合同主体针对每一种风险后果确定的可以接受的水平。风险的可接受水平可以是绝对的也可以是相对的。单个风险和整体风险都

需要确定各自的评价基准，称为单个评价基准和整体评价基准。施工合同所要达到的目标有很多种，包括利润最大、工程质量最好、工期最短、风险损失最小等。这些目标多数可以量化，并可作为评价基准。

（2）确定施工合同风险水平。合同风险水平包括单个风险水平和整体风险水平。要确定合同的整体风险水平，就必须明确各单个风险之间的关系、相互作用以及转化因素对这些相互作用的影响。还有就是风险水平的确定方法应当与评价基准确定的方法和原则相适应，否则两者之间就缺乏可比性。

（3）将合同中的单个风险水平与单个评价基准、整体风险水平与整体评价基准进行对比，以确定合同风险是否在可接受的范围内。从而决定该项目是该就此终止还是继续进行。

第六节　建筑工程项目合同风险管控

对合同风险进行了识别、估计、评价后，作为风险管理人员应当对合同中存在的各种风险和潜在的损失有了一定的把握。在此基础上，就需要考虑如何有效地应对和处理风险，即选择所要采取的风险管理基本对策，对合同风险提出处置意见和方法。还有就是要分析所采用方法的成本及其后果，结合自身经济情况以及项目合同总目标确定各种方案的最佳组合，达到以最小的费用开支获得最大安全保障的目的。

一、建筑工程合同风险防范措施

1. 设立改善合同管理流程

合同管理具备流程，包括：合同前期信息收集、分析、探讨、谈判、初拟、文本、审核、签约、执行、变更或转让、终止、结算等环节形成。首先，要针对各个流程的工序进行权利划分，同时进行责任划分、各司其职，保障合同管理流程的正确实施；其次，针对合同管理流程设置督查部门对各个流程进行进度掌握，并根据所收集的信息数据进行评价估量，以此来确保合同签订的合法性、先进性与规范性；最后，将改善好的合同管理流程进行综合的风险预测，除了少部分的不可控风险外，要进行严格的风险防治与控制条例的制定，实现合同管理流程的标准性。

2. 强化人才培养体系

首先，在上述合同管理风险的成因分析中可知，专业合同管理人员对合同管理风险能够进行重要的改变，因此，在建筑企业内部的晋升制度中，应当保持公平、公正、公开的原则，并且积极与熟悉国家政策、法律变动的人员进行沟通，听取意见，招聘具有合同管理经验或者从事相关行业的人才，并且在合同管理流程中赋予极大的权利，使其能够在合同管理中掌控全局，切实推动风险防范与控制系统的形成。其次，应当建立合同管理人才培养体制，通过专业人员的知识传授，深入调查相关合同管理风险案例，在企业内部进行消化，形成良好的风险防控意识。最后，制定在岗人员考核制度，将现有合同管理人员定期进行专业知识与任职考察，建立经验交流会使人员进行集中交流讨论，营造良好的学习氛围。

3. 完善风险预警机制

在进行合同签订的前期，要通过信息征信系统对合作方进行信用评估，并且根据合同管理流程进行明确风险预测，发现风险产生时立即进行防范与控制。并且设立建筑工程合同管理工会，将工程中可能预测到的风险进行集中对比，强化风险预警机制。在建筑工程施工阶段，应当将各个流程环节的资金耗费、工期进度与合同条款合理性进行重新审核调查，找到出现风险的原因，及时做出对应策略，风险处理完之后还要进行追踪调查，避免出现反复风险的产生。

二、建筑工程项目合同风险管控措施

常用的风险管控措施有风险控制、风险转移利用等。每一种应对措施都既有优点，又有局限性。至于对某一具体风险到底采取哪种应对措施，应当按照以较小的成本支出获取最大安全保障以及实现预期的经济利益为原则来进行选择。所以，在很多情况下，风险管理人员往往需要将各种方法配合起来使用，才能产生更好的风险管理效果。

1. 风险控制

合同不仅是项目管理的法律文件，还是进行全面风险管理的主要依据。风险管理人员必须具备强烈的风险意识，能够从风险分析和管理的角度认真研究每一个合同条款，对合同中可能出现的风险因素有深入的了解，从而制定有效的风险防范措施。对施工合同的风险控制必须贯穿整个合同的生命期中，即从合同谈判签订前的阶段、合同谈判签订阶段、合同履行阶段和结算阶段全过程。

（1）合同谈判签订前的风险控制

1）选择合适的投标方向

目前我国建筑市场处于买方市场，各承包商之间竞争激烈，有的承包商为了承揽工程而盲目投标，为日后遭受损失留下了隐患。在确定投标方向时应本着能够最大限度地发挥自己的优势、符合企业经营总战略的原则。因此，承包商在选择拟投标工程项目时需要详细收集工程信息，综合分析考虑工程项目的特点、性质、规模、企业自身实力、业主资信状况以及竞争对手状况等，确定正确的投标方向。

2）正确理解招标文件的内容

建设工程施工合同作为合同的一种，其订立要经过要约和承诺两个阶段。签订施工合同时，要约和承诺主要表现为招投标的方式，招标文件则相当于业主对承包商的要约邀请，而且在招标文件中，几乎涵盖了合同文件的全部内容。承包商应严格按照招标文件的规定进行投标，如果由于承包商对招标文件理解错误而造成的损失则应由自己承担，业主不负责任。因此，承包商必须认真研究业主提供的招标文件的每一个细节和各种相关信息。在现场考察前，若是在分析招标文件时发现问题，比如有错误、矛盾或者自己不理解的地方，应当在现场考察后以书面形式向业主提出，业主则应作出书面回复，业主对这些问题的书面解释具有法律约束力。

3）全面调查工程环境

工程环境的调查主要包括：当地市场经济条件、自然环境、过去同类工程的资料等。这些都会对工程项目的质量、工期、成本目标产生影响。比如，建设工程施工大部分是露天作业，不少工程更是在自然条件相当恶劣的环境中进行的。因此，在前期风险分析时应当全面考虑自然条件有可能对项目合同目标的实现产生影响，从而减少风险的发生，保障工程质量。

4）确定合理的投标报价策略

承包商要想在激烈的投标竞争中获胜，既想中标赢得工程项目，又想从中盈利，就需要认真研究投标策略，用来指导投标全过程。报价策略的正确与否，将对投标企业能否中标以及中标后实施工程的盈亏起决定性作用，任何投标报价策略都是以其投标报价能够使业主接受、中标后能获得更多的利润为前提。因此，在制定投标报价策略时，要综合考虑承包商自身特点、企业经营策略、投标报价技巧、市场竞争程度、合同风险程度等因素，以调整那些不可预见的风险费用和利润水平。投标报价通常都不等于合同价格，因为在合同谈判时可以调整报价；合同价格与工程实际结算价格也不一样，因为在履行合同的过程中可以通过索赔来弥补自己的损失，调整合同价格。总之，投标者要想有效降低投标风险、提高中标率并获得较高的利润，就必须制定合理的投标报价策略。

（2）合同谈判和签订阶段的风险控制

合同谈判和签订是承包商为了在今后合同的履行过程中不出现过多的风险而采取的风险防范措施。但这一阶段并非是一帆风顺的，承包商想通过合同将一定的风险转移或化解，而业主由于自身所占据的优势地位，往往也想通过合同谈判的过程，将本来应属于自己承担的风险转移给承包商。由于目前激烈的市场竞争，僧多粥少的现实使得承包商拿到一个工程项目都不是很容易，因此，在合同谈判签订时常常会屈从业主的一些不平等条款，为日后埋下隐患。

为了避免和减小损失，在合同的谈判过程中，承包商要积极争取属于自己的利益，避免业主借助合同谈判的过程，强迫自己接受诸如让利、垫资承包或提供额外服务等不合理的条款。在合同谈判和签订时应对以上情况做出充分估计和准备。一些有经验的承包商往往利用合同谈判的机会设下对业主不利而对自己有利的条款，避免和减小风险。索赔是进行合同管理进行风险控制时常采用的方法，但是承包商要想获得索赔，就必须在事前做很多工作，还要处理协调好各方面的关系，这也有助于日后索赔的成功。

（3）合同履行阶段风险控制

由于建设工程施工是一个延续性的过程，具有生产周期长、投资金额大、参与人数众多以及组织管理复杂等特点，因此影响施工合同履行的因素很多，涉及施工准备、开工建设、竣工验收以及工程保修等各个阶段，合同风险也贯穿于整个建设过程。在施工合同实施过程中，应根据工程项目具体特点，制定合理的合同管理制度，加强合同履行过程中的全过程动态管理。这种动态性主要表现在以下两方面：一方面是合同的实施过程常常受到外界干扰，导致偏离合同既定目标，需要进行不断调整；另一方面是合同指标本身也在变化，例如在施工过程中不断出现变更，使得项目的质量、工期、成本目标发生变化。因此，对于施工合同的控制应当随着合同实施中的变化进行不断调整。

如果施工过程中合同条文繁多，将影响到具体管理人员对自己所属合同责任的理解以及随时对合同的方便查阅。所以应仔细分析研究合同条款，进行合同交底，把复杂的条文以简单明了的形式展现在管理人员面前，方便他们进行风险管理工作。

即使一份施工合同签订得非常好，在签约时对各方面问题都考虑得非常全面，但是，在工程具体实施过程中，难免会因实际情况发生变化或者发生风险事故而需要对合同事先约定的内容进行变更，这些变更都需要通过签证的形式进行确认。及时合法的工程签证可以降低变更发生后损失发生的概率或减轻损失的程度，因而，加强工程经济技术签证的管理，也是一种有效的风险控制措施。对于分包给分包商的工程，总承包商负有协调和管理责任，并承担由此造成的损失。因此总承包商应当加强对分包商的管理，督促其认真履行分包合同，降低总、分包之间的风险。如果在具体管理工作时发生疏漏，给分包商带来消极影响，很有可能遭到分包商的索赔，所以风险管理人员应当提高风险意识，加强自身管理，及时解决工程中出现的各种问题。

（4）合同结算阶段风险控制

施工承包合同的结算是指承包商在实施工程项目的过程中，依据施工承包合同的有关规定，按照工程进度计划进行施工建设、编制工程结算表，再由业主签字确认后支付给承包商工程款的过程。工程结算贯穿于实施工程项目的始终，包括每月或每个阶段的结算，以及最后的工程总结算。但由于种种原因，在进行合同结算时面临很多困扰，存在着大量的工程已完工但却未能及时结算的情况，造成企业资金周转困难。

工程结算是在合同的基础上进行的，以合同的具体条款作为结算的依据，所以结算的结果往往取决于签订合同的完善程度和表达方式。由于建筑市场是买方市场，业主在制定招标文件的时候，经常提出一些苛刻的条款，是自己享有很多权利，却承担很少的义务，造成权利义务分配不合理。而承包商为了签订一份有利的合同，对于所签合同的合同范围、价款支付方式、价款调整方法、工程变更、不可抗力、索赔、违约以及争端解决等条款要极为重视，明确承发包双方的权利与义务，为日后的工程合同结算提供依据。还要注意的就是在施工过程中会涉及工程设计的变更签证、现场签证等资料，要做好资料的搜集工作，分析所签资料的合理性，防止利益损失。

2. 风险转移

目前，风险转移是作为项目风险管理的一项重要技术被广泛运用，当施工企业无法通过其他方法来化解风险时，可以采用风险转移的手段来保护自己。合理的风险转移并非转嫁损失，因为各风险承受主体的优势不同，所以对风险的承受能力也不一样。

对自身是风险的事情，对对方不一定是风险，也许就是一种发展的机遇。风险转移手段主要有以下两个方面。

（1）非保险转移方式

这种方式是指通过保险手段以外的其他方式将风险转移出去，主要有合同转移和担保转移。

通过合同进行风险转移可以是通过签订合同时选择对自身有利的合同计价方式。例如，施工合同按工程计价方式的不同可分为总价合同、单价合同以及成本加酬金合同。对于承包商来说，成本加酬金合同中承担的风险很小，在单价合同中和业主承担的风险相当，这都是承包商愿意接受的合同形式。通过合同进行风险转移还可以通过与分包商签订分包合同。比如，对于一些施工工艺复杂、自己不能胜任的一些专业性较强的施工任务，承包单位可以分包给具有相应资质的分包人来实施。这些原本对承包人具有很大风险的任务，对分包人而言不一定是风险，很有可能成为其盈利的机会。

工程担保是指担保人应合同一方（被担保人）的要求向合同另一方（权利人）作出书面承诺，一旦被担保人没有按照合同条款履行合同或其他约定义务，担保人将在一定期限内、一定金额内代为履行合同或其他义务来弥补另一方损失的一种工程保障机制。

目前，我国建设工程合同的担保主要有：投标担保、业主工程款支付担保、承包人履约担保、预付款保证担保、保修保证担保等。推行工程担保制度可以促进建设各方牢固树立诚信守约意识、加强履约的自觉性、规范当事人的履约行为。由于工程担保制度在 20 世纪 80 年代才引入我国，目前还处于起步阶段，存在着诸多问题，而且开展担保制度的主要是一些外资项目和合资项目，所以我国工程担保制度的发展走的路还很长。

（2）工程保险的方式

保险是指投保人根据合同约定，向保险人支付一定数额的保险费的行为。保险转移是指施工合同主体将其不愿承担或无力承担的风险转移给保险人承担的一种风险应对策略，这也是最常见、最有效的风险转移方式。在工程建设过程中，涉及的风险因素很多，危险性很大，造成的损失往往也较大，常造成施工企业无力承受，于是可以通过保险的方式将风险转移给保险人。工程保险通过较少的财务支出来换取较大的损失补偿，被认为是一种有效的风险转移措施。例如，按照合同约定，承包人对已完成工程项目负有保修责任，此时，承包商可以投保"工程质量责任保险"，将其可能承担保修责任的风险转移给保险公司。我国建设工程保险的主要险种主要有:建筑工程一切险(建工险)、安装工程一切险(安工险)、工程质量责任保险、职业责任保险、雇主责任险等。

目前,建设工程保险在我国引入时间还不是很长,尚处于初步建立阶段。但随着我国市场经济的发展,人们逐渐认识到建设工程保险对于风险管理的重要作用,政府、相关单位以及专家学者也正在加强对这一领域的探讨研究。但总的来讲,我国建设工程保险还存在着建设项目投保率较低、建设工程保险规模较小、建设工程保险市场不规范、相关法律法规不完善、开设险种较少以及缺乏建设工程保险领域的专业人才等问题。因此,我国建设工程保险制度的完善任重而道远。

虽然都为风险转移的途径,但工程保险与工程担保存在着以下区别:

1)当事人不同

工程保险合同的当事人通常是保险人和投保人,虽然被保险人基于保险合同的成立而享有某些权益,但并不必然是保险合同的当事人,也就是说被保险人可以是投保人,但投保人不一定是被保险人;工程担保的当事人一般由担保人、业主和承包商三方组成。

2)交付费用方式不同

工程保险是在保险合同成立后,投保人按照合同约定向保险人交付保险费;工程担保是由被担保人向担保人交付一定费用,通过担保人向权利人提供担保,保障权利人的利益不受损害。

3)风险承受程度不同

工程保险中,保险人是唯一的责任人,要对投保人发生的风险事故负责,其承担的风险很大;在工程担保中,担保人的风险要远小于被担保人。

4)承担责任不同

工程保险中,发生事故以后保险人只需按照合同规定支付一定数额的赔偿,不需要承担其他责任;在工程担保中,如果被担保人不能履行合同约定,担保人要采取措施代为履行,保障合同顺利完成。

5)追偿功能不一样

工程保险中,保险公司按照合同约定赔偿相应损失,但无权向投保人追偿;在工程担保中,担保人可以要求被担保人提供反担保或签订偿还协议书,担保人有权追偿其代为履约所支付的全部费用。

3. 风险利用

风险按照其性质可以划分为纯风险和投机风险。纯风险是指可能造成损失不会带来收益的风险,投机风险是既可能带来损失也可能带来收益的风险。风险利用是仅针对投机风险而言的，利用投机风险可以带来收益的特点，可以通过加强风险管理工作，为自己争取利益。在实际工程中，某些风险中可能会蕴藏着利润，并且影响实现项目既定目标的因素也在不断发生变化，有时冒点风险可以换取丰厚的利润回报。但投机风险具有两面性，有时利大于弊，有时弊大于利，所以风险利用并不是轻而易举就能得到回报。风险利用首先要考虑利用某种风险的可能性及其利用价值，然后要分析评估风险利用的代价和风险承受能力，在完成上述工作以后，风险管理者就可以制定风险利用的对策了。

在实际工程中处理不同的风险时应采取不同的方法，由于各个方法有各自的特点和适用范围，在实际运用的过程中，应结合风险的具体特点选用恰当的处理方式，有时甚至需要综合多种方法才能收到满意的效果。

三、建筑施工合同风险管理的应对

1.增强法律风险意识

培养企业领导风险意识。通过对企业法律风险成因分析，企业领导人的法律意识直接决定了企业的法律风险管理好坏。培养企业领导者的法律风险意识，认识到法律风险的存在并积极主动采取措施进行管理，这样才能带动企业其他员工开展法律风险管理工作。培养企业领导的法律风险意识并非对其进行具体法律专业知识的培训，而是培养其用法律手段解决问题的行为习惯，在纠纷或问题出现时第一时间采取法律手段进行维权，而不是通过人情、关系解决问题。

提高员工法律风险意识。企业员工的法律风险意识以及所具备的技能是企业防范法律风险的第一道屏障，通过对员工进行施工合同方面的法律知识培训来提高员工的法律风险意识，让员工熟悉施工合同重要合同条款以及合同履行过程中关键节点把控，认识到潜在法律风险以及所产生的法律后果，通过法律知识培训让员工掌握本职工作所应具备的技能和法律信息。

2.引进专业法律人才

建筑工程施工合同是专业性比较强的一类合同，在对该类合同进行法律风险管理时，需要法律专业人才防范法律风险。引进法律专业人才，成立项目法律顾问组，专门负责企业施工合同法律风险管理。项目法律顾问组由项目法务经理、外聘法律顾问律师、法务联络员共同组成。项目法务经理由企业自行选任，具备法务部门的企业可以选定法务部门负责人兼任项目法务经理，若企业尚未设立法务部门则可以由经过法律培训后的业务经理兼任；根据一定的标准（例如项目的合同标的金额、法律关系的复杂程度）聘请外部律师作为法律顾问为施工合同提供专项法律服务，而对于项目法务联络员的选任则可以适当地放宽标准。关于项目法律顾问组的人员人数，可以根据企业的人员情况以及工程的大小、周期进行选任和指派，以上人员必须具备一定的法律知识。建立项目法律顾问组，可以明确施工合同法律风险管理的职能部门，由项目法律顾问组从法律风险防范的角度对合同管理法律方面的问题进行指导、提出意见和提供服务。

3. 加强施工合同管理

很多企业将法律风险管理纳入企业的合同管理流程中，但因职责不明，历经多个流程仍无法有效的控制法律风险。企业合同管理流程普遍存在以下两个方面的问题：第一，企业只注重合同签订前合同文本的审核以及签订程序合法合规，却忽视合同履行过程管理，从诉诸法院的纠纷引发原因来看，大多数是由于实际履行出现问题。第二，企业普遍适用的流程本身并不存在大问题，但企业没有细化流程所涉及责任部门及具体职责，导致员工产生惰性与依赖性，将法律风险的防范都寄托在其他环节。

合同管理流程只是指明具体事务的处理程序，若企业未建立相应的机制予以配套，该合同管理流程只流于形式，无法真正达到控制法律风险的目的。对企业施工合同法律风险进行管理，必须将合同管理流程细化，加入企业组织机构，明确每个流程中所涉及的部门，同时建立每个流程的附表，将法律风险控制的具体措施融入每个阶段的工作内容中，通过设定工作目标以及应取得的工作成果，有效监控法律风险管理的实施情况。

合同文本记载着合同各方权利义务，同时起着证据的作用。企业在工程活动过程中对外所使用的文本与法律风险有着重要联系，它既可以给企业带来法律风险，也可以最大限度地防范法律风险。当发生合同纠纷寻求救济时，合同文本经常被作为证据向法庭或仲裁庭提交，而对外交往的文本一旦形成就很难通过后期努力进行更正，建立施工合同文本管理台账，统一由专人负责收发。加强合同的证据意识，重视建筑工程项目合同文本管理，不仅大大地提高工程项目的经济性、效率以及安全性，同时使得施工合同法律风险管理取得事半功倍的效果。

建筑工程施工合同涉及的对外文本为建设工程施工合同、签证、函件等。

企业在选用示范文本时，应吃透示范文本中的各项约定，对于示范文本通用条款中大量过期作废或视为默认条款，企业应引起重视，根据自身的约束条件在专用条款部分予以特别约定，同时注意示范文本中对自己有利与不利的条款。企业在设计合同文本时，了解企业之前发生的纠纷争议焦点、收集发包方、监理及企业内部各部门投诉建议,结合企业项目目标,挖掘发包方需求,同时收集公司之前的合同文本及发包方常使用合同范本。通过前期的资料收集以及法律调研后,对建筑工程施工合同进行相应的修改与调整。同时,将草拟好的合同分发各业务部门、合同管理部门、财务部门等,广泛听取意见,针对合同所涉及的各部门的具体事项进行沟通讨论,然后由法律顾问组结合所反馈的信息进行修改定稿。

4.完善施工合同法律风险制度

建设企业的制度分为管理制度、激励制度和绩效考核制度。企业通过管理制度对员工的行为进行约束和引导,通过绩效考核制度对管理制度执行情况进行评判。将施工合同法律风险管理作为企业日常管理的一部分,就必须将各部门、各责任人在合同法律风险管理中的具体职责通过规章制度的方式进行明确。通过管理制度来约束和引导员工的行为,根据企业建筑工程施工合同法律风险现状以及产生法律风险的原因在相应的管理制度中设置关键控制节点,通过执行企业的规章制度来控制法律风险。对于建筑工程施工合同法律风险管理来说,除建立企业管理制度外,还必须针对合同管理制定专门的制度,如《合同管理办法》《合同专用章管理规定》《合同审查、会签、审批管理规定》等。

在对企业进行规章制度体系设计时,必须对企业现有的各项规章制度进行梳理,认真分析现有的规章制度之间的内在逻辑联系,修改与现行法律规定相冲突的条款。通过建立激励制度和绩效考核制度来保证企业合同管理制度、业务规范、技术规范、个人行为规范等能得到有效的实施和执行,进而保证企业施工合同法律风险管理"有法可依"。

四、建筑施工合同风险管理体系建设

1.施工合同风险管理体系概述

施工合同法律风险管理体系服务于造价、工期、质量等方面的控制,应在体系架构上按项目管理生命周期进行构建的模式,将合同生命周期各阶段的相关工作"串"起来,建立风险与效益兼顾、商务经济与法务融合的复合型合同法律风险管理工作体系,法律风险管理流程的组织实施需要一个法律风险管理体系,包括风险管理的方针、组织职能、资源配置、信息沟通机制等基础配套设施。而施工合同法律风险管理体系的核心是建立以合同文本为载体,以签约把关、履约监控为基础工作和基本目标,以合同风险防控、效益提升为核心价值的由管理流程、组织及职能、制度及信息管理系统组成的合同法律风险管理工作体系。

该体系包括三个层次的含义：

（1）在载体上将风险控制落实到企业管理制度、流程上。具体包括高效合理的合同法律风险管理流程、组织及职能、制度、信息系统、纠纷应对体系等。

（2）根据企业的业务流程，将相应的风险管理要求切入企业日常经营之中。

（3）按照各部门的职能分工，将相应的风险管理职能分解到各个部门。

法律风险管理体系的组织架构的建立过程中，应当做好部门职能的设置及职能分解，理顺法律部门及其他各业务部门的管理职能。这将对法律风险管理流程付诸实施至关重要。而制度直接决定了组织和个人的全部行为，引导、激励并约束着员工的行为。如果说，制度规定了能够做什么，不能做什么；那么流程则规定了该怎么做，不该怎么做。

在法律风险管理信息系统的建设过程中，企业各业务单元、各层级共享的文档和信息系统可为法律风险管理体系有效运转提供数据和信息技术支持，同时也是一个有效的沟通、监督的平台。例如，可建立一个法律风险登记手册，记载企业面临的各类法律风险、风险源、评估信息等；信息系统企业也可引进风险管理软件，加强企业信息系统基础设施建设。

法律风险管理体系所包含的基础配套设施中还包括一个重要的环节，即法律风险管理培训体系的建立。施工企业法律风险管理培训体系是施工企业法律风险管理体系正常运作的前提和基础。进行法律风险培训的必要性在于以下几个方面：有利于提高企业管理人员的法律风险防范意识；有助于企业明确应该注意哪些法律风险及可以采取哪些措施；相当于请了一个法律顾问，成本非常低且效果非常大。因此，应当定期或不定期对员工进行施工企业法律风险管理方面的培训，逐步提高施工企业员工的法律意识，深入理解施工企业法律风险管理的重要性及现实意义。

2.施工合同法律风险管理体系的构建

实现施工合同法律风险管理体系的具体步骤包括措施策划、执行方案、实施评估及改进三个阶段。

第一阶段，措施策划。具体包括部门设置、岗位设置、管理职能的安排，管理流程（流程图）的制定；管理制度（图表）的制定。管理制度包括：合同签订、复核及审批制度；合同归档制度；公章、合同章管理制度；合同动态管理制度；以及相关的标准（工作模板表格、合同检查表格、检查考核评分细则等）、指引等。

第二阶段，执行方案。即对员工进行指导、培训、绩效考核。

第三阶段，实施评估及改进。即发现问题、及时纠正、及时改进。

3.施工合同法律风险管理的保证体系构建

为了施工企业合同法律风险管理体系的实现，还需建立施工合同法律风险管理保证体系，该体系包括"一个系统＋两个制度"，即文档控制系统、报告和行文管理制度、合同资料的收集保管制度。

（1）文档控制系统

合同法律风险管理文档控制系统以流程图＋工作模板表格（"图＋表"）为突出特点的标准化体例形式，这样才能凸显操作性、适用性。具体包括：管理流程图＋管理规范条款＋管理模板表格及标准文本体系。

对各管理环节的管理机制，通过画流程图的方式，规定企业各部门之间、企业与项目之间的职能业务衔接关系，业务流程形象、清晰、一目了然。而且每个环节都应当制定工作模板表格，且从专业角度将基本、关键的管理要素要求全面落实在管理表格中。这些表格更多的不是纯流程性质的空表，而是工作模板意义上的表格，为建立管理责任机制提供了基础。同时还应当将管理制度规定较全面地落实到合同法律风险管理文档控制系统中，体现为更有体系性和操作性的规范条款、流程、模板等。

同时，应当将基本、关键的管理要素要求全面落实在标准化的合同检查工作模板表格中，例如：项目法律顾问服务工作内容一览表、项目法务联络员工作一览表、检查考核评分细则标准等。

标准文本体系是指由施工企业制定的并在商业运作中首选的合同或条款，其中包括但不限于标准文本及谈判要点等。

施工企业建立标准文本体系，不仅可以大大提高施工企业的工作效率，更能有效控制法律风险，更好地维护施工企业的合法权益。从目前的形势来看，施工企业制定标准文本体系是大势所趋。

1）标准文本体系的构成

标准文本体系应由标准文本及谈判要点构成。

① 标准文本

施工企业的标准文本及条款，该类合同虽然也是施工企业预先拟定的，但在合同签订中不要以格式合同形式出现，仅以合同建议稿的形式提供给合同相对人作为谈判的基础。在合同谈判中，施工企业与合同相对人进行协商，但必须坚持标准文本不得变更。

施工企业的标准文本及条款实际上规避了格式合同的形式，是施工企业标准文本体系的重要组成部分。

②谈判要点

谈判要点是施工企业制定的在合同谈判过程中或拟签合同中应当必备的主要合同条款。谈判要点通常是施工企业在商业活动中处于劣势地位时使用，谈判要点属于施工企业谈判的底线。

2）标准文本体系的建立

施工企业应当根据业务需要构建标准文本体系。标准文本体系的构建同样是一个技术含量非常高的法律活动，在构建过程中应当注意以下几个问题：

① 合同制定需由律师负责

施工企业签订的合同必须符合法律、法规，此外还会涉及大量的行政法规、地方法规、部门规章及司法解释。同时，合同还要符合施工企业商业目的。起草合同的内容必须保证合同条款，尤其是主要条款的完备；合同条款和文字应当协调统一，做到合同及条款的唯一解释。可见，起草一个合同尚非易事，制定一个完备的合同体系难度可想而知。因此，聘请律师事务所协助施工企业建立标准文本体系应为首选。

② 标准文本体系应不断完善

法律在不断地进步，市场环境在不断变动，这些因素都决定了标准文本体系需要不断地调整和完善。应当从两个方向对标准文本体系进行不断的完善。

一是不断丰富标准文本体系的内容。很多施工企业将不重视谈判要点的制定，非常值得商榷。由于企业在商业活动中强势或劣势的地位是在不断变化的。而且还要面对公平原则、诚实信用原则等民事法律基本原则的约束。因此，施工企业在标准文本体系中必须将谈判要点作为标准文本的有效补充，并充分发挥谈判要点的作用，使标准文本体系名副其实。

二是适时更新标准文本体系中的版本。由于市场环境和法律环境是不断变化的，相应标准文本体系中版本也需要进行不断的和持续的调整。

（2）报告和行文管理制度

报告与行文管理制度主要包括收文管理制度、发文管理制度等内容，其核心是合同资料签收《收发文登记簿》，以及相应的授权管理。

建议施工企业对收文和发文实行分别登记、分类管理，特别是在施工合同履行过程中，建设单位、监理或工程师与施工企业往来各类函件较为频繁，如果不进行分类管理，容易出现管理混乱，不利于相关文件的管理，也不利于日后诉讼过程中，向法院提供相应证据。

1）收文管理

收文管理的流程主要包括收文、登记、拟签、阅批、分流、承办、归档等。

凡是从外部送达的文件，包括上级来文，公司内部来文，建设单位、监理或工程师的来文（传真、信函和其他文字材料），一律由承包人、项目经理或委派专职人员在收文登记簿上负责签收。

收文管理应根据文件类型与内容进行分类登记。收文登记簿还应注明发文单位、主要内容、签收人、签收日期等。

收到相关文件后，管理人员应及时将收文交由企业相关部门或有权处理人员进行及时处理和回复，同时注意回复的时间要求及时效问题。尤其是涉及合同履行中，建设单位、监理或工程师等下发的指令、工程设计变更、会议纪要等文件时，施工企业更应该注意时效问题，及时回复，以免权利丧失，利益遭受损失。

2）发文管理

公司所发出的一切文件材料，统称发文。发文处理包括：拟稿、核稿、签发、登记、归档等环节。

拟稿就是草拟文件的初稿，这是发文处理的第一道程序，是关系到文件质量的基础工作，必须十分认真细致。核稿即对文件草稿进行审核。施工企业应制定符合自身需要的文件的基本格式和要求，并对草稿的体式、内容等进行全面的审核。施工企业需要向建设单位、监理或工程师发函时，应按照统一的格式文件（如工程联单等）进行发函或回函，并交由经施工企业授权的代表审批、签发。施工企业对外发文内容涉及施工合同履行等事关权利义务和责任的事项，建议在签发之前交由公司法务部门或者会同律师共同审核。经过法律人员审核无误后，再进行签发，以降低相关风险。

在发文时，应当在发文登记簿上进行登记，登记内容包括文件名称、文件内容、收文单位、发文日期等。对于所发文件，施工企业应当妥善保管一份留存。

此外，施工企业或项目部应明确收发文管理人员的权限和职责，并根据自身情况，收发文管理制度，以实现收文管理的准确性、完整性及反馈的及时性。施工企业加强收发文管理，还要注意妥善保管收文资料，以免丢失或毁损，从而避免相关风险。对于企业发文，企业应留存发文原件，并保留邮寄凭证、公证文书等相关证明送达的资料，以避免事后无法举证问题。

（3）合同资料收集保管制度

合同资料保管是解决证据完整性最重要的措施，是解决索赔过期作废最重要的对策，且有利于及时有效实施签证、索赔、决算。合同资料保管的核心是定人专管。具体包括合同资料台账的明细，合同资料应包括的内容及注意要点。

合同资料的收集保管应当关注以下几方面内容：

1）合同内容

采用书面形式的合同资料，应为原件；采用电子格式的合同资料，要求文件未经过技术处理或人工编辑处理；照片和音像等资料，要求保存最为原始记录。

同一资料的签署应由授权组织和人员在授权范围内签署。合同资料的真实性可通过第三方查询、函证、承诺、担保等方式补强。在合同资料收集方面，公司应该考虑合同资料与项目经济、风险、商务活动关联性确定收集范围，确保收集资料的全面、准确、完整。公司还可参照《建设工程文件管理归档整理规范》进行案卷的归档、排列和编目。

2）合同收发

首先，要按照内容建立收发文台账。其次，对接收和发送的文件进行分别管理，具体包括：对于预接收的合同资料，施工企业应当严格审核内容，慎重签收。拟发送合同资料的内容应当具体、明确，确保达到足以影响工期、质量、价款等重要事宜的合同资料，须经项目主管领导及相关职能部门会签同意后，方可接收或发送；采用直接送达方式发送或接收合同资料，须经对方负责人或负责收发工作的职能部门人员签字并盖章。同时，将有效签收或发送的合同资料连同签收或发送凭证存档并妥善保管。最后，合同资料发送的方式包括挂号信邮寄发送、专递形式、发送公证送达。

3）合同传递

合同资料传递采用就近、授权原则，由具备授权权限的人员收发。负责具体收发合同资料的人员，按月（或周，公司可以根据自身情况确定）将相关资料移交项目合同资料管理员。合同资料管理员按月（或周，公司可以根据自身情况确定）上报资料台账至公司合同管理部门。项目正式移交前或停工前一周内，项目合同资料管理员将有关合同资料移交公司合同管理部门。

4）合同保管

合同履行完毕后，将合同资料按归档要求整理并移交公司合同管理部门保管。项目合同资料管理员负责合同及附件的复印件、合同履行过程记录和合同履行控制记录原件的保管，包括保存、借阅、回收等。对于足以影响工期、质量、价款等重要事宜的合同资料，公司合同管理部门认为有必要的，可要求项目资料管理员将原件上交。合同归档后，需要借阅使用的，按照档案管理办法有关规定执行。对于合同资料，相关人员应当遵守公司的保密要求，合同资料未经公司许可不能传播、转让、复制。

第三章 建筑工程项目进度风险及管控

建筑工程项目进度风险的管理与控制对于确保工程按时竣工和避免因延误造成的经济损失至关重要。本章将探讨建筑工程项目进度风险分析、建筑工程设计阶段的进度管控与建筑工程施工阶段的进度管控三方面的内容。

第一节 建筑工程项目进度风险分析

一、项目进度风险的特征

为深入了解风险的内在规律，必须总结有关进度风险的特征，但目前来看，关于这方面没有形成统一的意见，就初步达成的共识来看，进度风险具有风险的普遍特征，如下：

1.客观性和普遍性

风险是客观存在的，并不是人为决定的。只要外部环境是不稳定的，那么就有存在风险的可能性。风险在日常社会生产中无处不在，为了规避风险或者减少风险带来的损害，我们就要对风险有一个全面的了解，把握相关规律，制定出合理的应对方式。

2.不确定性

虽然我们知道风险是客观存在的，但是由于客观环境和人们思维的变化，我们无法准确预测风险如何发生、何时发生，即风险具有不确定性。其具体表现为风险发生的时间、地点、后果无法得到准确预测。

3.危害性

风险可能导致各个方面的损失，有可能对项目产生无法挽回的影响，也有可能对相关工作人员带来生命财产威胁。

4. 行为相关性

风险可能在任何地方发生，项目管理者的管理理念和原则也不尽相同，这就可能对风险的行为产生一定影响。

5. 潜在性

虽然风险客观存在，但是它只是一种可能性，无法确定它是否一定会发生。需要通过其他条件来促使它发生，这就是潜在性的含义。通过这种特性的启发，我们可以想办法识别风险，科学地规避风险，通过改变客观条件等方法，来减少风险带来的损害。

6. 隶属性

风险在一般情况下都会在某一个目标的具体行动中发生，都有一个明确的行为主体。

7. 可测性

虽然风险是无法预测的，但是可以通过某些方式找出它的规律。

通过对风险的识别、分析、统计等，结合相关数学方法，可以得出一些相关的结论。这些结论可以预测风险发生的概率以及风险可能带来的损害。

二、项目进度风险分析流程

1. 项目进度风险识别

在这个过程里，风险管理人员必须分析在项目中可能存在的潜在进度风险，分析后将结果归类，以上是风险管理工作展开的开端。最大限度地保证风险不会遗漏，利用有经验的专家来制作风险比较，但是如果完全依赖主观经验会导致风险估计的错漏，如果能够搜集足够多的项目资料可以最大限度地降低这种可能性。我们可以主要搜集以下三方面的资料：第一，项目地区的相关资料。比如与地理环境有关的气候和地质等，与社会环境有关的物价和原料等。第二，项目资料。其中包括项目可行性分析报告和施工方案等，除此之外细分为项目进度规划、项目的保障措施等。我们整理这些资料以后可以利用其中有用的信息，但是需要关注相关资料中假设的前提会不会随着项目持续变化。第三，与项目相关的历史资料，其中包括相关工程的总结以及工程质检等文件，这对于我们的项目来说是非常宝贵的资料。

项目进度风险辨别的规则主要包括以下四方面：第一，从细节到整体的分析。展开对于风险整体的分析，采取不同的方法分解进度风险，这样做可以全面地认知项目进度风险，了解最开始经历的风险；再进一步从最开始的风险中挑选出对于实现项目进度影响较大的风险，将这一类风险归纳为主要风险，主要风险是风险评价的首要对象。第二，掌握进度风险的内在含义并且确定风险间的关联。第三，怀疑风险、排除风险和重新确认风险同步进行。遇到风险不要盲目进行排除，必须经过认真分析再作决定。第四，必须关注各个风险因素之间的关联。

2. 项目进度风险评价

项目进度风险评价主要包括以下四项内容：第一，在项目进度风险评价的过程中，对比各种风险的因素，我们可以将风险可能会造成的影响来进行风险排序。第二，我们应该从项目的整体出发，把握各个风险之间的关系。第三，研究各个风险因素之间相互转化的条件。尽量把风险因素转变为机会，我们可以寻找这样的机会并且努力促成。尽量找出潜在风险转变为实际风险的具体条件，同时努力杜绝这种具体条件。第四，统计各种风险因素可能发生的概率以及分析可能造成的损失，并从中得出结果。

3. 项目进度风险防范

风险的防范是项目进度风险管理最终的步骤，同时也是最重要的一步，这实际上也是实施阶段，我们经过对风险的分析制订相对应的对策方案，我们可以按照事情的状况因地制宜设计方案，这样可以减少风险发生的可能性并且可以减少其带来的损害。风险应对可以分为以下几点：第一是风险回避，第二是风险转移，第三是风险预防，最后一个是风险承担。对这四者而言，风险回避，这种方案可以彻底切除风险的源头，我们需要延迟或者改变项目的实际内容，在某种程度上也就是我们需要放弃收益，这种风险的方案使用情况只适用于那些无法承受的大的风险；第二是风险转移，意思是将风险转移给其他方，这样就可以减少自身的风险，这是一种较好的方案，通常甲方与乙方制订合同，并且办理保险，这样就可以使得双方的责任得到明确；第三是风险预防，对于可控制的风险采取一些预防风险发生、减少风险产生损失的风险对策，这是非常好的一种措施，可以降低风险发生的可能性，并且还可以减少风险所产生的损失，风险预防是风险对策中最重要的一种方式，是风险管理的核心内容；风险承担是指由项目部独自承担全部风险。

三、建筑工程项目进度风险分类

这部分以 XX 建筑工程项目为例。该项目是学校建筑项目，建筑工程项目建筑规模为 8.5 万平方米左右，地下建筑规模在 2.5 万平方米左右。总投资约 50000 万元。项目于 2018 年 3 月开始实施，2019 年的 9 月完工，工期持续时间为 18 个月。

XX 建筑工程项目规划建筑面积 8.5 平方米，仅教学楼工程规划建筑规模就达 9000 米，为 5 层的钢框架结构。在建筑物落成后，要确保项目符合大气、简洁、安全等设计原则，保证功能的多元化，方便学校进行管理，确保资源能有效利用。

（一）立项决策阶段风险

在立项决策这一过程中，学校作为建设主体，是主要的风险来源，具体包括以下几种类型：

1. 政治风险

当前由于我国的政治大环境相对稳定，经济也得到可持续发展。在这种背景下出现了较多的教育扶持政策，对于改善教育建设项目起到重要推动作用。加上各级政府对教育建设项目的重视程度不断提升，对于教育项目的顺利实行提供了更加便利的基础条件。因此在教育项目风险中，政治风险并不是非常严重。

2. 规划和前期风险

这也是立项决策中的风险之一。教育项目在实施前需要进行战略规划，从而更好地满足国家以及地方规划的需求。应该做好审批报备工作，顺利完成动迁工作以及资金的筹集工作。整个项目的战略规划应该符合实际情况，满足基本要求。在具体的实施过程中，由于相关部门之间需要一定的配合，因此这个过程也会存在一定的项目风险。但在严格落实投资计划时，整个资金的筹集问题也能得到层层落实，因此该风险也相对较弱。

3. 组织风险

在项目启动中，需要政府牵头，并在相关职能部门的配合下完成项目工程。在具体实施时，应该充分考虑学校的近期发展以及长期发展趋势，在立足于现实的基础上，适当加入超前思维，更好地把握学校的发展走向，从而提升设计工作质量。在这些工作的具体实施过程中，一旦中间某个环节出现问题，将会影响项目的进展情况，因此组织风险是立项决策中的重大风险。这主要是由于项目启动与学校的相关部门联系紧密，对相互之间的合作有着较高的要求。

（二）项目设计阶段的风险

XX 建筑工程项目设计阶段通常包括下列几种风险：

1.定位风险

定位风险决定着一个项目的成败，因此我们在设计过程中，应尤为重视，针对项目的设计理念、设计内容与要求等方面的安排，均需要接受当地相关部门的检查，并且得到该工程项目机构的认可，由相关项目机构和教育部门一同给出建议，之后再将申报材料送至工程建设的上级相关部门，经有关部门审查。审查过程是由工程建设办公部门与相关项目部门一同完成的，若单方审议，很容易造成土地的利用率下降，尤其是在审批学校用地时，易出现滥用规划用地的问题，产生定位风险。上述情况在房地产行业也会经常出现，比如一些土地在变更用途后，一些住宅用地变为商业用地，若利用这批土地实施项目，项目会出现商办的倾向，等过几年以后，随着形势的发展，房地产行业进行变革，再加之政府的宏观调控，使得商办房的价格出现波动，发生下调，进而造成一定的经济损失。此次项目应避免将学校建筑用地用于其他项目的建设中，针对此类现象我们应该提高重视程度，避免产生不必要的损失。

2.使用新技术造成的风险

在设计工程项目时，会依赖各种先进的技术，也离不开相关人员多年的工作经验，在实施工程建筑时，经常性地会使用到一些先进的设备与技术，但是由于技术人员的经验不足，使用先进技术的能力还不够娴熟，这就会不可避免地带来经济损失。针对 XX 建筑工程项目来说，在设计时，应首先把安全放在第一位，将一些安全理念，如抗震理念充分地落实到项目工程的各个环节中，同时，应大量应用各种新型设备和先进技术。采用钢筋混凝土来构建楼梯的主体框架，同时要注意将楼梯设计成为六个单独存在的并具有抗震缝隙的单元结构，屋顶以及楼顶也全部采用这种建筑工艺和建筑材料，这样就可使其建立起稳定的板楼体系。另一方面，体育馆作为每个学校必备场所，通常具有较强标志性，必须具有较强的抗震能力，用混凝土作为建筑根基，并在上方采用钢筋网结构进行支撑，从而构成较大跨度。另外，在建筑过程当中还要注意建筑美学概念的应用，在保证建筑基本功能的基础上加入现代化设计，展现出学校文化内涵。以 XX 建筑工程项目为例，该建筑不仅在建造过程中加入了很多现代化美学元素，同时采用了很多绿色环保的设施，例如将太阳能等自然能源转化为电能、光能的 LED 路灯。这些新型的建筑材料和建筑工艺必须经过严格的筛选和研究工作，否则会出现各方面建筑问题而导致资金亏损。

3.基础资料掌握不够所引起的风险

在建筑项目设计的开始阶段，必须详细地了解实施项目的地理位置及当地气候、环境、人文水土等各个方面的信息，保证基础资料齐全，为项目正常开展奠定基础。如果基础资料掌握不够，会导致整个项目在设计工作甚至建筑过程受到严重阻碍，进而带来资金威胁。其中，实施项目地理位置的勘测工作尤为重要，这也是整个设计工作的基础部分。同时对于研究对象——抗震教学建筑来说，地理勘测工作更是重中之重。

4. 没有合理的设计进度就可能带来额外的风险

建筑工程项目在构建的过程中，如果没有合理的设计进度，可能出现前期项目设计规划阶段耗时较长，就很可能出现后期需要缩短建设工期的现象。项目设计方需要在进行科学合理的调查基础之上，使用切合实际的设计方法和设计技术来实现对项目进度的科学设计，这样才能有效地保证项目能够被顺利地推行。在我国现阶段尚未建立健全相关的法律法规体系，因此可能会出现项目设计先于审核进行的情况，如此一来便会加剧项目的风险。

5. 项目在实行的初始阶段容易存在沟通方面的风险

一般而言，在建设项目的过程中，虽然使用整体性的承包设计建设方式较少，但一般也会有一个企业来负责整体项目与子项目的设计。同时也可以使用分包型的设计方法来设计项目，对不同模块进行设计的过程中，可以让那些多专业设计的企业或多专业的单位来负责，例如，在设计水电、主体建筑和房屋架构等过程中，就能采取这种有效的设计方法。由于 XX 建筑工程项目的情况比较特殊，该项目有较多相对特殊的需求，这就要求项目方要积极寻找合适的建设方与建设单位来进行专业化、科学化的设计。要成功构建一家有特色的新学校，现代化的造型和现代化的设计风格就应该体现在校园建筑的各个方面之中，而如果要构建一个具有示范性的学校，就应该在建设校园的过程中充分地展现新的文化特征和新的环境特点，同时还应该充分地展示校园所蕴含的人文理念等。

简而言之，一个成功的主体建筑，除了要具备基本的现代化气息以外，还应该适当地融入这个主体建筑所处地区所具备的民族特色与人文特点。例如，可以在主体建筑中适当加入一些具有特殊意义的特殊符号等。除此之外，在建设学校的过程中要适当地预留出一个展示板的空间，这个展示板可以用来展示这个校园中，广大师生们的学习状态和生活状态，也可以用来展示学校所蕴含的文化理念和风采等，同时，在这个展示板的周围还可以适当地增加一部分富含文化气韵的塑像等，如此一来可以达到相互辉映的效果，也可以使 XX 建筑工程项目在建成之后，可以完全展现校园的现代化气息和活泼欢快的特点。在设计项目的过程之中，为了避免发生设计理念脱离工程实际而造成损失的问题，就应该让所有与项目构建相关的单位或部门尽可能地参与到项目的设计过程中来，加强各个部门和单位之间的交流，能有效地提高项目设计的科学性。

6. 由于设计组织工作不完善引起的风险

设计工程项目本来就是一个非常繁琐且严谨的系统化过程，在设计工程项目的过程中要坚持高标准和严要求的基本原则。然而如果工程项目其中一方只从自身的利益出发，而忽视整个项目的总体利益，就容易在项目设计的过程中因为局部利益与整体利益的冲突，提出不合理的要求，直接导致项目的设计发生不同程度的更改。在设计项目的过程中，组织工作如果不被明确且高效地完成，就很有可能会引起相互扯皮和推诿的情况。如此一来便会使得项目建设的正常秩序被打乱，也会引起项目建设延期后和项目建设质量不高等问题。在比较严重的情况下甚至会出现严重的资金困难，使得项目的风险飙升。

四、项目进度风险管理

项目进度风险管理就是比较工程的真实进度与进度安排的差异，辨别出差异后分析其产生原因，并针对具体问题给予调解。真实进度的核查是项目进度控制的关键环节，核查采用的方法也十分重要，目前常规的核查方法都是以比较分析真实进度信息与原定进度安排为基础，包括有网络图法、甘特图法、S型曲线比较法等。

甘特图法是一种常用的绘制记录图的方法，时间是横坐标，把全部的工作任务记录在图的左边，用平行于横坐标的一段段线段代表具体任务持续的时间，即以图左侧某一任务对应的线段左端点记录任务开始的时间，线段右端点记录的是任务完成的时间。甘特图法具有容易理解、一目了然的优点，但也不可避免地存在一些问题，如任务之间的关联性没办法直接表示，也根本不能得出关键线路，尤其是一旦进度有所偏离，计划根本估计不出对整体进程的改变，当然也就无法做出针对性调节。

净值分析法（偏差分析法）同样被广泛地应用在工程项目中，该方法主要的优势有两方面：一方面是本方法能精确体现工程项目的真实进度，因而可以整体考虑工程实施进度和生产要素的使用情况；另一方面，本方法能预计估算出工程项目中还没有进行到的任务部分，从而估计出可能的超出预算支出，这就给做出补救提供了时间。净值分析法用已计划任务、已完工任务的预计花销和已结束任务的真实花销三个数据表示项目的进行情况。

项目风险应对方案的设定目标是借助多样化的方法、管理手段来控制风险因子，减少风险发生的条件状况，并且最大程度上减少风险产生的损失。纵观古今，我们可以发现，通常项目风险相对应的措施有两种分类：响应策略、防范策略。首先介绍响应策略，响应策略设计的目标是在风险出现后，采取各种措施方法减少风险产生的影响；防范策略是在风险出现前采取各类措施，其目的是降低风险发生概率，也就是指的风险发生的可能性。防范风险控制方案是在风险防范技术中的一种积极对策。相对应的响应策略缺点较明显，可以说是一种消极的方案。

经过全面分析后，我们可以得出以下结论，当前项目管理最重要的进度风险控制的方案大致有三个：减轻风险、规避风险、转移风险。

项目施工自身的特点决定了两个问题，第一个是复杂度，第二个是控制的难易程度，这两个问题变得日益突出，需要注意的是我们不能忽视怎样应对风险，不然的话就可能产生无法弥补的损失。经过分析之后，必须考虑现场实地状况以及施工经验，按照成本收益对比的原则来综合考虑、设计策略，在实际项目的执行过程中，需要随机应变，根据实际情况，设计相对应的风险方案，来提高处理风险的成功率，也可以提高风险的实际处理效果。

在最终制订风险方案时，要充分考虑风险因素出现的可能性以及相关的损害程度因素。这是为了降低风险出现的可能性以及相关风险带来的危害和消极影响。

对项目进度风险的管理，我们有两条原则，第一是提前控制，第二是主动出击。

我们需要根据项目建设过程中不断发生的新情况，对方案进行随时调整，这样可以充分体现风险管理的特点。需要根据项目的计划，实现综合的目标要求即成本、进度和建设质量，我们要综合应用，使风险管理发挥作用。

项目进度风险管理是一个过程，这个过程是一个持续发展不断创新的过程，这个过程需要按照 PDCA 原则进行项目管理，PDCA 是指筹划、执行、检测、处理。该原则在项目进度风险管理中有很好的使用成效。应用这一原则可以高效率地解决风险，降低风险发生的概率以及随之产生的损失。

第二节　建筑工程设计阶段的进度管控

一、设计阶段进度控制的程序

设计阶段进度控制的主要任务是出图控制，也就是要采取有效措施促使设计人员如期完成初步设计、技术设计、施工图设计。为此，设计监理要审定设计单位的工作计划和各工种的出图计划，并经常检查计划执行情况，对照实际进度与计划进度，及时调整进度计划。如发现出图进度拖后，设计监理要敦促设计方加班加点，增加设计力量，加强相互协调与配合来加快设计进度。

设计进度控制绝非单一的工作，务必与设计质量、各个方案的技术经济评价、优化设计等相结合。对一般工程只含方案设计、初步设计与施工图设计三部分。具体实施进度，根据实际情况，可更详尽、细致地进行安排。

二、设计进度计划的制订

设计监理要会同有关设计负责人，依据总的设计时间来安排初步设计、技术设计、施工图设计完成的时间，在确定这三个主要关键点的完成时间后，监理工程师就要检查督促或会同设计单位安排详细的初步设计出图计划，分析各专业工种设计的图纸工作量和非图纸工作量及各专业设计的工作顺序，审查设计单位安排的初步设计各工种设计，包括建筑、结构、水、暖、电、工艺设计的出图计划的可行性、合理性，如果发现设计单位各出图计划存在问题应及时提出，并要求增加设计力量或加强相互协作。

进入技术设计、施工图设计，同样要考虑各自阶段设计的特点和各工种设计的难易程度、复杂程度，以此来安排各工种设计的出图时间、完成计划，并且在实际设计过程中，根据目前的实际进度情况来对各出图计划进行及时的调整。在审核设计单位提供的各工种设计的出图计划时，一定要详细分析各自的工作量、各自设计的难度，观察各专业设计人员是否合理、人员是否满足进度要求，检查各工种设计的进度搭接的紧凑性，尽量把困难估计在前面，不要使设计进度前松后紧，前面拖拉，导致后面时间来不及。这样既影响设计的如期完成，也影响设计质量。同时，因为匆忙赶工，没有时间多思考，设计则难免不尽如人意。

三、设计进度控制的措施

对设计进度的控制必须从设计单位自身的控制及监理单位的监控两方面着手。

1. 设计单位的进度控制

为了履行设计合同，按期交付施工图设计文件，设计单位应采取有效措施，控制工程设计进度：

（1）建立计划部门，负责设计年度计划的编制和工程建设项目设计进度计划的编制。

（2）建立健全设计技术经济定额，并按定额要求进行计划的编制与考核。

（3）实行设计工作技术经济责任制。

（4）编制切实可行的设计总进度控制计划、阶段性设计进度计划和专业设计进度作业计划。在编制计划时，加强与建设单位、监理单位、科研单位及承包单位的协作与配合，使设计进度计划积极可靠。

（5）认真实施设计进度计划，力争设计工作有节奏、有秩序、合理搭接进行；在执行计划时，要定期检查计划的执行情况，并及时对设计进度进行调整，使设计工作始终处于可控制状态。

（6）坚持按基本建设程序办事，尽量避免进行"边设计、边准备、边施工"的"三边"工程。

（7）不断分析总结设计进度控制工作经验，逐步提高设计进度控制工作水平。

2. 监理单位的进度控制

监理单位在进度控制中的具体措施如下：

（1）落实项目监理班子中专门负责设计进度控制的人员，按合同要求对设计工作进度进行严格的监控。

（2）对设计进度的监控实施动态控制，内容包括：在设计工作开始之前，审查设计单位编制的进度计划的合理性和可行性；在进度计划实施过程中，定期检查设计工作的实际完成情况，并与计划进度进行比较分析，一旦发现偏差，在分析原因的基础上提出措施。

（3）要求设计单位，无论是在初步设计、技术设计或是施工图设计阶段，各专业设计的进度安排要具体到每张图纸。

（4）对设计单位填写的设计图纸进度表进行核查分析，提出自己的见解，将各设计阶段的每一张图纸的进度纳入监控之中。

四、设计阶段的风险管控措施

在项目建设中，要想如期完工，必须确立周密的进度计划。这也是建筑工程项目进度风险管理的必然要求。在制订进度计划的时候，第一步应该由项目负责人对XX工程项目建设的环境进行调研，包括主观以及客观条件。接下来，根据该项目的具体情况对图纸会同审理，没有问题后对其进行确认。在该项目建设前还需要将所需的技术要求等进行确定。同时，根据建筑现场的实际状况确定好项目建设所采用的技术工艺，尤其是整个管道布局图需要提前进行设计规划。对于整个项目建设而言，其具体计划应该按照时间进行细致化，从年度开始计划一直细化到周。对于进度计划还需要将其按照级别进行编制，在建设中应有施工班组执行。考虑到建筑工程的特殊情况，确立其项目进度，应格外把握好以下三点：

1. 在建设中按照原定计划进行

在对项目方案进行制订时，必须严格规定所有部门的工作都必须以工程项目作为核心，同时还要将各部门的相应责任和任务在工程方案中进行体现。部门与部门之间在交流合作的时候，必须做好交接任务登记，以防后面出现相互推诿的问题。同时在制订项目计划的时候，必须制定相应的奖惩制度，确保项目计划被所有部门高度重视起来，从而使项目计划实施起来更加平稳和安全。

2. 对图纸进行严格审批，加快对项目设计的审核步伐

由于项目在建设过程中，都是严格根据施工图纸开展。一旦施工图纸出现了错误，就会将设计规划问题带到施工阶段，从而导致其结构会出现很大的偏差，因此成立图纸审批领导小组是至关重要的。领导小组要积极寻求监理和施工方的技术支持，然后再及时对图纸存在的设计问题进行发掘，最后将问题传达给设计部门进行修改，以防止再次发生同样的错误。

3. 强抓质量

该项目在建设前需要审查供应商的资质等，选择有实力、诚信度高的供应商进行合作。同时，还需要对每批材料进行检验，复验合格后方可投入使用。除了上述以外，还需要对新工艺产品进行审查。对于项目工序落实上，监理必须就每道工序进行验收，验收通过后才可以开始新的工序。

第三节　建筑工程施工阶段的进度管控

一、施工阶段进度控制的任务

施工阶段进度控制的主要任务是编制施工总进度计划并控制其执行，按期完成整个施工项目任务；编制单位工程施工进度计划并控制其执行，按期完成单位工程的施工任务；编制分部分项工程施工进度计划并控制其执行，按期完成分部分项工程的施工任务；编制季度，月（旬）作业计划并控制其执行，完成规定的目标等。

施工进度控制与成本控制和质量控制一样，是项目施工中的重点控制之一，它是保证施工项目按期完成、合理安排资源供应、节约工程成本的重要措施。

二、施工阶段进度管控的方法和措施

1.施工阶段进度管控的方法

施工阶段进度管控的方法主要是规划、控制和协调。规划是指确定施工总进度控制目标和分进度控制目标，并编制其进度计划；控制是指在工程项目实施的全过程中，进行施工实际进度与施工计划进度的比较，出现偏差及时采取措施调整；协调是指协调与施工进度有关的单位、部门和工作队组之间的进度关系。

2.施工阶段进度管控的措施

施工阶段进度管控采取的主要措施有管理信息措施、组织措施、技术措施、合同措施和经济措施。

组织措施主要是指落实各层次的进度控制的人员、具体任务和工作责任，建立进度控制的组织系统；按照工程项目的结构、进展阶段或合同结构等进行项目分解，确定其进度目标，建立控制目标体系；确定进度控制工作制度，如检查时间、方法、协调会议时间、参加人员等；对影响进度的因素进行分析和预测。技术措施主要是指采取加快施工进度的技术方法。合同措施是指对分包单位签订施工合同的合同工期与有关进度计划目标相协调。经济措施是指实现进度计划的资金保证措施。

三、施工阶段进度管控的原理

施工阶段进度管控是以现代科学管理原理作为其理论基础的，主要有系统管控原理、动态管控原理、信息反馈原理、弹性原理和封闭循环原理等。

1. 系统管控原理

该原理认为，项目施工进度管控本身是一个系统工程，它包括项目施工进度计划系统和项目施工进度实施系统两部分内容。项目经理必须按照系统控制原理，强化其控制全过程。

2. 动态管控原理

施工进度管控随着施工活动向前推进，根据各方面的变化情况，进行适时的动态控制，以保证计划符合变化的情况。同时，这种动态控制又是按照计划、实施、检查、调整这四个不断循环的过程进行控制的。在项目实施过程中，可分别以整个施工项目、单位工程、分部工程或分项工程为对象，建立不同层次的闭环控制系统，并使其循环下去。这样每循环一次，其项目管理水平就会提高一步。

3. 信息反馈原理

反馈是指控制系统把信息输送出去，又把其作用结果返送回来，并对信息的再输出施加影响，起到控制作用，以达到预期目的。

施工进度管控的过程实质上就是对有关施工活动和进度的信息不断搜集、加工、汇总、反馈的过程。项目信息管理中心要对搜集的施工进度和相关影响因素的资料进行加工分析，由领导作出决策后，向下发出指令，指导施工或对原计划作出新的调整、部署；基层作业组织根据计划和指令安排施工活动，并将实际进度和遇到的问题随时上报。每天都有大量的内外部信息、纵横向信息流进流出，因而必须建立健全一个施工进度管控的信息网络，使信息准确、及时、畅通，反馈灵敏、有力，以及能正确运用信息对施工活动有效控制，才能确保施工项目的顺利实施和如期完成。

4. 弹性原理

施工进度计划工期长，影响进度的原因多，其中有的已被人们掌握，根据统计经验估计出影响的程度和出现的可能性，并在确定进度目标时，进行实现目标的风险分析。计划编制者具备了这些知识和实践经验之后，编制施工进度计划时就会留有余地，使施工进度计划具有弹性。在进行施工项目进度控制时，便可以利用这些弹性，缩短有关工作的时间，或者改变它们之间的搭接关系，即使检查之前拖延了工期，通过缩短剩余计划工期的方法，仍然可以达到预期的计划目标。这就是施工进度控制中对弹性原理的应用。

5. 封闭循环原理

施工进度管控是从编制项目施工进度计划开始的，由于影响因素的复杂性和不确定性，在计划实施的全过程中，需要连续跟踪检查，不断地将实际进度与计划进度进行比较，如果运行正常可继续执行原计划；如果发生偏差，应在分析其产生的原因后，采取相应的解决措施和办法，对原进度计划进行调整和修订，然后再进入一个新的计划执行过程。这个由计划、实施、检查、比较、分析、纠偏等环节组成的过程就形成了一个封闭循环回路。而施工进度管控的全过程就是在许多这样的封闭循环中得到有效的不断调整、修正与纠偏，最终实现总目标的。

6. 网络计划技术原理

在施工进度的管控中利用网络计划技术原理编制进度计划，根据收集的实际进度信息，比较和分析进度计划，再利用网络计划的工期优化、工期与成本优化和资源优化的理论调整计划。网络计划技术原理是施工进度管控的完整的计划管理和分析计算理论基础。

四、施工阶段进度管控的工作内容

监理工程师对工程项目的施工进度管控从审核承包单位提交的施工进度计划开始，直至工程项目保修期满为止。施工阶段进度管控的主要内容包括施工前的进度控制、施工过程中的进度控制和施工完成后的进度控制。

1. 施工前的进度管控

（1）编制施工阶段进度控制方案

施工阶段进度控制方案是监理工作计划在内容上的进一步深化和补充，它是针对具体的施工项目编制的，是施工阶段监理人员实施进度控制的更详细的指导性技术文件，是以监理工作计划中有关进度控制的总部署为基础而编制的，应包括：施工阶段进度控制目标分解图；施工阶段进度控制的主要工作内容和深度；监理人员对进度控制的职责分工；进度控制工作流程；有关各项工作的时间安排；进度控制的方法（包括进度检查周期、数据收集方式、进度报表格式、统计分析方法等）；实现施工进度控制目标的风险分析；进度控制的具体措施（包括组织措施、技术措施、经济措施及合同措施等）；尚待解决的有关问题等。

（2）编制或审核施工进度计划

对于大型工程项目，由于单项工程较多、施工工期长，且采取分期分批发包又没有一个负责全部工程的总承包单位时，监理工程师就要负责编制施工总进度计划；或者当工程项目由若干个承包单位平行承包时，监理工程师也有必要编制施工总进度计划。施工总进度计划应确定分期分批的项目组成；各批工程项目的开工、竣工顺序及时间安排；全场性准备工程，特别是首批准备工程的内容与进度安排等。

当工程项目有总承包单位时，监理工程师只需对总承包单位提交的施工总进度计划进行审核即可。而对于单位工程施工进度计划，监理工程师只负责审核而不管编制。

施工进度计划审核的内容主要有：进度安排是否满足合同工期的要求和规定的开竣工日期；项目的划分是否合理，有无重项或漏项；项目总进度计划是否与施工进度分目标的要求一致，该进度计划是否与其他施工进度计划协调；施工顺序的安排是否符合逻辑，是否满足分期投产使用的要求，是否符合施工程序的要求；是否考虑了气候对进度计划的影响；材料物资供应是否满足均衡性和连续性的要求；劳动力、机具设备的计划是否能确保施工进度分目标和总进度计划的实现；施工组织设计的合理性、全面性和可行性如何；应防止施工单位利用进度计划的安排造成建设单位的违约、索赔事件的发生；建设单位提供资金的能力是否与进度安排一致；施工工艺是否符合施工规范和质量标准的要求；进度计划应留有适当的余地，如应留有质量检查、整改、验收的时间；应当在工序与工序之间留有适当空隙、机械设备试运转和检修的时间等。

监理工程师在审查过程中发现问题，应及时向施工单位提出，并协助施工单位修改进度计划；对一些不影响合同规定的关键控制工作的进度目标，允许有较灵活的安排。需进一步说明的是，施工进度计划的编制和实施，是施工单位的基本义务。将进度计划提交监理工程师审核、批准，并不解除施工单位对进度计划在合同中所承担的任何责任和义务。同样，监理工程师审查进度计划时，也不应过多地干预施工单位的安排，或支配施工中所需的材料、机械设备和劳动力等。

（3）按年、季、月编制工程综合计划

在按计划期编制的进度计划中，监理工程师应着重解决各承包单位施工进度计划之间、施工进度计划与资源保障计划之间及外部协作条件的延伸性计划之间的综合平衡与相互衔接问题，并根据上期计划的完成情况对本期计划作必要的调整，以作为承包单位近期执行的指令性计划。

（4）下达工程开工令

在 FIDIC 合同条件下，监理工程师应根据承包单位和业主双方关于工程开工的准备情况，选择合适的时机发布工程开工令。工程开工令的发布，要尽可能及时，因为从发布工程开工令之日算起，加上合同工期后即为工程竣工日期。如果开工令发布拖延，就等于推迟了竣工时间，甚至可能引起承包单位的索赔。

为了检查双方的准备情况，在一般情况下应由监理工程师组织召开有业主和承包单位参加的第一次工地会议。业主应按照合同规定，做好征地拆迁工作，及时提供施工用地；同时还应当完成法律及财务方面的手续，以便能及时向承包单位支付工程预付款。承包单位应当将开工所需要的人力、材料及设备准备好，同时还要按合同规定为监理工程师提供各种条件。

2. 施工过程中的进度控制

监理工程师监督进度计划的实施，是一项经常性的工作。以被确认的进度计划为依据，在项目施工过程中进行进度控制，是施工进度计划能否付诸实现的关键过程。一旦发现实际进度与目标偏离，即应采取措施，纠正这种偏差。

施工过程中进度控制的具体内容包括：

（1）经常深入现场，了解情况，协调有关方面的关系，解决工程中的各种冲突和矛盾，以保证进度计划的顺利实施。

（2）协助施工单位实施进度计划，随时注意进度计划的关键控制点，了解进度计划实施的动态，监理工程师要随时了解施工进度计划执行过程中所存在的问题，并帮助承包单位予以解决，特别是承包单位无力解决的内外关系协调问题。

（3）及时检查和审核施工单位提交的月度进度统计分析资料和报表。

（4）严格进行进度检查。要了解施工进度的实际状况，避免施工单位谎报工作量的情况，为进度分析提供可靠的数据资料。这是工程项目施工阶段进度控制的经常性工作。监理工程师不仅要及时检查承包单位报送的施工进度报表和分析资料，同时还要进行必要的现场实地检查，核实所报送的已完项目时间及工程量，杜绝虚报现象。

（5）做好监理进度记录。

（6）对收集的有关进度数据进行整理和统计，并将计划与实际进行比较，跟踪梳理，从中发现进度是否出现或可能出现偏差。

（7）分析进度偏差给总进度带来的影响，并进行工程进度的预测，从而提出可行的修正措施。

（8）当计划严重拖后时，应要求施工单位及时修改原计划，并重新提交监理工程师确认。计划的重新确认，并不意味着工程延期的批准，而仅仅是要求施工单位在合理的状态下安排施工。监理工程师应监督其按调整的计划实施。

（9）通过周报或月报，向建设单位汇报工程实际进展情况，并提供进度报告。

（10）定期开会。监理工程师应每月、每周定期组织召开不同层级的现场协调会议，以解决工程施工过程中的相互协调配合问题。在平行、交叉施工单位多，工序交接频繁且工期紧迫的情况下，现场协调会甚至需要每日召开。在会上通报和检查当天的工程进度，确定薄弱环节，部署当天的赶工任务，以便为次日正常施工创造条件。

（11）监理工程师应对承包单位申报的已完分项工程量进行核实，在其质量通过检查并验收后，签发工程进度款支付凭证。

3. 施工完成后的进度控制

（1）及时组织工程的初验和验收工作。

（2）按时处理工程索赔。

（3）及时整理工程进度资料，为建设单位提供信息，处理合同纠纷，积累原始资料。

（4）工程进度资料应归类、编目、存档，以便在工程竣工后归入竣工档案备查。

（5）根据实际施工进度，及时修改和调整验收阶段进度计划和监理工作计划，以保证下一阶段工作的顺利开展。

五、编制进度计划的方法和步骤

进度计划编制前，应对编制的依据和应考虑的因素进行综合研究。其具体的编制方法和步骤如下述所示。

1. 划分施工过程

编制进度计划时，应按照设计图纸、文件和施工顺序把拟建工程的各个施工过程列出，并结合具体的施工方法、施工条件、劳动组织等因素，加以适当整理。施工过程的多少、划分的粗细程度，应该根据计划的需要来确定。对于大型工程项目，经常需要编制控制性施工进度计划，此时工作项目可划分得粗一些，一般只明确到分部工程。如果编制实施性施工进度计划，工作项目就应划分得细一些。在一般情况下，单位工程施工进度计划中的工作项目应明确到分项工程或更具体，以满足指导施工作业、控制施工进度的要求。

2. 确定施工顺序

在确定施工顺序时，要考虑：各种施工工艺的要求；各种施工方法和施工机械的要求；施工组织合理的要求；确保工程质量的要求；工程所在地区的气候特点和条件；确保安全生产的要求。

3. 计算工程量

工程量的计算应根据施工图和工程量计算规则，针对所划分的每一个工作项目进行。当编制施工进度计划时已有预算文件，且工作项目的划分与施工进度计划一致时，可以直接套用施工预算的工程量，不必重新计算。若某些项目有出入，但出入不大时，应结合工程的实际情况进行某些必要的调整。

4. 计算劳动量和机械台班数

计算劳动量和机械台班数时，应首先确定所采用的定额。定额有时间定额和产量定额两种，可以任选其一。其值可以直接由现行施工定额手册中查出，亦可考虑施工承包单位的实际生产水平对其进行必要的调整，以使单位工程施工进度计划更切合实际。对有些新技术和特殊的施工方法，定额手册中尚未列出的，可参考类似工程项目的定额或通过实测确定。

5. 确定各分项工程、分部工程的施工天数并安排进度

当有特殊要求时，可根据工期要求倒排进度。同时在施工技术和施工组织上采取相应的措施，如在可能的情况下，组织立体交叉施工、水平流水施工，增加工作班次，提高混凝土早期强度等。

6. 施工进度图表

施工进度图表是施工项目在时间和空间上的组织形式。目前表达施工进度计划的常用方法有网络图和流水施工水平图（又称横道图）。

7. 进度计划的优化

进度计划初稿编制以后，需再次检查各分部（子分部）工程、分项工程的施工时间和施工顺序安排是否合理，总工期是否满足合同规定的要求，劳动力、材料、施工机械设备需要量是否出现不均衡的现象，主要施工机械设备是否充分利用。经过检查，对不符合要求的部分予以改正和优化。

六、施工阶段的进度风险管控措施

建筑工程项目在建设时，工程建设须对甘特图和 WBS 所提出的要求进行全面考虑，然后在国标给出的范围内，对更完整、更细化的节点计划进行制订。该

项目在施工时，必须每隔一段时间将项目施工的真实进度和规划进度进行对比分析，同时对造成项目施工快速或者缓慢的成因进行深入剖析，及时制定并实施有效的整改措施，确保项目能够在规定的时间内顺利完工。在施工过程中，我们必须尽快将各类工作做好，这样才能够保证施工正常进行。

1. 要积极和政府部门搞好关系，避免其成为拖延施工进度的原因

现代工程项目在施工过程中，投资方或施工方常常因为与政府的相关部门因项目质量、图纸审查等一系列手续办理问题产生冲突，这时就需要加强与政府部门良好的沟通，避免其成为影响项目进度的原因。

2. 督促项目相关部门逐渐便利各种签证手续，在对项目设计进行重新修改时，要时刻叮嘱设计部门尽快完成工作。同时，项目部要对监理单位的责任进行明确，并要求现场监理人员必须按照规定向项目部提交日报、月报以及现场巡查记录等资料；监理资料要做到内容记载清晰、符合现实情况、不偏不倚，此外监理单位要随机对项目施工进度进行巡查。

3. 项目节点在完工以后，项目部必须对其进行验收，然后对其结果进行考核。如果有工程节点在规定时间内无法完工的话，项目部要向其进行警告，同时还对其进行处罚。当项目施工进度出现巨大变动以后，必须及时向管理层反映情况，并对后续工作方案进行安排。

第四章　建筑工程项目质量风险及管控

建筑工程施工阶段是整个工程的关键阶段，质量风险也是相对较高的。质量风险是指建筑工程在施工阶段出现的各种可能影响工程质量的因素，包括设计不合理、施工工艺不规范、材料质量不达标等。这些因素可能会导致工程质量不达标，甚至出现工程质量事故，对工程造成巨大损失。本章主要分析了建筑工程项目质量风险及管控的有关内容。

第一节　建筑工程项目质量风险分析

一项工程完工之后，工程质量的好坏会对工程使用过程中是否安全、耐用产生很大的影响。无论是设计、施工还是验收过程，都存在着发生工程质量问题的风险。那么，工程质量有哪些风险？产生的原因是什么？本部分将针对以上问题进行详细说明。

一、产生质量风险的原因

从影响施工质量的因素（人、机、料、法、环）分析，产生质量风险的主要原因有：

1.管理和操作人员带来的质量风险

如果项目管理人员缺乏足够的质量意识、管理经验，施工操作人员技能不足、责任心不强，极易造成质量问题和返工的发生。

2.施工机具与设备造成的质量风险

主要指由于选用的施工机具、设备的性能不能满足相关工艺的质量要求，施工中出现设备故障造成的质量缺陷，设备计量不准确造成的质量问题等。

3.建筑材料、物资产品的质量风险

选用建筑材料的适用性不能满足设计和有关规范规定的质量要求；材料采购

过程中存在假冒、伪劣产品，致使材料规格、品种、性能指标不合格；材料进场验收、试验工作存在管理漏洞或失误，造成不合格品在工程中使用。

4. 施工方法与技术不当造成的质量风险

尤其是对于建筑工程的关键点、难点和有特殊质量要求的部位，以及在特殊施工条件、环境下，如果采用的施工方法不合理，或创新性施工方法技术方案不完善，都可能造成不同程度的质量问题。

5. 不良施工环境与施工条件带来的质量风险

施工过程中施工场地狭窄、气候条件恶劣、腐蚀性介质侵蚀等，对建筑工程施工质量均会产生影响，若不能采取有效措施加以防范，同样会带来相应的质量问题。

二、建筑工程项目质量风险类别

1. 复杂环境引起的风险

就建筑工程项目而言，大多数都是建设于城市之中，所以其建设环境相对较为复杂，因此环境的复杂性也十分容易导致质量风险的出现。在进行建筑工程项目施工的过程中，还常常会遇到各种管线、河流以及建筑设施，施工活动的开展将受到这些因素的影响，进而十分容易使建筑工程的质量面临风险。

2. 工程结构性风险

在进行建筑工程项目施工的过程中，结构施工是一个非常重要的施工内容，对于整个建筑工程项目的施工质量都有着非常重要的影响，所以工程结构性风险也是建筑工程项目施工质量风险中一个非常重要的类型。在进行结构施工的过程中，往往会涉及诸多的细节，如果这些细节的质量不能够得到有效的保证，将使建筑工程面临严重的质量风险。

3. 人身安全风险

在进行建筑工程施工的过程中，人身安全风险是施工质量风险中一个重要的类别，而导致人身安全风险产生的一个重要因素就是在施工活动开展前期没有对施工现场的地质条件进行全面的勘察。同时，再加之施工人员在操作过程中不够规范，就非常容易导致人身安全风险的产生。施工质量问题往往会导致工程结构的塌陷等问题，同时在施工过程中还会使用到大量的施工机械，而且在施工现场还存在大量的电线，这些因素都十分容易对施工人员的人身安全造成威胁。

第二节　建筑工程项目质量风险管控

随着社会的发展，人们对生活环境的要求越来越高，对公共环境中的工程建筑有很高的要求，不能有飞尘，不能有刺激气体，不能有污水，这些都会影响他们的心情，不满意时会去举报。同时，对自己的住房有着更高的要求，选用的工程材料、装修材料和家具物资等，这些都会是建筑工程行业的压力，也是行业向更好方向发展的推力。

一、建筑工程项目质量风险管理的流程

1.收集工程质量风险信息

根据设计图纸、标准规范、施工条件、承包合同与业主要求、企业管理情况等，组织工程技术、管理人员分析工程的难点、特点，收集施工各阶段的质量风险及影响因素的相关信息。

2.进行质量风险评估

可采取定性与定量相结合方法，结合企业自身的技术质量管理水平，并综合考虑外部的可利用资源，对收集的质量风险信息进行分类汇总、逐项分析，评估出各项风险的严重程度或等级。

3.制定质量风险管理策略

按照风险评估结果，对不同程度的质量风险采取不同的管理策略。主要指施工企业和项目部根据自身条件和外部环境，围绕企业发展战略，选择适合的风险管理的总体策略，并确定风险管理所需人力和财力资源的配置。

4.提出和实施质量风险管理解决方案，根据确定的质量风险管理策略，进一步提出每项质量风险的防范、控制措施。

5.质量风险管理的监督与改进

建立风险管理的监督与改进机制，在工程施工各阶段和质量风险管理过程中，定期或不定期地对质量风险管理情况进行监督检查、评价效果、查找不足、及时纠偏和持续改进。

工程从勘察、设计到施工乃至验收，一整个流程都存在工程质量风险，只有工程各方人员一起重视工程质量问题，对工程施工过程中的各个环节进行监督与

管理，才可以从根本上防范工程出现质量问题，也可以避免因质量问题出现重大损失。

二、建设项目施工现场质量风险管控的不足与管控

1. 建设项目施工现场质量风险管控的不足

（1）建设项目设计方面的不足

从经验上来看，在建设企业实行建设项目的施工活动期间，如想要确保项目的品质，就需要借助于较高水准的设计方案。换言之，设计是施工作业的依据，倘若设计环节出现问题，那么现场施工必然也就会受到干扰，所以，如想要从根基上增强施工现场质量管控的水准，就务必要重视设计工作。但是，当前在建设项目的设计方面，还是经常会出现不足，例如一些设计人员的责任意识较低，使得设计细节被疏忽，还有部分企业在设计方案完成后，没有做好相应的审核工作，这些状况都会导致设计的效果比较差，继而对现场施工品质产生不好的影响。例如，以我自身施工经验，曾经多次遇到图纸结构设计与室内建筑装修设计冲突，导致后期需要花费更多资源进行变更整改，影响质量的同时也浪费了资源，从而使得建设项目的总体品质显著降低，施工现场的品质管控也难以展现出应有的作用，因此建设企业务必要注重避免设计方面的不足。

（2）缺乏先进的检测技术和检测设备

对建筑工程材料进行检测，通常需要具备较高的技术性，并且检测过程复杂。为了保障建筑材料检测的顺利，就需要提高检测设备的精度以及保证检测技术的先进性。另外还需要注意的就是施工材料和检测技术一定要相匹配，不然就无法准确检验，得不出准确的结果。另外，导致建筑材料检测过程中出现问题的原因还有，在具体检测过程中设备会按一定比例缩小数据，那么这样一来就会导致数据的误差出现。然而在实际的工作要求中，必须保证检测具有较高的精准度，以满足需求。

（3）施工物资处理不当

传统的施工现场，下雨天泥水和沙子混合满街流，既浪费施工原材料，也影响周围环境，还劳累环保人员，加大了清洁工的工作难度。刮风天，黄土满天飞，口罩加眼镜都阻挡不了它们跟我们的亲密接触，周围车辆的车窗、住房的窗户怎么都打扫不净，而且刮风天周围的住户想要开窗通风透气的愿望是不可能实现的。起早贪黑施工现场逼迫着周围住户不得不和他们同步作息，轰轰隆隆的施

工噪声，墙体永远隔不住，周围住的都是年轻人问题可能还不严重，但周围住的有老年人和小孩就会造成很严重的困扰，老年人睡觉入睡困难，小孩子作息不规律，听到施工声音就更加容易情绪动荡，哭闹不止。

2. 建筑项目施工活动现场质量风险管控的有效路径

（1）做好施工活动的准备

良好的准备工作，可以有效地保证施工现场品质管控的成效，因此建设企业务必要注重施工活动正式开启前的准备工作。详细来说，可以从以下几方面着手：首先，要制定出健全的质量管控条例，并且确保条例的可实施性，以此来保障后续管理的顺利；其次，还应当建立工艺复核机制，借助于此便可以构建出完善的施工工艺管控体系，对现场施工的每一个环节都予以有效的监督；最后，还应当采取责任人制度，建设企业需要将各项施工现场的质量管控任务都安排专门的管控人员，如此一来，一方面可以防范出现项目施工重复监管，或者无人监管的问题，让所有管控人员都可以明晰自身的权责，并且时刻践行相应的义务；另一方面还能够在施工现场出现品质问题之后，马上开启追责，规避互相推诿的状况出现，同时也能够对管控人员起到警醒作用，预防其出现侥幸心态，点燃工作的主动性。

（2）将检测设备和检测技术进一步优化升级

通过直接购买国外先进的检测设备以及引进其他国家的成熟检测技术，是最直接有效地提升检测质量的一种途径。但是长久来看，依靠其他国家的技术和设备是不利于可持续发展的，不仅会受到他国的技术制约，还会阻碍本国的技术进步。当前，各个技术领域都在快速发展，逐步迈入数字化、自动化、智慧化的新阶段，所以施工材料检测设备和技术也需要与时俱进，增强服务能力。通过购进数字化智能设备，不仅能够节约人力物力，还能提升工作效率。先进的检测技术能够保障检测结果的准确性，减少误差的产生，在提升精度的同时保障建筑工程的施工质量。传统的检测技术以及落后的检测设备，不仅会浪费人力物力，还会增加检测时间，还会导致误差的增大，因此，通过一步步将检测设备和检测技术进行优化升级，就能够实现我国工程建设的可持续发展。

（3）宣传绿色施工理念

绿色施工理念应该从最基本的施工人员开始灌输，不能再是传统方式上简单粗暴的施工方式，只要盖起高楼就可以，施工的过程完全不在意，对周围环境的影响全然不顾，把施工场所划为另一个世界。在基层的施工人员心中树立绿色施工理念，让施工人员对建筑工程有新的认识和新的理解，摒弃旧的不再适用如今社会的工作理念，这样才能更好地把绿色施工贯彻到实处。对管理人员要进行相关环保意识、节约意识以及防污染意识的专门普及，管理人员对这些要求彻底吸收后才能对手下的工作人员进行有效的约束，而且在自己选购原材料时和制订工作方案时，要贴合如今社会要求的制度和条例，开展绿色施工方案部署、绿色施工现场督察、绿色维护等工作环节，在施工过程中更加全面地约束、监督基层施工人员，坚决不允许材料浪费、能源浪费，以及施工过程中产生的垃圾处理不当等行为。

（4）构件运输及存放

监理人员要对装配式构件的运输和存放做好管控，要求构件厂家采用低平板牵引车进行构件运输，并运用专用托架与平板车进行牢固连接。对于预制叠合楼板和阳台板，要采用平放运输方式，平放层数在 2 层以下，墙板则要保持竖直立放，与水平面的角度在 80° 以上。同时，要求构件厂家在运输托架和预制混凝土构件时，添放柔性材料，以钢丝绳或夹具进行牢固绑扎，并用柔性垫衬材料保护构件边角或锁链接触部位的混凝土，避免出现棱角缺损的现象。

三、建筑工程项目风险管控实施步骤

建筑工程项目质量风险管理，分为确定风险评价方法，确定风险分析标准，建立风险识别模型，开展风险识别、分析和评价，以及风险应对五个环节。

1. 确定风险评价方法

质量风险值用事件发生的可能性与事件产生的后果损失程度的乘积表示，风险值计算公式：

$R = P \times C$

式中 P——风险事件发生的概率。概率分级见表 4-1；

C——表示质量风险事件发生后果的严重程度。严重程度分级见表 4-2；

R——表示风险值。风险分级见表 4-3。

表 4-1 质量风险事件发生概率分级

说明	简单描述	等级代码 / 分值
经常	本项目年内已发生过大于 3 次； 各类项目发生过 5 次以上（含 5 次）	H/7-9
很可能	本项目一年内已发生过小于 3 次（含 3 次）； 同类项目发生 5 次以下（含 5 次）	M/4-6
偶然的	本项目未发生过，但其他同类项目发生过； 本项目一年内已发生过 1 次	L/1-3

表 4-2 风险事件后果严重程度分级

严重程度	简单描述	等级代码 / 分值
严重	10 万以上直接经济损失；管理方责令停工；影响关键线路工期超过 30 万元以上	H/7-9
一般	5~10 万直接经济损失；管理方投诉；影响关键线路工期超过 10—30 天以上	M/4-6
轻微	5 万以下直接经济损失；对产品质量影响较小；稍做处理即可达到质量要求；对工期影响较小	L/1-3

表 4-3 质量风险分级

风险等级	风险（R）
一级	49-81
二级	28-48
三级	16-27
四级	7-15
五级	1-6

2. 确定风险评价标准

为了保证项目资源得到充分、合理的分配与使用，有效管控项目成本与工程质量，对质量分析实施分级管理，并通过借助信息化管理手段，对各类风险以不同颜色进行表示如表 4-4，帮助使用者直观掌握各施工项目风险等级，提前进行合理化资源配置以及风险应对措施的制定，有效对风险进行预控。

表 4-4 质量风险分级标准

风险等级	一级	二级	三级	四级	五级
颜色	绿色	蓝色	黄色	橙色	红色

3. 建立风险识别模型

建筑工程施工，往往其质量风险由以下四个层次构成，即：环境系统风险；组织行为风险；管理过程风险；技术实施过程风险。

环境系统风险来自风险社会关系，行业未成文通行惯例，行业监管，市场竞争，施工上游风险、项目工期等方面；组织行为风险来自组织资质、人员资格及能力、机具、材料、方法、透明度（如：私自更改、伪造施工记录，私自处理不符合项目，质量问题不上报等未经许可的行为）；管理过程风险来自组织、文件管理、采购管理、物资管理、工艺控制、检查和试验控制、对不合格品的控制、纠正预防措施、记录、监察等方面；技术过程实施风险来自检验批、分项工程、分部工程、单位工程等方面。

4. 开展风险识别、分析和评价

（1）风险识别依据

实施质量风险分析，需依据国家法律、法规和其他相关要求，严格执行施工质量验收标准、规范、规程，承包合同、设计文件，施工组织设计、方案、措施、采购技术规格书，方针、目标，监查、监督、管理评审等的结果，关键工序识别清单，不合格品报告，纠正预防措施报告，外部质量事故，事件经验反馈等开展情况。

（2）风险识别时机

当出现如下情况时，可组织质量风险分析工作，主要包括：确定项目质量目标时，策划施工组织设计、专项方案时，分部、分项工程施工前，单位工程、分部工程、分项工程验收前，使用新材料、新工艺、新方法、新设备前，以及质量管理模式有重大调整时等方面。

（3）质量风险分析、评价

风险分析、评价工作一般由质量管理部门组织，相关质量风险管控组成员参与，共同开展质量风险分析与评价工作。

5.风险应对

首先，应制定风险应对准则，见表4-5。对照准则，当出现某级别质量风险时，须及时采取相应的控制措施，并明确责任单位与完成时间，以有效预防现场质量事件的发生。

表4-5 风险应对准则

等级	风险（R）	接受准则	控制对策
级	49-81	拒绝接受的	立即停止，需整改、规避或预案措施
二级	28-48	拒绝接受的	立即停止，需整改、规避或预案措施
三级	16-27	不可接受的	需重要决策，需控制、预警措施
四级	7-15	可接受的	引起重视，需防范、监控措施
五级	1-6	可忽略的	不必进行管理、审视

项目质量管理部门根据质量风险控制及效果评价报告中明确的时间要求，组织评价组验证质量风险对策的落实情况，并评价质量风险控制效果，其中应包含四级、五级风险的效果评价报告。风险管理是项目管理不可缺少的一部分。作为项目管理者，关键在于要合理地管控各类风险，这是项目成功的制胜条件。工程质量风险管理，可将有限的各类资源合理分配至项目管控关键环节，有助于提升项目管理水平，从而有利于降低项目成本，提升工作效能，提高产品质量，最终赢得市场核心竞争力。

四、建筑工程项目质量风险管控有效措施

1. 建立风险管控体系

为有效实施建筑工程项目质量风险管理，应建立质量风险管理及内部控制体系。为规范风险管理及内部控制，应设置专门的组织机构、配置的相关人力资源、制定的相关管理体系，以及建立相应信息系统等方面的有机组合，以更好地指导质量风险管控工作的开展。

项目质量管理部门是质量风险管理归口部门。质量风险管控小组组长一般由项目质量主管领导担任，负责组织开展质量风险评价与管控工作；组员由质量、技术、施工等人员组成，负责质量风险识别、质量风险事件发生概率评价、质量风险事件发生后果严重程度评价，以及质量风险等级及对策初步判定等工作，负责编制质量风险因素识别、评价表和质量风险控制及效果评价报告，对风险对策落实情况实施验证。

2. 建立健全风险预警机制

为了更加有效地对建筑工程项目施工质量风险进行管理，首先必须建立健全风险预警机制。通过建立起有效的风险预警机制，可以在风险出现之前对其进行预警，从而便于工作人员采取必要的预防措施防止风险所带来的影响。同时，建立起完善的风险预警机制，还能够有效地减少在施工过程中环境因素所带来的影响。风险预警机制是对于风险进行预判的一个有效手段，所以建立健全相关的预警机制，对于提高建筑工程项目质量风险管理水平有着非常重要的意义。

3. 强化风险管理意识

要杜绝建筑工程项目质量风险，还需要从风险管理意识方面入手。对于施工单位而言，其必须具备良好的风险管理意识，在开展施工活动的过程中要严格按照施工方案以及设计图纸来进行施工，同时严格遵循相关的安全生产规范，从而杜绝质量风险的产生。此外，在施工过程中还应该加强对各项施工活动以及施工人员的管理。通过加强对施工活动及施工人员的管理，也能够有效地杜绝由于操作不当所引起的质量问题，进而避免质量风险的出现。同时监理单位以及建设单位都应该提升自身的风险管理意识，通过强化风险管理意识将质量风险管理落到实处，进而保证建筑工程项目的质量。

4. 明确工程施工的具体流程

建筑工程项目的施工流程较为繁琐，而且每一个流程的施工质量对于整体的

质量都有着非常重要的影响，因此要想加强对建筑工程项目质量风险的管理，还必须明确具体的施工流程。首先，必须严格按照招投标程序来开展招投标活动，从而确保选择的施工单位能够满足工程质量的要求。其次，还应该做好前期的勘察及设计等工作，保证勘察结果的准确，保证设计质量的良好，从而为施工活动的顺利开展奠定良好的基础，杜绝质量风险的出现。最后，针对施工的各个细节，也必须将流程细化，并且加强对每一个施工环节质量的检验，从而有效地保证建筑工程项目的施工质量。

5. 明确相关主体和责任

在进行建筑工程项目建设的过程中，要想进一步提升质量风险管理水平，还必须明确相关的主体及责任。因此，相关主管部门需要对风险管理范围加以明确，并且建立起与之相匹配的施工制度，在施工的过程中有效地落实监督管理工作，有效地防范质量风险。同时，在施工的过程中，必须将责任落实到个人，通过将责任落实到个人，往往能够有效地增强施工人员的责任意识，在施工过程中主动地规避质量风险。同时，将责任落实到个人之后，工程出现质量问题，也能够更加及时地找到相关的责任人，有效地对质量问题进行处理，从而使得质量风险管理水平能够得到进一步提升。

6. 合理应用风险回避

风险回避是建筑工程项目质量风险管理中一个重要的手段，风险回避并不是完全的被动手段。在采用风险回避手段进行工程质量风险管理的过程中，往往只针对影响或者破坏作用较大的风险，使得风险所带来的影响能够被降到最低。而风险回避就需要依赖于前期的环境评估、成本预测以及设计等，只有有效地对这些因素加以控制，才能够更好地回避施工过程中可能出现的质量风险，进一步提升建筑工程项目质量风险的管理水平。

7. 优化风险管理手段

对于建筑工程项目质量风险管理而言，存在着多种风险管理的手段，所以要想更好地对风险进行管理，还需要对管理手段加以优化和组合。比如说在施工活动开始之前可以对施工人员有针对性地进行培训，这样既可以使得培训的效果得以改善，同时也能够减少培训的成本。此外，还可以建立起合理的奖惩制度，督促每一个工作人员注重对质量风险的管理。灵活地应用这些风险管理手段，能够进一步地提高建筑工程项目的质量风险管理水平。

第三节 建筑工程项目质量事故及处理

一、工程项目质量问题

（一）工程项目质量事故的概念

1. 质量不合格：凡是工程产品没有满足某个规定的要求，即称之为质量不合格；而没有满足某个预期使用要求或合理的期望（包括安全性方面）要求，则称为质量缺陷。

2. 质量问题：凡是工程质量不合格，须进行返修、加固或报废处理，由此造成的直接经济损失低于规定限额的，称为质量问题。

3. 质量事故：凡是工程质量不合格，须进行返修、加固或报废处理，由此造成的直接经济损失在规定限额以上的，称为质量事故。

（二）工程项目质量问题的成因

1. 违背建设程序

违背建设程序是指不经可行性论证，不做调查分析就拍板定案；没有弄清工程地质、水文地质就仓促开工；无证设计，无图施工；任意修改设计，不按图纸施工；工程竣工不进行试车运转，不经验收就交付使用等，致使不少工程项目留有严重隐患，是房屋倒塌事故的原因之一。

2. 工程地质勘查原因

工程地质勘查原因包括未认真进行地质勘查，导致提供地质资料、数据有误；地质勘查时，钻孔间距太大，不能全面反映地基的实际情况，如基岩地面起伏变化较大时，软土层厚薄相差亦甚大；地质勘查钻孔深度不够，没有查清地下软土层、滑坡、墓穴、孔洞等地层构造；地质勘查报告不详细、不准确等。这些原因均可能导致采用错误的基础方案，造成地基不均匀沉降、失稳，使上部结构及墙体开裂、破坏、倒塌。

3. 未加固处理好地基

对软弱土、冲填土、杂填土、湿陷性黄土、膨胀土、岩层出露、熔岩、土洞等不均匀地基未进行加固处理或处理不当，均是导致重大质量问题的原因。必须根据不同地基的工程特性，按照地基处理，应与上部结构相结合，使其共同工作的原则，从地基处理、设计措施、结构措施、防水措施、施工措施等方面综合考虑治理。

4. 设计计算问题

设计考虑不周，结构构造不合理，计算简图不正确，计算荷载取值过小，内力分析有误，沉降缝及伸缩缝设置不当，悬挑结构未进行抗倾覆验算等，都是诱发质量问题的隐患。

5. 建筑材料及制品不合格

钢筋物理力学性能不符合标准，水泥受潮、过期、结块、安定性不良，砂石级配不合理，有害物含量过多，混凝土配合比不准，外加剂性能、掺量不符合要求时，均会影响混凝土的强度和易性、密实性、抗渗性，导致混凝土结构强度不足、裂缝、渗漏、蜂窝、露筋等质量问题；制构件断面尺寸不准，支撑锚固长度不足，未可靠建立预应力值，钢筋漏放、错位，板面开裂等，必然会出现断裂、垮塌。

6. 施工和管理问题

许多工程质量问题，往往是由施工和管理不善所造成的，通常表现为以下几方面：不熟悉图纸，盲目施工；图纸未经会审，仓促施工；未经监理、设计部门同意，擅自修改设计；不按图施工；不按有关施工验收规范施工；不按有关操作规程施工；缺乏基本结构知识，施工蛮干；施工管理紊乱，施工方案考虑不周，施工顺序错误。

7. 自然条件影响

施工项目周期长，露天作业多，受自然条件影响大，温度、湿度、日照、雷电、洪水、大风、暴雨等都可能造成重大的质量事故，施工中应特别重视，采取有效措施予以预防。

8. 建筑结构使用问题

建筑物使用不当，亦易造成质量问题。如不经校核、验算，就在原有建筑物上任意加层；使用荷载超过原设计的容许荷载；任意开槽、打洞、削弱承重结构的截面等。

二、建筑工程项目质量事故的分类

由于建筑工程质量事故具有复杂性、严重性、可变性和多发性的特点，所以建设工程质量事故的分类有多种方法，但一般可按下列条件进行分类。

（一）按事故造成损失严重程度划分

1.一般事故，指造成 3 人以下死亡，或者 10 人以下重伤，或者在 100 万元以上 1000 万元以下直接经济损失的。

2.较大事故，指造成 3 人以上 10 人以下死亡的，或者 10 人以上 50 人以下重伤的，或者在 1000 万元以上 500 万元以下直接经济损失的。

3.重大事故，指造成 10 人以上 30 人以下死亡的，或者 50 人以上 100 人以下重伤的，或者在 5000 万元以上 1 亿元以下直接经济损失的。

4.特别重大事故，指造成 30 人以上死亡的，或者 100 人以上重伤的，或者 1 亿元以上直接经济损失的。

（二）按事故责任分类

1.指导责任事故是指由于工程实施指导或领导失误而造成的质量事故。例如，由于工程负责人片面追求施工进度，放松或不按质量标准进行控制和检验，降低施工质量标准等。

2.操作责任事故是指在施工过程中，由于实施操作者不按规程和标准实施操作，而造成的质量事故。例如，浇筑混凝土时随意加水，或振捣疏漏造成混凝土质量事故等。

（三）按质量事故产生的原因分类

1.技术原因引发的质量事故是指在工程项目实施中由于设计、施工在技术上的失误而造成的质量事故。

2.管理原因引发的质量事故指管理上的不完善或失误引发的质量事故。

3.社会、经济原因引发的质量事故是指由于经济因素及社会上存在的弊端和不正之风引起建设中的错误行为，而导致出现质量事故。

三、工程项目质量事故处理

（一）建筑工程项目质量事故处理的依据

工程质量事故发生后，主要应查明原因、落实措施、妥善处理、消除隐患、界定责任。下面是工程质量事故处理的依据。

1.质量事故状况

要查明质量事故的原因和确定处理对策，首要的是掌握事故的实际情况，有关质量事故状况的资料主要来自以下两个方面。

（1）施工单位的质量事故调查报告。质量事故发生后，施工单位有责任就所发生的质量事故进行周密的调查、研究掌握情况，并在此基础上写出事故调查报告，对有关质量事故的实际情况做详尽的说明。其内容如下：质量事故发生的时间、地点，工程项目名称及工程的概况，如结构类型、建筑工作量、建筑物的层数、发生质量事故的部位，参加工程建设的各单位名称；质量事故状况的描述，质量事故现场勘查笔录，事故现场证物照片、录像，质量事故的证据资料，质量事故的调查笔录；质量事故的发展变化情况（是否继续扩大范围，是否已经稳定）。

（2）事故调查组研究所获得的第一手材料，以及调查组所提供的工程质量事故调查报告。该材料主要用来和施工单位所提供的情况进行对照、核实。

2. 有关合同和合同文件

所涉及的合同文件有工程承包合同、设计委托合同、设备与器材购销合同、监理合同及分包工程合同等。有关合同和合同文件在处理质量事故中的作用，是对施工过程中有关各方是否按照合同约定的有关条款实施其活动，界定其质量责任的重要依据。

3. 有关的技术文件和档案

（1）有关的设计文件。包括设计图纸、设计方案等。

（2）与施工有关的技术文件和档案资料：施工组织设计或施工方案、施工计划，施工记录、施工日志等。根据这些记录，可以查对发生质量事故的工程施工时的情况；借助这些资料，可以追溯和探寻事故的可能原因。有关建筑材料的质量证明文件资料、现场制备材料的质量证明资料，质量事故发生后对事故状况的观测记录、试验记录或试验、检测报告等，以及其他有关资料，均对上述工作起着重要的作用。

（二）建筑工程项目质量事故的处理方案及鉴定验收

1. 工程质量事故的处理方案

工程质量事故的处理方案，应当在正确分析和判断质量事故原因的基础上进行。对于工程质量事故，通常可以根据质量问题的情况，给出下列四类不同性质的处理方案。

（1）修补处理

这是最常采用的一类处理方案。通常当工程某些部分的质量虽未达到规定的标准或设计要求，存在一定的缺陷，但经过修补后可达到要求，且不影响使用功能或外观要求时，可以做出进行修补处理的决定。属于修补的具体方案有很多，如封闭保护、复位纠偏、结构补强、表面处理等。

（2）返工处理

在工程质量未达到规定的标准或要求，有明显的严重质量问题，对结构的使用和安全有重大影响，而又无法通过修补的办法纠正所出现的缺陷情况下，可以做出返工处理的决定。

（3）限制使用

在工程质量事故按修补方案处理：无法保证达到规定的使用要求和安全指标，而又无法返工处理的情况下，可以做出如结构卸荷或减荷以及限制使用的决定。

（4）不做处理

某些工程质量事故虽然不符合规定的要求或标准，但如其情况不严重，对工程或结构的使用及安全影响不大，经过分析、论证和慎重考虑后，也可不做专门处理。可以不做处理的情况一般有以下几种：不影响结构安全和使用要求的；有些不严重的质量问题，经过后续工序可以弥补的；出现的质量问题，经复核验算，仍能满足设计要求的。

2. 工程质量事故处理的鉴定验收

工程质量事故处理是否达到预期的目的，是否留有隐患，则需要通过检查验收来得出结论。事故处理质量检查验收，必须严格按施工质量验收规范中的有关规定进行；必要时，还要通过实测、实量，荷载试验，取样试压，仪表检测等方法来获取可靠的数据。这样，才可能对事故得出明确的处理结论。

工程事故处理结论的内容有以下几种：事故已排除，可以继续施工；隐患已经消除，结构安全可靠；经修补处理后，完全满足使用要求；基本满足使用要求，但附有限制条件，如限制使用荷载、限制使用条件等；对耐久性影响的结论；对建筑外观影响的结论；对事故责任的结论等。

事故处理后，必须提交完整的事故处理报告，其内容包括：事故调查的原始资料、测试数据；事故的原因分析、论证；事故处理的依据；事故处理方案、方法及技术措施；检查验收记录；事故不需处理的论证以及事故处理结论等。

3. 质量事故处理的任务

质量事故处理一般情况下包括以下两方面的工作：第一，事故部分或不合格品的位置，如返工重做、返修、加固补强等；第二，防止事故再发生而采取的纠正和预防措施。

事故处理的主要任务有以下七项：

（1）创造正常施工条件：国内外大量统计资料表明，工程质量事故大多数发生在施工期，而且事故往往影响施工的正常进行，只有及时、正确地处理事故，才能创造正常施工条件。

（2）确保建筑物安全：对结构裂缝、变形等明显的质量缺陷，必须作出正确的分析、鉴定，估计可能出现的发展变化及其危害性，并作适当处理，以确保结构安全。对结构构件中的隐患，如混凝土或砂浆强度不足，构件中漏放钢筋或钢筋严重错位等事故，都需要从设计、施工等方面进行周密的分析和必要的计算，并采用适当的处理措施，排除这些隐患，保证建筑物安全使用。

（3）满足使用要求：建筑物尺寸、位置、净空、标高等方面的过大误差事故，隔热保温、隔声、防水、防火等建筑功能事故，以及损害建筑物外观的装饰工程事故等，均可能影响生产或使用要求，因此，必须进行适当的处理。

（4）保证建筑物具有一定的耐久性。有些质量事故虽然在短期内不影响使用和安全，但可能降低耐久性。如混凝土构件中受拉区较宽的裂缝，混凝土密实性差，钢构件防锈质量不良等，均可能减少建筑物使用年限，也应作适当处理。

（5）防止事故恶化，减少损失：由于不少质量事故随时间和外界条件而变化，必须及时采取措施，避免事故不断扩大而造成不应有的损失。如持续发展得过大的地基不均匀沉降，混凝土和砌体受压区中宽度不大的裂缝等均应及时处理，防止发展成倒塌而造成人身伤亡事故。

（6）有利于工程交工验收：施工中发生的质量事故，必须在后续工程施工前，对事故原因、危害、是否处理和怎样处理等问题作出必要的结论，并应使有关方面达成共识，避免到工程交工验收时，发生不必要的争议而延误工程的使用。

（7）防止事故再发生：防止同类事故或类似事故的再次发生而采取必要的纠正措施和预防措施。采取的纠正和预防措施，可以从根本上消除事故再发生。

（三）质量事故处理的条件与要求

1. 必备条件

质量事故处理必须具备以下条件：

（1）事故情况清楚：一般包括事故发生时间、事故情况描述，并附有必要的图纸与说明，事故观测记录和发展变化规律等。

（2）事故性质明确：主要应明确区分以下三个问题，是结构性的还是一般性的问题，如建筑物裂缝是由于承载力不足引起，还是由于地基不均匀沉降或温、湿度变形而造成；又如构件产生过大的变形，是因结构刚度不足，还是施工缺陷所造成等。是表面性的还是实质性的问题，如混凝土表面出现蜂窝麻面，就需要查清内部有无孔洞；又如结构裂缝，需要查清裂缝深度，对钢筋混凝土结构，还要查明钢筋锈蚀情况等。区分事故处理的迫切程度，如事故不及时处理，建筑物会不会突然倒塌，是否需要采取防护措施，以免事故扩大恶化等。

（3）事故原因分析准确、全面：如地基承载能力不足而造成事故，应该查清是地基土质不良，还是地下水位改变，或者出现侵蚀性环境；是原地质勘察报告不准，还是发现新的地质构造，或是施工工艺或组织管理不善而造成等。又如结构或构件承载力不足，是设计截面太小，还是施工质量低劣，或是超载等。

（4）事故评价基本一致：对发生事故部分的建筑结构质量进行评估，主要包括建筑功能、结构安全、使用要求以及对施工的影响等。

（5）处理目的、要求明确：常见的处理目的要求有：恢复外观；防渗堵漏；封闭保护；复位纠偏；减少荷载；结构补强；限制使用；拆除重建等。事故处理前，有关单位对处理的要求应基本统一，避免事后无法作出一致的结论。

（6）事故处理所需资料齐全：包括有关施工图纸、施工原始资料（材料质量证明、各种施工记录、试块试验报告、检查验收记录等）、事故调查报告、有关单位对事故处理的意见和要求等。

2.一般要求与注意事项

（1）一般原则

正确确定事故性质：这是事故处理的先决条件。有关内容前面已阐述。

正确确定处理范围：除了事故直接发生部位（如局部倒塌区）外，还应检查事故对相邻结构的影响，正确确定处理范围。

满足处理的基本要求：事故处理应达到以下五项基本要求：安全可靠，不留隐患；满足使用或生产要求；经济合理；材料、设备和技术条件满足需要；施工方便、安全。

选好处理方案和时间：根据事故原因和处理目的，正确选用处理方案和时间。

制定措施：制定有效、可行的纠正措施和预防措施。

（2）注意事项

注意综合治理。防止原有事故的处理引发新的事故；注意处理方法的综合应用，以利取得最佳效果。如构件承载能力不足，不仅可选择补强加固，还应考虑结构卸荷、增设支撑、改变结构方案等多种方案的综合应用。

注意消除事故的根源。这不仅是一种处理方向和方法，而且还是防止事故再次发生的重要措施。例如超载引起的事故，应严格控制施工或作用荷载；地基浸水引起地基下沉，应消除浸水原因等。

注意事故处理期的安全。一般应注意以下五个问题：让不少严重事故岌岌可危，随时可能发生倒塌，只有在得到可靠地支护后，方准许进行事故处理，以防发生人员伤亡；对需要拆除的结构部分，应在制定安全措施后，方可开始拆除工作；凡涉及结构安全的，都应对处理阶段的结构强度和稳定性进行核算，提出可靠的安全措施，并在处理中严密监视结构的稳定性；重视处理中所产生的附加内力，以及由此引起的不安全因素；在不卸荷条件下进行结构加固时，要注意加固方法对结构承载力的影响。

加强事故处理的检查验收工作。为确保事故处理的工程质量，必须从准备阶段开始，进行严格的质量检查验收。处理工作完成后，如有必要，还应对处理工程的质量进行全面检验，以确认处理效果。

（四）减少我国建筑工程项目质量事故的防范措施

1. 建立健全我国建筑质量法律法规

虽然近年来我国在建筑质量方面的立法取得了巨大的成就，依法治"建"的格局已经基本形成，但是我国的建筑业立法层次不高，主要体现在大多数的法规不是由国家颁布的，而是由各部委和地方政府制定的，没有高度统一性和权威性，而且各个法规实际上都是处于相互脱节的状况。因此建议国家从长远的利益出发，酝酿制定一部专门的建筑工程质量法律体系，其中明确规定各个相关单位的责任以及细化对不负责任行为的惩罚措施并要求相关部门严格执行，改变目前无法可依、有法不依和执法不严的局面。

2. 严把建材质量关，增强质量意识

安全第一，质量第一，这是人人皆知的常识。过去人们将其作为头语，但是不少人在工作中却将"质量"二字置于脑外。可见，要预防质量事故，必须从提高认识入手。无论是工程建设单位，还是工程设计、施工单位，都应清醒地认识到，工程质量不仅关系到人身安全和财产安全，而且关系到本单位的生存和发展，在一定程度上还关系到一个地区甚至国家的经济建设。这就是说，无论是工程建设单位，还是工程设计、施工单位，其负责人首先必须牢固树立"质量第一"的观念，并对职工定期进行质量意识教育，使广大职工亦牢固树立"质量第一"的观念，使本单位呈现出人人讲质量、时时处处讲质量的氛围。

首先，从生产的源头上进行治理。由于我国建筑业的迅速发展，导致建材供不应求，于是一些生产设备落后的小工厂便在没有获得国家准许的情况下偷偷进行生产。这样生产的建材质量肯定不符合规定，但是其价格比较便宜，很容易就进入建筑市场。因此国家应该对建材生产市场进行检查和整顿，对于无相关设备和技术的小工厂直接关闭，对于技术设备落后的工厂要求其在规定的时间内整改等。其次，严把建材进货渠道，施工单位应该意识到建材的质量是直接关系到建筑物质量的，因此进货时应当选择正规的生产厂家，一般采用直接进货，减少中间代理环节。最后，要加强对库存建材的管理和保护，防止其暴晒与淋雨，以免改变其质量。

3. 完善对建筑工程项目质量的监督管理

首先，是施工单位应该对施工人员进行相应的岗位知识技能培训，只有符合岗位要求才能上岗，尤其是对农民工应该重点加强其质量意识和质量安全方面的培训。对于相关的技术岗位要求必须持有相关的职称和证书方可上岗。其次，是监理单位要按照规则办事，提高自身相关的检验技术和设备，不合格的工程坚决拒绝验收，防止"人情验收"现象的发生。

4. 搞好工程设计审查

对于工程设计，应根据工程重要性采取多重审查制度。对于一般小型工程设计，至少应经设计组负责人及总工审查。对于大型的重要工程设计，除需设计单位相关负责人审查外，还应邀请工程建设单位、施工单位、质监单位及相关主管部门参加审查。审查重点是从概念设计角度对该工程结构体系选型及构造设计的合理性作出评价，判断结构构件是否安全或过于保守（抓两极端情况），以及是否有违反设计规范或无依据地突破规范的情况等。具体地说，就是要对设计施工图所阐明该工程的"结构标准"，如建筑结构安全等级、地基基础设计等级、环境类别、抗震设防类别及其烈度、人防地下室结构等级、建筑的结构体系（框、剪、简体系）的抗震等级、建筑结构的设计使用年限、楼面荷载标准值、基本风压值等作出正确的评价。在制定"结构标准"正确前提下，结合岩土工程（水文地质）勘察报告等附加文件和现行结构设计规范，逐层次有重点地对设计图纸进行审查。

5. 重视工程施工组织设计审查

任何一项建筑工程均由许多单体建筑组成，因此对一项建筑工程施工组织设计的审查就是要对各单体建筑的施工组织设计进行审查。因此，审查的重点应放在各单体建筑的关键部位、关键工序的施工组织设计上。其审查内容主要为：强夯、旋喷等地基处理，土方回填，混凝土灌注桩浇灌，深基坑支护，地下连续墙；

上部主体采用新结构，预应力筋张拉，网架、幕墙安装，梁、柱、墙混凝土浇筑及其节点的钢筋隐蔽；所采用的新的施工工艺技术等。审查应突出重点、难点，从技术和管理两个层面上确保各单体工程的质量。对于技术与管理较为成熟的非关键部位和工序，审查可以从简，也可以委托责任心强的内行进行个别审查。

例如，审查冲击钻孔灌注桩施工组织设计时必须检查如下内容：工程地质、水文地质资料；对于重要建筑或地形复杂地区建筑，施工前是否进行试成孔；核查施工工艺流程的完整性；桩位测定，桩机就位，埋设护筒，桩位复核，开孔造浆，冲孔与排渣，持力层岩样确定与终孔验收，清孔验收，钢筋笼制作与吊装，混凝土浇筑导管吊装，桩身混凝土（水下）灌注，成桩验收；核查桩基施工所需主要机械设备型号、数量是否符合施工现场的实际情况及工期的需要；核查施工管理机构人员的数量、资质，施工组织管理措施以及施工进度计划。

6.加强施工现场监督

无论是大型工程还是小型工程，施工中都应设置施工现场质量检查员。实践证明，有无质检员，质检员是否称职，关系到能否保证工程质量。因此，所指派的质检员应具有较高的思想觉悟、工作责任心、原则性和建筑专业知识。

7.切实搞好工程验收

一是应根据工程的规模及重要性程度组成相应档次的工程验收小组，验收小组成员应是原则性强的专业内行。二是验收过程中要坚决抵制外界（如高官、权威人士等）的干扰以及行贿受贿等不正当行为的干扰。三是验收结论作出后应不折不扣地执行。只有这样，才能查出建筑工程存在的质量问题，确保工程质量。

第五章 建筑工程项目安全风险及管控

随着我国社会经济的不断发展，建筑业已经成为国民经济发展的支柱，在促进我国经济发展水平的同时，我国的建筑工程项目安全管理也取得了相应的提高，但由于大型工程项目建设表现出的建设周期长，技术要求高等特点，项目建设过程中面临诸多风险，这种不确定性和不安全因素在很大程度上影响了项目的顺利进行。

第一节 建筑工程安全风险分析

一、影响建筑工程项目安全的因素

建筑项目施工安全是一个庞杂系统，按照安全管理系统规律，影响施工的安全系数的因素有四个，通常被称为"4M"要素，即人、物、环境和管理因素。人，一个人的行为是不安全事故的最直接因素；物，不安全状态的机器可能是安全事故最直接因素；环境，苛刻的生产环境会影响到人的行为，环境的影响是事故中的一个重要因素构成；管理，是缺乏对事故管理的间接因素，但它是一个重要的因素，因为管理会将对人、机器、环境产生作用和影响。与此同时，人既是不安全行为的生产者，也是受害者，因此在"人—物—环境和管理"系统中，管理的漏洞必将造成人的行为、物的状态和环境的条件出现不安全，从而导致事故的发生。由此可知，研究建筑施工安全问题不能只从个别方面落实，而要在相应的体系之内同步完善。

1. 人的方面

人是建设工程中最主动积极的因素，在建设工程项目安全的许多方面，涉及施工安全管理人员和一线施工工人的安全。建设项目施工管理负责人员在组织人、财、物和信息情报等资源过程中不断进行计划、组织、指挥、协调和人员的控制，管理人员通过做决策、分配资源、指导别人的行为来达到其工作的目标。而一线施工工人则直接在某岗位上进行施工操作，只有约束自己行为、遵守规章制度和操作规程的责任，而没有责任规范他人的监管工作。

由于建设项目施工周期长、系统复杂、技术要求高，部分施工企业由于缺乏系统性安全管理理念，加上施工工期压力大、安全投入不足的因素影响，导致工程项目实施过程，对安全管理工作存在口头上重视、行动上轻视等现象，日常管理流于形式，不能有效地识别和控制安全隐患，导致隐患积累成事故苗头。

2. 物的方面

建筑施工项目建设是一个物料不断转移、组合、堆砌、使用的过程。相同的结构，相同的设计方案可能涉及不同的物料，主要涉及的物料有钢材、水泥、砖、劳动用品、砂、石、商品混凝土、预制混凝土、工程设备和其他必要的用品。那么，对机械设备、物料、构件、配件等的采购应该实施有效控制，保证购买的物料符合安全管理规定和要求。建筑施工企业应落实物料现场验收及物料安全使用管理，对供方明确所需物料质量，环境和职业安全卫生标准要求。凡是建设项目所需的各类材料，从物料采购进入建筑施工现场到项目完成竣工结束清理施工现场为止，整个过程所要开展的物料管理，都是为了保证建设项目施工安全所需要对物管理的内容，物的管理的有效性直接影响施工过程的安全性。

3. 环境方面

建筑施工安全系统中所指的环境在狭义上是指建设项目施工过程中的现场环境。建筑施工企业应投入必要资金，为保证施工一线工人的健康和生命安全采取必要措施和整改，以改善一线施工工人的作业和生活环境，同时爱护生态环境，预防建设项目的施工过程对周边环境造成污染，避免各类疾病的发生。在庞大的建筑施工安全系统环境中除了施工现场环境还应包括超越狭隘的环境内容，主要应该包含建筑施工安全软环境系统，如建筑行业发展经济形势，政府相关的政策法规，政府相关部门实施和监督情况，建筑施工技术开发施工安全水平，社会保障意识的发展和教育等方面的水平。

4. 管理方面

政府主管部门，社会相关组织及舆论，建筑项目施工单位是建设施工安全管理的主体，在安全问题上进行计划，组织领导，控制活动。然而，我国的这些建筑安全管理主体常常出现缺位现象，严重影响了建筑施工安全管理水平的提升。

二、建筑施工安全风险管理问题

1. 施工人员风险

施工人员的因素主要指施工人员的安全意识和职业素养存在问题，从而导致安全事故的发生。建筑施工人员作为施工现场的行为主体，施工人员的安全意识将对现场安全情况产生重大影响。由于施工用人量大，施工人员安全意识和职业素养参差不齐。一方面，一些施工单位缺乏对施工人员入职后的安全教育，或教育流于形式，导致施工人员难以形成较好的安全意识，施工现场存在较大的安全隐患。另一方面，施工人员的职业素养不足也是导致发生安全事故的原因之一，他们在施工现场往往存在不安全行为，如未佩戴防护用品，奔跑作业等。另外，也存在施工人员因为自身及周围环境等因素操作失误的情况。这些都增加了施工安全的风险。

目前，国内建设项目中的大多数工人是文化程度较低的农民工，他们缺乏相应的安全意识。因此，他们无法有效地识别施工过程中的潜在风险，并且他们规避风险的能力很低。当施工单位的安全管理工作变成一种形式时，作业人员对现场安全隐患就会变得司空见惯，意识麻木。因此，企业和施工项目要做好培训建设，在项目建设中加强员工安全意识的培养，加强安全教育，让员工在工作过程中，可以有效地识别和避免潜在的安全隐患，养成安全的作业习惯，促进安全管理的发展。

2. 建筑材料和机械问题

建筑材料在建筑过程中起着非常重要的作用。如果建筑材料的质量不合格，将对项目的质量和安全造成严重后果，甚至会造成人员伤亡。当施工管理部门控制整个施工过程时，要求对施工材料进行严格控制，严禁将不合格的产品运到施工现场。建设项目的施工现场使用了许多机械设备。管理人员需要科学地管理和维护这些机制。施工人员需要正确理解机械设备的运行规范，确保没有违法操作，减少安全事故的发生。

3. 安全管理制度不健全

部分施工企业安全管理体系不健全，安全管理涣散，企业安全管理制度执行过程不断打折扣，施工组织过程缺乏自有班组，大量依赖劳务分包和专业分包，分包不规范、管控不到位，落实安全质量标准的"偏差"累积成为风险，风险失控成为隐患，隐患未消除转化为事故。

安全管理制度是进行安全管理的核心，只有健全的安全管理制度才能够达到有效的安全管理作用。但是部分建筑工程施工现场在进行安全管理制度制定时存在不够全面、可行性等情况，导致在实际的安全管理工作中，不仅无法对施工现场进行全面的管理，还会由于制度问题导致施工无法顺利进行。比如在安全管理的职责方面，没有进行明确的划分和落实，导致在施工现场的安全管理工作中存在混乱和冲突。安全管理措施无法切实执行也会造成安全管理作用的降低，甚至是由于安全管理措施与实际的施工现场情况不相符，如果要达到安全管理要求就会导致施工质量受到较大影响。

三、建筑工程项目安全风险控制的意义

当前国内安全工作总体呈现出"两个下降、一个提升"的基本特点，即事故总量呈现下降趋势，主要相对指标持续下降，安全生产整体水平稳定提升，安全生产态势总体可控。但相比于发达国家，国内建筑业安全管理面临基础管理薄弱、管理水平参差不齐等现状，建筑企业安全质量基础不牢的问题没有根本性解决，机械化程度不高、劳动力素质不高、项目标准化水平差异大，安全质量受工期、价格、工装、工艺工法、分包和管控能力的影响尚未消除，安全事故未能杜绝。安全质量事关人民群众切身利益，事关改革发展稳定大局，国家历来高度重视，社会舆论热点聚焦，一旦出现安全质量事故，对企业将是灭顶之灾。抓好安全风险防范控制，将事故苗头消灭在萌芽状态，是防范安全事故发生的一项重要手段。

风险控制对于建筑工程建设项目而言，一是采用预控手段，对建筑施工过程全过程风险进行识别，提前制定对策措施，消除管理盲区和薄弱环节，杜绝因管理不到位发生事故情况。二是通过提高管理人员、施工人员的安全意识，从而确保各施工环节的安全管理得到有效实施，有效降低生产事故发生概率。三是加强建设项目安全风险控制，提高企业的本质安全管理能力，增加经济效益和社会效益，从而提高企业的市场竞争力。因此，施工过程建设项目的安全风险控制对建设领域具有重要意义。

四、建筑施工安全风险管理策略

1. 建立完善的现场安全施工的管理制度

从现阶段的建筑工程的安全风险管理的实际情况来看，缺乏科学和系统的安

全风险评价系统，这样在实际施工中容易引发安全事故。面对这样的情况，必须根据建筑工程的实际特点，构建完整、科学的安全风险评估系统。这样的话，可以正确评价和控制安全风险，从而将风险造成的损失和影响抑制在最低限度，也能有效保证施工人员的生命财产安全。

要想保证建筑工程施工顺利，就需要在建筑工程施工之前，根据企业的实际情况，以及建筑工程的各项规定进行综合分析，制定完善且科学的工程施工现场的安全管理制度。只有在工程开始施工之前，就将所有制度与工作充分落实，才能避免建筑工程在施工阶段出现安全事故。施工企业在制定安全制度之前，需要建立相应的现场安全管理团队，其中安全员需要具备较强的专业性，这样才能保证安全员在工程施工现场管理过程中，能够有效降低建筑工程在施工阶段出现安全事故的概率。

由此可以得出，在建筑工程施工现场安全施工管理制度中，需要明确提出各个部门的主要职责与权限，通过这样的方式提升员工的责任心，并且能够积极地参与到工作当中。工程中所有人员都需要严格按照相关制度进行施工，一旦发现工程施工期间，有人员未按照规定施工，安全管理人员可以按照相关规定，对该人员进行相应的惩处。另外，安全员需要将各个部门之间的关系协调好，确保各个部门之间能够实现团结合作，并按照相关规定对工程进行施工。除此之外，需要设立相应的奖惩制度，这样不仅能够激发工人工作的积极性，还能有效提升工作效率。奖惩制度中需要对一些在工作过程中，表现良好的工人进行一定的奖励，而对一些经常出现违规操作，甚至是因为工人的违规操作而造成的安全事故进行惩处，并通过多种形式告知所有人员引以为戒，这样才能保证工程能够顺利开展。

2. 创造安全良好的施工环境

要建设良好的施工环境，就要求在制度上进一步完善。在开工前，要确保文明施工、施工用电、施工用具等方面符合安全规定，进行严格的检查后才能投入使用；对于施工场所的建设，则要充分考虑各方面所存在的安全隐患，并进一步做出完善，比如现场管理混乱、作业空间狭小等问题，企业要充分给予解决，而对于诸如在脚手架上胡乱堆料、现场材料码放过高等问题，企业则要出台相应的制度，或是安排专门的安全管理人员进行监督，使安全隐患得以消除。对于施工场所的不足，比如通风、照明不良等问题，要及时予以关注并积极解决，使人、机、环境三者达到充分的协调与组合，确保安全生产顺利进行。

3. 增加建筑安全投资

施工安全管理应结合时代发展特征，例如集成到信息网络中以建立包括施工安全文件数据库和员工欺诈记录的完整安全监控系统。必须严格按照安全管理规则对行为进行惩罚。此外，需要将员工的不良行为纳入评级体系，并与工资和绩效奖金挂钩，以充分激发建筑工人的工作热情并增强其安全意识。建筑部门还需要增加资本投入的比例，进行安全防护设备的分配，并对各个部门进行抽查。拆除的安全或防护设备应立即拆除，以从根本上提高建筑的安全水平。

4. 提高安全管理人员的水平

安全管理人员除了要充分掌握安全管理制度以外，还需要具备相应的安全管理专业能力和施工现场相关的技术知识，才能够了解施工现场的实际情况，发现其中潜藏的危险隐患，并采取适当的防范措施进行处理。可以加强对安全管理人员的筛选，避免不具备管理能力的人员参与。也可以组织管理人员进行提高管理水平的培训与考核，并着重在施工现场安全问题的处理方面，使安全管理人员能够具备更高的应变能力，在进行安全管理的同时也能够使施工质量和效率得到保障。

5. 采用"有罪推定"论开展风险识别、分析

"有罪推定"多应用于欧陆法系国家，指未经司法机关依法判决有罪，对刑事诉讼过程中的被追诉人，推定其为实际犯罪人，通俗上可理解为"宁可错杀三千，不可放过一个"。在日常交通出行中，我们也常会遇到这种情况，马路上骑自行车的人在从机动车旁经过时，机动车车内乘客可能会突然打开车门，导致骑车人员摔倒发生事故，因此当我们骑车准备从机动车旁经过时，就应当假定车内人员会打开车门，提前采取减速、保持安全距离等措施，防范意外事故发生。当前企业安全管理存在基础薄弱、人员意识参差不齐等情况，安全事故"一触即发""防不胜防"，将"有罪推定"概念应用到施工安全管理方面，即各项风险在未排查出根本隐患前，应认为其处于危险状态，始终保持"如临深渊""如履薄冰"的谨慎态度。管理者要克服自我感觉良好、麻痹松懈的思想，增强危机意识，主动开展全面、全方位的风险识别，找出现场管理的薄弱环节，堵塞管理漏洞。

6. 开展全过程、全时段风险源辨识工作

工程项目开工前可采用 LEC 评价法、工艺流程识别法等方法对工程施工全阶段风险进行辨识，辨识评价出的重要风险源，依其危害大小、控制难易程度、管理范围等分多个级别进行监控。

工程项目部是重要危险源监控与管理的基层单位，对辨识出的所有危险源进行监控管理、建档管控，并按照分级标准初步进行等级划分。重要危险源的管理监控工作主要包括：辨识评估重要危险源并划分等级；明确重要危险源转化成

事故的临界条件，分析事故引发的危害程度；制定重要危险源控制措施；明确责任部门和责任人；对照控制措施跟踪监控，掌握重要危险源状况；分析评价重要危险源控制效果；调整或改进相关措施，动态跟踪监控；确认重要危险源受控或销号。

重要风险源实行开工条件验收制度，即在重要风险源所属工序开工前，对保证该工序施工安全所应具备的施工方案、技术交底、人员培训、设备及材料准备、应急物资准备等各项条件进行验收，验收通过的方可开始施工，验收未通过的必须进行整改，整改完成并经过相关人员验证方可施工；工程项目施工过程，应根据施工计划每月开展风险源辨识、销号工作，同时根据实际揭露风险动态调整风险源管控措施。

7.强化安全质量责任体系建设，形成安全综合管理的整体合力

建设项目安全风险识别与分析是建筑工程建设项目安全管理的重要基础，各管理层级落实安全责任是关键。企业层面要强化安全质量体系建设，建立横向到边、纵向到底的安全管理责任体系，形成安全综合管理的整体合力。

项目管理人员要时常扪心自问安全生产"十项问题"：一问企业领导是否亲自带头参加日常安全质量检查；二问人事管理部门对人员进场是否严格把好培训关、年龄关、体检关；三问生产管理人员是否亲自参加班前安全讲话，各项安全技术措施是否落实到位；四问安全管理人员对单位当前风险是否掌握清楚，安全措施是否落实到位；五问企业技术人员，工程方案是否将安全风险考虑全面，措施是否具备可行性，针对危大工序，相关的处理工艺、施工参数、量测、安全验收等措施是否能保证安全施工；六问设备管理人员对设备进场是否组织严格验收，机械设备是否存在带病作业现象，安全防护装置是否齐全有效；七问物资管理人员对影响结构安全的构件材料进场是否验收合格，易燃易爆物品是否严格按要求管理；八问施工项目班组长是否知晓当班作业风险，对班组人员安全状态是否掌握；九问施工项目安全管理人员是否按时参加班前安全点评，"三违"行为是否及时进行了纠正；十问作业人员是否具备从事相关作业资质、技能，安全生产应知应会内容是否掌握。

各级管理人员要时刻牢记"在岗尽责，失职罪责"的意识，对安全工作要养成事事从严、事事过细的工作作风，敢于较真，善于抓细节，树立安全工作"没有问题就是最大的问题"的理念，时刻对各类风险和隐患保持高度警觉，筑起坚固的防范之墙，遏制一切事故的发生。

8.以预防为主，强化以人为本的生产理念

建筑工程安全生产起到了非常重要的作用，它不仅直接影响建筑企业的经济效益，也影响企业的长期发展，严重的情况下也可能对社会和谐发展产生一定的影响。所以建筑企业在加强安全风险管理时，要建立完整的动态管理机制，注重控制和管理施工的整个过程，在建筑施工时要坚持以预防为主，以人为本的生产理念。另外，要建立完善的安全生产责任制，加强技术基础建设，制定科学合理的奖惩措施，有效地激发施工人员的安全意识。

9. 强化安全监督机构的构筑

在相关规章制度的执行和工程施工质量的确保方面，安全监督机构起着不可替代的作用，为了加强建筑工程安全风险的管理，施工企业必须不断加强安全监督机构的建设，全面提高机构内全体人员的素质。

10. 加强工地安全管理

这个管理主要包括人员和机器的两方面管理。在安全风险管理方面，施工者的管理是非常主要的构成部分，施工者的管理也是最困难的。建筑施工企业要加强宣传，每个施工人员都要明确认识安全施工的重要性，定期开展安全生产知识讲座。此外，施工现场的特殊区域应设置安全警示板，施工前应严格检查相关人员的安全防护措施。在管理施工机械时，必须制定完整的制度，严格按照相关规范的流程，严格审查机器操作人员的资质。

第二节　建筑工程危险源控制与管理

对建筑工程进行安全管理与控制，最关键的就是识别并确定建筑工程项目建设过程中可能存在的危险源，对危险源进行辨别、评价与控制，可以有效降低安全事故发生的概率。

一、危险源

（一）危险源的定义

危险源的英文表达为"Hazard"，翻译成中文也就是"危险的源头"。危险源的定义可以理解为在生产过程中可能因为外在和内在的原因导致人员受到伤害或很大的意外财产损失的，潜在的不安全因素，哈默（Willie Hammer）对危险源是这样进行定义的。虽然目前国内外文献中对于危险源的定义有很多的表述，但已经形成了比较统一的认识，他们是这样定义的：危险源是有造成安全事故的潜在爆发力，而且因其能量的释放而严重危害或影响人类的健康及财产安全，并且对施工作业环境造成严重破坏的根源或形态。

从 20 世纪 70 年代开始，国外很多发达国家非常重视预防施工中重大事故的发生，并在很多对于风险管理的相关研究和文献中，产生了危险源或重大危险源等概念。而且危险源和重大危险源的定义又有着不同的内涵，危险源泛指可能人员伤亡、财产损失和工期延误等的一切因素，也就是导致发生事故的主要原因；重大危险源则是指在危险源中，超出某个临界值的危险源，这个临界值的划分不是固定的，主要是根据该危险源的发生对工程项目产生的危害程度，由建设单位、施工单位或保险单位来设定。

作为危险源，它还应当具有三个基本要素：一是潜在危险性。危险源的潜在危险性指的是由于不规范的操作行为或其他外部不利因素造成事故的发生，并带来经济损失的可能性。二是存在条件。危险源的存在条件是指作业现场各种事物本身的性质和状态可能存在潜在危险性，或是有可能带来危险因素。三是触发因素。触发因素包括自然因素和人为因素，自然因素比如气候恶劣、地震等，人为因素比如作业人员不规范操作，决策失误等。

（二）危险源的特征

第一，建筑施工危险源具有隐蔽性。危险源的隐蔽性包括两个方面：一是危险源贯穿整个施工过程，是依附在施工过程中的潜在危险源，所以，危险源的存在不容易被发现，具有显著的隐蔽性。二是虽然在施工过程中危险源有明显的暴露，但是并未对人员和物体造成伤害，所以这部分危险源容易被忽略，事实上，这也是造成安全事故的一个重要方面。

第二，建筑施工危险源具有不可预见性。施工危险源隐藏在施工过程中，在不可预见或预警时间较短的情况下发生安全事故，具有突发性和随机性。

第三，建筑施工危险源的变化多样性。建筑施工过程是一个经历时间较长，涉及范围较广的一种活动，使得施工危险源的变化具有多样性，施工过程中的危险源发生的规律难以掌控和预测，最终导致安全事故的发生。

第四，建筑施工危险源造成的安全事故具有连锁性。施工过程中涉及的物理和化学物质较多，当安全事故发生时，这些物理、化学物质会连带非施工区域发生安全事故或污染。所以一旦安全事故发生后，立刻建立应急指挥系统，协调事故当事人之间的关系很难做到，短时间内组织急救人员，救援物资也很难办到，应急处置中产生不当行为难以控制，所以极有可能会导致连锁事故产生，并连带诱发其他现场危险源的产生。

（三）危险源分类

1. 第一类危险源

第一类危险源的定义起源于能量意外释放理论，将可能导致安全事故所释放的能量或危险物质作为第一类危险源。第一类危险源的控制重点应放在能量的释放或危险物质上，以此来控制危险源的产生。

在特定条件下，能量的释放会导致人员的伤亡和财产损失。施工过程中可能释放的能量包括电能、势能、热能、机械能、位能以及重力能。施工过程中可能导致安全事故的危险物质包括物理和化学物品，比如化学有毒物质、爆炸物质、腐蚀性物质、放射性物质等，都是最终导致安全事故的源头。在施工现场第一类危险源具体出现的方式包括：一是可以制造能量的设备或装置，比如在施工现场出现的发电机，发电机可以释放电能，当工作人员在没有意识的前提条件下，可以造成安全事故。二是可以制造高势能的设备或装置，比如施工现场出现的大型起重机，起重机可以起吊的重物的高度不可估量，在起吊过程中由于具有危险性，也可能导致安全事故产生。三是危险物质放置地点未采用保护措施，比如施工过程中可能会用到一些易燃易爆物质，当堆放的地点接近起火点时，就会引发安全事故。四是难以控制的设备和装置，一旦压力容器失控之后，其产生的巨大能量无法估计，短时间也无法得到控制，最终造成损失和伤害。

2. 第二类危险源

第二类危险源指的是当控制第一类危险源措施失效或者遭到破坏所引起安全事故的各种因素。如果第一类危险源得到了合理的约束或有效的控制，第二类危险源将不会产生，一旦第一类危险源在遭到其他因素的破坏时，就会引发安全事故。

第二类危险源的产生主要包括三种：一是工作人员的不安全行为，一旦工作人员的行为由于疏忽或其他原因偏离了设定的标准，就有可能导致事故的发生。二是物的不安全行为，物的不安全行为指的是在行使建筑活动过程中机械设备或装置由于发生故障（由于生产厂商的设计或制造不当，也可能磨损、腐蚀、老化等）而未能按要求完成预定的功能。三是环境遭到破坏。人和物都存在于环境中，当温度升高、湿度增大、噪声较大、振动增强等原因都会造成的人员或物的不安全行为。

第一类危险源是造成安全事故的根源，决定事故产生的严重程度，第二类危险源是导致安全事故发生的必要条件，决定了发生安全事故的可能性；第一类危险源是第二类危险源发生的前提，而第二类危险源为第一类危险源的出现提供了条件。产生的安全事故发生最终是由两类危险源共同作用的结果，两者相辅相成，密不可分。因此，在危险源辨识过程中，要认清第一类危险源，在此基础上来辨识第二类危险源。

二、危险源识别与评价

（一）危险源辨识的概念

危险源辨识是发现、识别系统中危险源的基本工作。这是一项非常重要的工作，它是危险源控制的基础，只有辨识了危险源之后，才能采取相应的措施控制危险源。危险源辨识是系统安全评价的基石，是对系统危险进行强有力控制的基础工作。

1. 危险源分段辨识

进行危险源辨识时，必须结合生产项目的部位、工艺、区域、设备的具体情况，认真地对待危险源的辨识工作。危险源的辨识要求明确生产系统内部的危险源的分析、数量，它们在何种条件下可能会导致何种危险，甚至可能会造成什么损失，最后采取何种措施来应对危险的发生和降低危险性的存在。以下主要是结合建筑施工各个阶段的特点，根据建筑施工的程序，将施工过程中的危险源辨识纵向分五个阶段进行：施工准备阶段、基础施工阶段、主体施工阶段、装饰阶段、危险源辨识、拆除阶段。危险源辨识按照建筑事故五大伤害，分为高处坠落、坍塌、物体打击、机械伤害和触电等五个单元进行辨识。各企业根据其自有的工程，制定出施工过程中的准备、基础、主体、装饰、拆除，施工阶段各危险源辨识和控制要点，然后在建设过程中，据此进行危险源的识别与控制。

2. 危险源动态辨识

所谓危险源辨识是指识别危险源的存在并确定其特性的过程。建筑工程项目的危险源管理是一个动态过程，随着工程进展和施工条件的变化，危险源及其潜在危险性并不是一成不变的，危险源的存在及分布、危险程度等级都会随之变化。因此简单的危险源初始辨识是远远不够的，在得到危险源初始辨识清单之后，随着施工过程的进行，通过危险源的动态辨识来不断进行更新危险源清单，通过周期性和不定期的危险源评价技术，确保危险源一直处于可控状态。

（二）危险源识别方法

1. 安全检查表法

安全检查表简记为 SCL，是危险源辨识的一种最基本、最初步的方法，是危险源识别的有效工具。基本做法是采用预先设计好的安全检查表到现场进行检查，发现安全隐患问题及时记录和分析，并据此获取危险源资料。

安全检查表的主要特点如下：安全检查表能够事先编制，可以做到系统化、科学化，不漏掉任何可能存在的危险源；可以根据现有的法律法规、规章制度、标准、规范等进行编制并进行检查；安全检查表建立在原有的安全检查基础上，容易掌握，符合我国建筑工程施工安全管理的实际情况，易于推广；安全检查表可以按照重要性或发生顺序排列，通俗易懂，能使人们清楚地知道哪些危险源重要，哪些次要，促进职工采取正确的方法进行操作；安全检查表可以与安全生产责任制相结合，按不同的检查对象使用不同的安全检查表，易于分清责任，还可以提出改进措施，并进行检验。

2. 故障类型及影响分析

故障类型及影响分析，简记为 FMEA，是工业系统中危险源辨识的一种有效方法。故障类型及影响分析采取系统分解的概念，根据实际需要将系统分解成子系统，必要时进一步分解成组成要素，然后对系统的各个组成部分进行逐个分析，寻求各组成部分可能发生的故障、故障因素，以及可能出现的事故。故障类型及影响分析在建设工程施工危险源辨识中应用较少，有时候用于起重机等设备的安全分析之中。

3. 作业危害分析

作业危害分析又称作业安全分析，简记为 JHA，是一种适用范围较广泛的危险源辨识定性分析方法。作业危害分析将作业划分为若干步骤，对每一步进行分析，从而辨识出潜在的危害并制定安全措施。

作业危害分析的特点有：作业危害分析可以辨识原来未知的危险；作业危害分析由许多有经验的人参加共同讨论，可以确定更为理想的操作程序；在讨论分析的过程中，可以促进操作人员和管理人员之间的信息交流，有助于问题的理解和解决；作业危害分析的结果可以对新的作业、不经常进行的作业提供指导，对新的作业人员进行培训；作业危害分析的结果可以作为职业健康安全检查的标准，并协助进行事故调查分析。

（三）危险源评价

1. 概念

危险源评价即风险评价，是指在危险源辨识的基础上所实施的评价，以此来划分危险源等级，确定危险程度。在施工过程中控制的重大危险源具有重大危险性，即造成的事故危害较大，一旦发生事故造成的人员伤亡和财产损失程度将非常严重。例如，高层建筑施工过程中危险源的评价包括两个方面：一方面要考虑危险源的本质属性，只有了解危险源才能很好地控制；另一方面对危险源采取的控制措施既要有效还要合理。在这两方面同时满足的情况下，将危险源分为可存在危险和不可存在的危险，对可存在的危险进行监督管理，而对不可存在的危险制订出控制方案。

2. 方法

（1）危险源定性评价

危险源定性评价是通过经验和判断能力所进行的非量化评价，它是由专家组成的小组凭借经验和现有掌握的知识，参照相关的技术标准或相似系统而统计出来的资料，通过分析可能在某种条件下所引发的安全事故的危险源，及时提出应对措施。定性评价是一个粗犷的分析方法，只能通过表面观察大概了解系统的危险性，并且评价结果主观性强，主要凭借经验、思想、判断能力和所具有的资料情况对施工工艺、机械设备、环境、人员、管理等因素进行分析，对系统中可能存在的诱发因素和危险源提出安全管理措施。

（2）危险源定量评价

定量评价方法分为半定量评价法和定量评价法。半定量评价法是通过危险性指标的选取来进行评价，一般选取一种或几种可以反映危险性的指标来反映危险性大小，如物质属性和人员素质指标都可以作为半定量评价指标；定量评价法是通过将危险源指标进行量化来分析危险源，包括相对定量危险性评价和概率危险性评价。

相对定量危险性评价属于一种主观评价方法，通过对系统中存在的危险源根据标准进行打分，然后运用数学方法将打出的分值综合成一个指数，通过指数值的大小来确定危险性的程度。相对定量危险性评价方法主要有概率风险评价方法（LEA）、打分检查表法等。相对定量危险性评价方法比较简单、方便，但受到评价者主观因素影响较大。

概率危险性评价方法具有可靠性的基础，常采用事故树分析、故障树分析、故障类型和影响分析等。根据积累的事故数据，找出系统中可能出现的事故或故障模式，从而计算危险性程度和可容许的范围值。此种方法较相对定量评价法精确度高，但是需要统计的数据量大，并且数据不容易获得。

（3）危险源综合评价

危险源综合评价是结合了定性评价和定量评价方法，综合考虑安全的基础上对系统中的人员、设备、环境、管理等方面进行的综合评价，模糊评价法就属于综合评价常用的一种方法。定性和定量评价往往在危险源评价时划分得不细，综合评价中既可以采用定性评价也可以采用定量评价。

三、危险源的控制与管理

（一）事前预控

1.重大危险源的事前检查与分析

建筑行业因其施工的独有特性，导致它们的工期不确定，时常处于变动之中，工程的作业区域也随之变化。举个例子，施工过程中的土方开挖，模板支撑等都对施工环境产生影响。随着工期的变化，不同阶段存在的危险源也在发生变化，也是由于这一不可确定的特性，建筑业施工安全管理更要重视前期的预防工作。所以，在现实施工操作中，各相关单位和相关人员必须在施工前就做好预防工作，对可以预见的、存在危险的情形要严格监控，做好危险源以及重大危险源的辨识工作，实时监测各影响因素的变化，一旦出现危险，要及时采取措施预防。对建筑行业施工安全危险源的事前预防工作要从以下几个方面入手。

第一，事前策划工作要做好。在施工前要对每个项目的日后操作进行策划，并合理布控，不光是对施工现场、设备、材料，还要对所需工艺以及管理组织方面都实现合理安排，确保每个环节符合人的生理心理能力。第二，施工过程中出现的新事物要控制好。作为建筑行业，发展速度日益加快，在施工中应用的技艺、设备、材料等都在不断更新。当出现这种更新时，要从整体的角度来考虑，不光是对新事物的安全管理要做好，还要结合项目的各个环节，对危险源进行辨识、风险评估。第三，对危险源的辨识和风险评价的方法要与时俱进。一旦技术、工艺等更新，那么危险源的辨识范围也会随之变化，为了适应这种变化，就要随之改变方法以及范围，使用更为科学的方法。只有这样，对危险源的辨识以及风险的评价才会客观、科学、有效，所以，必须重视和关注新技术、新工艺等的发展，保证相关知识的更新。

2. 事前备案和公示

对于重大危险源，建筑施工的总承包单位应该在施工前进行报备，也就是说，在工程的主体结构建构前，就需要对各个环节的危险源进行辨识和风险评估，凡是评价结果显示存在危险的工程，都要将其具体的危险涉及环节提出，到建设工程安全监管机构进行备案。该机构应于每月定期分析各个施工单位上报的危险项目，评估出重大危险源作为重点的监控对象，并需要在现场进行公示。当这些重点监控项目施工完成后，施工单位再到安全监管机构备案注销。

3. 事前安全管理体系的制定与实施

危险源控制是利用科学工程技术和管理手段控制，消除危险源，避免危险源导致人员伤害和财物损失的工作。整个施工过程中包含多个生产环节，不同环节存在不同的危险源，而每个危险源又包含不同的具体安全隐患，所以进行安全管理不是对所有因素进行管理，而是对存在危险源的具体因素进行安全管理。对于建筑行业来说，危险源的控制系统包括三个方面：施工过程危险因素控制、应急管理与应急救援、安全方案制订准备工作。

在安全管理中要遵循的一个原则是"预防为主，防控结合"，基于此原则，安全管理要详细规划安全控制的方案，实时监测施工中各危险因素的变化，以便及时采取控制措施，降低或者争取消除危险因素。同时，在采取安全控制措施时，不能一概而论，要根据不同的危险源，针对性地采取不同的措施。

编制安全事故应急预案是重大危险源控制系统中重要的部分，施工现场应按照事先分析出的各项重大危险源，从而编制相应的安全事故应急预案。同时，要保证应急预案的真正实施，通过定期或不定期的检验，考察应急预案的落实情况是否有效，以便对不足之处及时修改并完善。当危险源不幸转化为事故，应及时采取相应应急安全技术和管理措施，最大限度地减少人员伤亡和财产损失。

（二）对危险源进行分级管理

在建筑施工危险源的分级管理中，首先要对项目施工的所有危险源进行辨识，然后要做好相应的风险评价，按照危险源的等级划分情况找出重大危险源，对不同的危险源采取不同的安全管理措施，进行管理与控制，最终目标是把人力、财力、物力放在重大危险源的管理与控制上去。此时，要根据危险源危险性的不同大小，以施工现场情况为主，进行管理手段与方案的控制。

对于每项危险源都要进行不同的分级，再结合施工企业与项目，进行安全管理责任的落实；对于分级管理来说，在各个层面上都要进行安全责任感的提升，领导层要增强管理责任意识，操作人员要加强自身的安全防范，同时在安全管理与预知预警上也要做好相应的工作。总的来说，要通过整体的控制，来做好企业的安全管理，分级管理的安全制度应该要落实到每一个重大危险源。

（三）应用安全标准化来进行危险源的控制

对于建筑施工来说，只要在每个施工环节的危险源控制上，按照安全生产法规与标准化作业的要求组织施工，实现人员、机械、物料、环境与操作要求的有效结合，就能实现危险源的有效控制，达到保障施工人员健康安全，财产与环境同时得到保护的目标。

1. 安全生产管理标准化

施工企业、项目部制定科学的管理标准来规范施工现场所有人员（包括建设单位、施工单位、监理单位、分包单位等）的思想行为，对所有参加建筑项目施工的人员，都要进行行为上的统一，按操作标准作业，进行规范化管理。同时在管理制度与组织结构上，有效达到安全检查周期化、内部表格信息统一化、事故处理及时化、应急措施标准化等。

2. 人员操作标准化

第一，岗位操作标准化。对于岗位操作标准来说，每个工种所面临的危险源及工艺都不一样，所以要在人员的培训上，进行专门的操作规程教育，同时严格按作业指导书进行操作。第二，操作行为标准化。操作行为标准化不仅仅意味着对于生产操作中的人身安全保障，同时还意味着采用最安全与最有益于操作人员身体健康的方式进行生产。此外，还要规定好作业环境中可能存在有害因素时所要配备或穿戴的个人防护用具等。

3. 监督检查标准化

在这一方面主要是针对人的行为与物的状态进行安全上的必要控制与管理，其最终的目标是达到建筑施工安全的标准化。第一，对于作业人员要进行严格的上岗培训，提高安全意识与自我防范意识。同时为使得仪器设备与机械符合安全操作生产的要求，对于生产操作中物的状态要进行安全性监督及检查，对于定期性的检查与保养维护等都要落到实处。第二，对于施工中所发现的安全问题，在安全检查中要进行及时的纠正，保证其原来的施工方案得到统一贯彻。第三，在生产操作过程中发生的安全事故，要秉承"四不放过"的原则进行深入的研究与调查。对于其中存在的人的不安全行为与物的不安全状态要进行有效的控制与管理，以期让这种不安全行为与状态不再出现。

第六章 绿色建筑工程项目风险及管控

由于绿色建筑在我国发展时间有限，导致绿色建筑项目开发过程中出现了各种各样的风险，此时就需要结合绿色建筑项目的特点来做好风险管理工作，从而有效推动绿色建筑项目的发展。因此，本章将对绿色建筑工程项目风险管理进行分析。

第一节　绿色建筑工程项目风险管理分析

绿色建筑是以减少环境污染和节约资源为目的的建筑工程项目，具有地域性、舒适性、健康性等优点，不仅可满足人们的功能需求，也符合生态环境建设标准。绿色建筑施工是指在建筑工程施工过程中采取一系列措施，以提高资源利用率，减少污染物排放，主要包括使用绿色材料和技术、节能减排等。建筑行业是国民经济的支柱性行业，其发展方向会直接影响社会经济的发展方向。绿色建筑施工有利于推动社会经济的可持续发展，在市场竞争愈加激烈的背景下，施工单位只有降低工程建设成本，才能获取更多的利润，增强自身的核心竞争力。应用绿色建筑施工技术，可显著提高资源利用率，减少资源消耗与浪费，有利于降低建筑工程的建设成本。

近年来，建筑行业迅速发展，基建产业链的完善和建筑领域的飞速进步大幅提升了我国的城市化进程，推行绿色建筑符合行业的发展趋势。施工阶段持续时间长、涉及产值大、影响因素多，也是推行新型建筑理念的最优阶段。然而，在绿色建筑施工中，也产生了诸多施工安全风险，为了提高绿色建筑施工风险管理水平，工作人员必须不断优化和创新工程管理方法，以提高整体绿色建筑施工质量，减少施工中的安全风险。

一、我国绿色建筑开发的特点

我国的现有建筑总量大，并且为了经济和社会的发展仍然需要更多的新建建筑提供基础设施支持，我国在绿色建筑的内涵上与发达国家基本一致，但作为一个发展中大国，我国的绿色建筑还有其独特之处：

1. 起点低

绿色建筑不同于一般的节能建筑，它是一项涉及多方参与者、多种社会力量支持的复杂系统工程，需要在技术水平、法律法规、激励政策、行业进步、公众意识提高等多个方面的配合，缺少任何一方面都难以支撑项目的成功。而我国建筑业劳动生产率、整体技术水平、管理水平和市场体制，现有的大多数建筑的环境表现还不尽如人意，公众对绿色建筑还缺乏足够的认识。以上种种都表明我国的绿色建筑起点较低，绿色建筑的推进发展还面临很多困难和挑战。

2. 矛盾性

发达国家已经经历过城市化和工业化的历程，社会对资源利用和生态环境的保护已经有了较高的意识，国民对绿色建筑有了自发的消费需求，绿色建筑的发展就水到渠成。而我国民众对绿色建筑的认识程度不高，并且大多数民众对房价相当敏感，绿色建筑产品并不能被接受，民众购买的积极性并不高。因而，如何解决绿色建筑的推广问题，是绿色建筑开发不可忽略的问题。

3. 开发内容的多元性

绿色建筑项目与一般的建筑项目有所区别，主要体现在开发内容的多元性。

绿色建筑项目涉及很多专业技术方案，而一般房地产公司不具有这些专业工程的建设和运营能力，因此在项目的各个阶段都需要相关的专业团队参与项目的开发。比如，可再生能源的利用方案就有可能引进专业合同能源服务公司参与开发项目建设和运营。

4. 地域性

我国地域辽阔，各地气候、地质、水文情况都不一样，绿色建筑的要求是因地制宜地规划、设计、施工建造，各地所适用的节能技术、设备也不尽相同，因此我国的绿色建筑开发受很强的地域性限制。适合某一地的绿色建筑标准，其各项指标在其他地区实施不一定能获得理想的效果。例如，北方地区节能设计考虑重点是降低冬季取暖的能耗，南方大部则重点是降低夏季制冷的能耗，而具体到城市，又要兼顾冬夏两季的能耗的平衡。

5. 风险性

任何开发项目都具有风险性，而绿色建筑的风险性更甚。我国绿色建筑的发展仍处于初步阶段，配套法律、法规还不完善，成功的绿色建筑案例还比较少，缺乏可借鉴的建设和运营经验。节能技术方案及设备还不能完全满足实际应用，特别是在运营阶段的维护经验较为匮乏。这些都增大了绿色建筑的开发风险。

二、绿色建筑工程项目风险行为表现

根据文献检索结果可知，对绿色建筑项目进行探讨并收集整理可能产生风险的行为，在风险的决策阶段，包括的风险主要有：政策和监管变化的风险、以绿色建筑为目标产生的风险、公众对绿色建筑接受程度及喜好带来的风险，以及项目投资、融资时产生的风险。

设计阶段存在的风险包括：绿色建筑成本估算不准确的风险、设计人员不足的风险、设计未覆盖整个生命周期导致的风险、因遗忘识别绿色建筑导致的风险、现场调查不充分导致的风险等。

实施阶段的风险包括：绿色建筑设计过程中存在的问题风险、建设单位与业主之间冲突的风险、绿色建筑设计团队成员素质差异的合作障碍风险、监管不力引发的环境安全风险等。

施工阶段的风险包括：绿色建材供应的价格和质量不稳定的风险、绿色建筑索赔纠纷风险、进展延误的风险、绿色建筑管理缺乏经验的风险、缺乏采用新建筑技术能力风险；施工过程中因为其他原因导致的质量问题产生的风险、调试阶段可能遇到的风险、因信息交流延误导致的性能测试失败的风险，以及跟工人和其他利益相产生职责不清导致的经济纠纷风险。

运营维护阶段存在的风险包括：绿色建筑项目中设备的使用效率不高和维护时间不足的风险、物业管理公司在绿色建筑项目管理中经验不足的风险、运行性能低于预期的风险，但是，上述研究描述仅仅是对绿色建筑项目进行简单的总结和描述，尚未系统地采用定性与定量计算绿色建筑项目风险，以确定风险发生的概率和数值。

三、衡量绿色建筑工程项目风险的关键维度

由于绿色建筑本身具有一定的技术复杂性与社会公益性，使得其面临着许多

不确定因素，然而，风险的不确定可能造成整个项目巨大的损失，会给其他利益相关者带来不可估量的损失。而且它还涉及政府部门、开发商、业主等诸多权益主体，因此对绿色建筑项目风险进行管理是非常重要的。接下来，我们对绿色建筑项目存在的绿色建筑的风险问题一一收集整理。然而，绿色建筑项目中风险研究是一项复杂且辛苦的工作。现在的思路是进行多维度的思考，形成逻辑清晰、科学系统、全方位的多层次分析过程。

当前，虽然中国学者已经深入研究了绿色建筑项目风险，但多数学者仅仅研究了一个方面，风险在不同阶段都会对绿色建筑形成不利影响，而风险之间又在不同阶段有一定的关联，因而运用了利益者相关性理论结合绿色建筑风险，进行了发展路径风险的相关研究。多维度、系统科学地剖析绿色生态建筑项目风险的发展路径，利益相关者在其中的作用是必不可少的。需要从绿色建筑项目不同的阶段来分析关键风险的关联性和不同阶段风险的演化路径。基于收集到的风险关键排序，需要考虑其对绿色建筑发展的实际情况产生的影响。

在评估风险时，可以采用定性和定量相结合的方法。定性评估法如专家打分、问卷调查等，可以初步了解风险的大小和可能性；定量评估法则通过统计分析和数值模拟等方法，对风险进行更为精确的量化分析。综合评估法则结合两者，全面考虑风险的各种因素，为项目决策提供更为准确的依据。

同时，需要注意的是，绿色建筑项目的风险管理是一个动态的过程，需要在项目的全生命周期中持续进行。随着项目的进展和市场的变化，可能需要对风险评估结果进行调整和更新，以确保项目的顺利进行和目标的实现。

四、绿色建筑工程开发项目风险管理

1.绿色建筑开发项目风险管理的内涵

根据对风险的认识及绿色建筑项目的界定，可以对绿色建筑项目开发的风险定义为：在绿色建筑项目开发过程中，由于各种参与项目开发的要素的不确定性，及其各要素相互结合在一起时所产生的结果的不确定性引起的实际结果与计划目标之间的偏差。其中，"各种参与项目开发的要素"是指绿色建筑项目开发过程中涉及的各种相关因素，或是能对项目结果产生影响的敏感因素，不仅包括自然、经济、社会等内外环境因素，还包括工程技术、项目管理、费用、进度等开发实施因素。

根据项目风险相关理论论述，结合绿色建筑项目开发风险的定义，可以对绿色建筑项目开发风险管理的内涵做出如下描述：绿色建筑项目开发风险管理是针对绿色建筑项目开发过程中整体目标存在的损害可能性，结合风险理论和绿色建筑相关理论进行风险评价分析，通过对风险因素的识别建立风险评价指标体系，进一步风险评价和分析，在得到评价结果的基础上对风险应对做出预判，提前做好防范、监控、预警及应对措施等工作，以保障项目的顺利实施及目标的实现。

绿色建筑项目开发风险管理的目标是建立在绿色建筑项目成功这个总目标下的多目标风险管理，在项目的实施过程中，可以从多方面来认识绿色建筑项目开发的风险识别与分析、风险评价和风险监控。研究主要是以项目的全寿命周期过程为主线，同时关注绿色建筑项目目标体系的实现来进行风险管理研究。

2.绿色建筑项目开发的风险特性分析

绿色建筑能否成功，与其在可行性研究立项阶段所设定的指标息息相关，能够对各项指标的实施控制好，就需要对项目的指标体系的风险特性加以分析，对以后的风险管理工作做好铺垫。

（1）绿色建筑指标体系

绿色建筑指标体系是绿色建筑多个分级目标的综合实现，需要结合项目综合考虑经济性、功能性、外部性等多项因素。首先要明确各项指标的目的，并找出各项指标之间的平衡点，综合考虑绿色建筑的性能要求，从而设定具体的各项指标。从绿色建筑的概念、各国绿色建筑评价体系和我国绿色建筑相关标准出发，构建了绿色建筑的指标体系，主要包括资源消耗程度、建筑环境适宜程度和系统的持久性三大指标；分析绿色建筑的内涵和设计原则，基于我国国情构建绿色建筑指标体系，其主要指标包括建筑能耗、建筑材料、环境保护、经济和地域性等指标。总结研究成果，构建主要包括环境负荷、室内舒适度、资源消耗和安全性等指标的绿色建筑指标体系。现有的绿色建筑指标体系主要是针对绿色建筑的设计、施工或评价标准制定的，其侧重点在于绿色建筑的技术指标和性能指标。

将绿色建筑项目的目标体系分为三个层次。项目总目标作为第一层，绿色建筑项目开发风险评价的目的是绿色建筑项目的成功；第二层是项目成功的具体表现，包括经济目标、社会目标和环境目标；第三层为第二层指标的细化目标，包括经济收益、建设周期、建筑功能、品牌塑造、示范效应、安全健康、绿色标识认证、可持续性。

（2）绿色建筑项目开发的风险特征

对于项目开发来说，风险既可能带来损失，同时也意味着机会，绿色建筑在我国处于初级阶段，但从国家的重视程度来看，绿色建筑将在我国的新建建筑项目占很大比重。研究绿色建筑项目开发风险，主要是防范和规避项目开发过程中的不利影响，其定义与一般意义的风险定义相似，即：由于不良事件发生对绿色建筑项目成果与原定目标体系偏离的可能性。因此，绿色建筑项目开发风险定义包含以下几项内容：绿色建筑项目在决策之前明确项目目标的预期值，有可能影响项目目标实现的不良事件发生的概率，以及其对项目目标实现的影响程度。

绿色建筑项目开发的目标体系是建立在一般建筑项目的基础之上加以限定和延伸的，因此绿色建筑项目开发风险较一般建筑项目更具有突出特点，具体表现在以下几点：

首先，成本、质量、进度是一般建筑最基本的三大目标。随着社会经济的不断发展，又新增了安全、健康、环境等目标，但与绿色建筑的目标体系相比仍显得简单、局限，不能满足绿色建筑项目的具体需要。绿色建筑项目目标体系涵盖的内容越多越具体，那么对其产生影响的风险因素（不良事件）就越多，即：对一般建筑项目不构成风险的事件，对绿色建筑项目可能就是一个潜在的重大风险因素。

其次，一般建筑项目开发的主要目标是产品的成功售出，更多地表现为短期获利目标，其风险主要集中在项目实施阶段和销售阶段。而绿色建筑项目不仅含有项目建设和销售等短期风险，同时含有包括使用阶段的长期风险，比如节能性能、安全健康、环境和谐、示范作用等。绿色建筑项目的目标体系涵盖了绿色建筑项目的全寿命周期的综合表现，因此风险的发生将伴随着绿色建筑项目开发的全寿命周期。

再次，绿色建筑项目具有很强的外部效应，项目本身所创造的提高生活办公质量、降低能耗、保护环境等长期效益，一般不会给项目开发者带来直接的经济效益，并且这些长期效益需要在未来很长一段时期内逐渐体现出来。周期长、外部性，这些都增加了项目实现总体目标的风险。

最后，尽管我国政府大力推进绿色建筑的建设，并且已经颁布了一系列针对规范绿色建筑建设和扶持绿色建筑项目的法律、法规和政策，但是我国在很多方面都与发达国家存在一定的差距，比如制度建设、市场规范、民众认知程度、技术研发、项目管理创新等。这些因素都可能成为我国绿色建筑项目开发的风险因素。

综上所述，无论从绿色建筑的内在要求，还是我国建筑市场环境来看，在我国开发绿色建筑项目是一个风险与挑战共存的事情。作为绿色建筑项目开发企业的管理人员，不仅需要增强自身知识和技能储备，更应该深刻认识绿色建筑内涵，掌握更新的管理方式，加强项目风险管理，为绿色建筑项目的成功实现做好准备。

五、绿色建筑工程施工的风险管理

1. 材料设备和技术管理

（1）绿色建筑工程施工中，应选择安全性高、效率高的设备，如节能型机械设备、智能化设备等。同时，应注意设备的维护和保养，确保其正常运行。

（2）应加强物资管理，避免浪费和损失，并注意物资的储存和运输，避免造成环境污染。

（3）BIM 技术是一种数字化建筑信息模型技术，可以实现建筑设计、绿色建筑施工过程的数字化管控。在绿色建筑工程施工中，BIM 技术可以帮助实现资源的优化利用、减少浪费、提高效率。

（4）绿色建筑工程施工中，风险管理是非常重要的一环。通过选择环保材料、安全性高和效率高的设备、加强物资管理、应用 BIM 技术、绿色施工技术和安全管理技术等，可以保证绿色建筑施工顺利进行。

2. 施工中风险危险源管理

（1）科学的绿色建筑工程施工是指在绿色建筑施工设计环节、推行环节和拆除环节等，最大程度地考虑周边区域的环境保护协调、资源节约循环利用、健康舒适等因素，以减少对环境的影响，提高建筑的可持续性。在绿色建筑工程施工中，需要识别和管理一些风险危险源，以保证施工的安全和顺利进行。

（2）绿色建筑工程施工经常需要高空作业，如搭建脚手架、安装幕墙等，这些作业存在高空坠落、物体掉落等风险，需要采取相应的措施进行管理。施工单位应制定绿色建筑工程安全管理规章，对作业工程师进行试训，配备必要的绿色建筑工程安全防护设施，以保证作业安全进行。

（3）绿色建筑工程施工中，电气设备的使用频率较高，如电焊机、电锤等。这些设备存在电击、火灾等风险，需要采取相应的措施进行管理。施工单位应制定电气安全管理制度，对电气设备作业人员进行试训，配备必要的绿色建筑工程绝缘安全防护设施，如绝缘鞋等。

（4）施工现场秩序是管理的重要方面。施工现场材料堆放不整齐、施工道路不畅通等问题，容易引发人员伤亡和设备损坏等事故。施工单位应制定现场秩序管理制度，对现场人员进行培训和考核，加强现场巡查和管理，保证施工现场的秩序和安全。

（5）绿色建筑工程施工存在环境污染风险，如噪声、粉尘、废水等。这些污染物会威胁施工人员和周围居民的健康，需要采取相应的措施进行管理。施工单位应制定环境保护管理制度，对施工现场进行环境监测和评估，采取相应的污染防治措施，如喷淋、覆盖等，以控制施工过程中的环境污染。

3. 安全质量评价和风险管理

（1）安全质量评价是评估产品或服务安全性的方法，通常用于评估产品或服务的设计、制造、使用和维护过程。评估的目的是确定潜在的安全问题，并采取必要的措施来减少或消除这些问题。质量评价通常包括以下步骤：确定评估的范围和目的，包括确定评估的产品或服务、评估的目的和标准；收集相关信息，包括产品或服务的设计、制造、使用和维护过程信息，以及相关法律、标准和规定；进行风险评估，包括确定潜在的风险和安全问题，并评估这些问题的严重程度和概率；制定措施，确定必要的措施来减少或消除潜在的风险和安全问题；实施措施，并监测其有效性。

（2）风险管理是管理潜在风险的方法，通常对潜在风险进行识别、评估、控制和监测。风险管理的目的是减少或消除潜在风险，以保证组织或企业的可持续发展。风险管理通常包括以下步骤：识别潜在风险，包括确定可能影响组织或企业的内部、外部风险；评估潜在风险，包括评估潜在风险的严重程度和概率，并采取必要的措施来减少或消除这些风险；制定措施，包括确定必要的措施来减少或消除潜在风险；实施措施，并监测其有效性；监测和审查，包括监测和审查措施的有效性，并定期评估潜在风险。

（3）安全质量评价和风险管理的应用非常广泛，可以应用于各种产品和服务。例如，医疗设备、化学品、食品和饮料、建筑和工程项目等，也可应用于各种组织和企业，如医院、制造商、建筑公司、政府机构等。

第二节　绿色建筑工程项目风险的识别

风险识别是风险管理最基础的工作，它可以确定绿色建筑开发过程中哪些风险因素会影响绿色建筑项目开发的成功，这些风险因素会对项目产生怎样的影响，并且将这些影响因素及其特征归类。绿色建筑项目开发风险识别是一个高度复杂的系统工程，兼具有一般工程项目风险和绿色标识认证风险，涉及的风险来源较多，对后果的影响程度也有很大差异，对项目风险的识别不能漏掉任何一个重要的风险因素，应根据风险对项目结果的影响程度，抓住主要矛盾，进行科学的分析和判断。

一、绿色建筑决策阶段风险识别

决策阶段作为绿色建筑项目开发中不确定因素最大、风险最大的阶段，决策方案直接关系着项目以后各阶段工作的开展，并极有可能影响到绿色建筑项目开发的成败。因此，绿色建筑项目决策阶段需要考虑的风险因素比较多，风险识别尤为重要，如果决策阶段未形成妥善的方案或目标，那么风险将会转移至下一个阶段，风险程度将会逐步累积，对项目造成极大的影响。

通过对文献的阅读和以往案例的分析，决策阶段的风险主要来自政治、经济、融资、土地、项目组织架构等风险。

1. 绿色建筑政治风险

由于我国各省、地区社会经济发展情况各异，各地方法律法规、评价标准和绿色建筑激励政策均不相同。我国政府尽管对绿色建筑持大力支持态度，然而各省、各地区对绿色建筑制定的法律法规还不完善，各地区颁布的绿色建筑评价标准也在不断修改，对既有和在建绿色建筑项目都存在一定的风险。绿色建筑的激励政策也不尽相同，比如返税政策、行业贷款利率、财政补助等都会对绿色建筑市场的供需产生波动，从而改变绿色建筑产品的价格，引起风险的产生。主要包括以下几点：

政府行为风险：绿色建筑项目一般是当地的示范性工程，因此当地各级政府可能会根据其行政需求提出一些要求，从而对开发商造成损失。

社会环境风险：各地区社会经济发展不同，人力资源素质不同，建筑业是一个与当地社会高度密切联系、人员高度密集的行业，由此产生的社会问题造成项目损失。

行政审批程序风险：项目实施的过程需要土地、规划、质监、城市管理、市政管理、城市建设等多个行政职能部门的监管和审批，一般情况，在未得到相关行政职能部门批准的情况下是不能进行工程的建设活动的。行政职能部门的审批程序、工作效率都会对项目的实施产生影响。

法律政策风险：各地区绿色建筑相关法律标准均有差异，我国现在颁布绿色建筑评价标准的省市有深圳、江苏、浙江、上海、北京、天津、重庆、湖南、安徽、福建、广西等，仍有部分省市标准并未颁布，评价标准的修订仍然在继续。法律政策风险主要是绿色建筑的标准、奖励政策、税收政策对项目的影响。

2. 绿色建筑经济风险

绿色建筑是一种特殊的建筑产品，同一地块上可以开发写字楼、酒店公寓或是住宅，而根据市场的反应情况，决策阶段需要考虑开发周期内地块辐射范围区域内经济状况的趋势，进而对所要建设的产品做好定位。绿色建筑项目开发的经济风险主要包括以下几点：

市场供求风险：现阶段我国绿色建筑项目的开发成本略高于普通建筑，从而引起建成后的绿色建筑产品价格高于普通建筑产品，加上绿色建筑开发的周期较长，这些不确定因素都可能成为影响开发商对绿色建筑产品在市场上的推出，造成不利于开发商的损失。市场是"一只看不见的手"，供需关系总是动态和不确定的，这就造成了市场参与者收益的不确定性。我国的房地产市场近年来一直都受到各种政策的管控，然而在市场的调控作用仍然不可忽视，只有对市场的供求关系作出客观、较为准确的预判，才有可能避免市场风险的不利影响。

通货膨胀风险：通货膨胀是对整个社会经济影响较大的因素，它不仅会造成劳务工资、材料、设备台班等资源费用的增加，引起项目开发成本的增加，还会造成潜在客户购买能力的下降，进而造成开发商的损失。

3. 绿色建筑的资金风险

为了房地产市场的健康稳定，国家果断出台一系列的调控政策，增加地产开发商融资难度和资金链压力，开发商为应对资金需求，采用多种融资方式，就需要合理安排资金结构，因此产生了资金风险。资金风险主要有以下两点：

利率调整风险：在绿色建筑项目开发过程中，利率的调整不仅会影响开发企业的融资的资金成本，同时也会影响购买者的购买意愿，从而给开发商带来损失；利率调整同样会造成项目投资成本的提高，从而造成资金利息损失。

资金变现风险：绿色建筑项目所需资金数额巨大，在交易过程中可能存在各种原因导致产品不能转变为货币或延迟转变为货币，由此给开发商带来的损失。

4.绿色建筑土地风险

土地是绿色建筑项目开发的源头，项目获得土地总量及地块结构直接决定绿色建筑的建设实施，并很大程度影响绿色建筑的供应量和价格，对项目的最终收益有很大影响。土地风险主要包括项目区位风险、土地供应量及价格风险、征地拆迁风险。

项目区位风险：绿色建筑多是商业建筑、办公楼、酒店、住宅项目，对土地位置非常敏感。由于社会经济发展水平不均衡，区域发展环境不同，不同的地域建筑项目开发面对不同的风险因素。项目区位的周边经济发展水平、交通情况、商业氛围、居民集中程度、未来城市规划等因素都是影响项目收益的风险因素。

土地供应量及价格风险：土地实行招、拍、挂的背景下，土地价格已经成为建筑产品价格的重要组成部分。建筑产品市场走势和预期价格是影响土地出让价格的重要参考因素，两者相互联系，互相影响。对开发商而言，充足的土地供应可使开发企业有更多的选择，有助于企业增加土地储备。较高的土地出让金会使开发企业为减少价格对销售的影响，竭力缩减成本，从而造成绿色建筑质量的下降对项目造成的损失。

征地拆迁风险：一级土地开发商还存在着征地、拆迁和安置原居民的工作，现行的城市拆迁旧房补偿新房比例在 1 ：1.5~2.0 左右（1 平方米旧房折换 1.5–2 平方米新房），间接提高了土地成本。二级土地开发商需要等土地一级开发完成后方可开始工程建设项目的实施，同样会受到前期征地拆迁工作的影响。因此，绿色建筑项目开发商需要考虑征地拆迁对项目工期、费用产生的损失。

二、准备阶段风险识别

1.项目组织架构风险

在项目开始之初，需要组建项目组织管理机构对整个项目进行组织管理，安排适合的管理者及其管理团队。绿色建筑项目有其特殊的专业要求，比如需要有绿色建筑项目管理经验的管理人员、技术人员和施工人员才能保障绿色建筑的功能要求；工程项目的建设周期长，各专业衔接性强，人员流动性大，遗留的问题一直是工程建设项目管理的通病。因此，绿色建筑项目管理需要考虑项目组织架构不合理造成的损失。

2. 勘察设计风险

建筑项目的勘察、设计是在项目建设前期对项目范围内地形、地貌、地质、水文、岩土等建设现场情况，项目设计任务书及采用的设计依据、勘察报告、地下构筑物、交通情况等要求进行建筑设计，经过初步设计、技术设计、施工图设计，最终提交设计成果：勘察报告、方案设计文件、设计说明书、设计图纸、项目投资概预算。国内外相关研究表明，与其他因素相比勘察设计对工程成本的影响程度高达95%~100%，而由于设计原因造成的工程质量事故占总量的40.1%。

由此可见，勘察设计也是绿色建筑项目开发不可忽视的重要风险因素之一。

3. 绿色建筑专项方案风险

绿色建筑的专项方案涉及绿色建筑评价指标的节能、节地、节水、节材、环境保护和减少污染的具体评价标准的技术方案设计。比如，大型空调设备冷热源备选方案有河水源、污水源、地下水、太阳能、空气能、锅炉等不同的方案及其设备选择，而不同的选择对项目用地规划、选址、设备选用和维护都有不同的要求，而不同的方案对项目运营维护产生不同的影响。

4. 招标模式风险

由开发商选择承包商选用的工程总承包、独立承包、联合承包等方式，采用承包模式比如BT（建设－转让）、BOT（建设－运营－转让）、EPC（设计－采购－施工）等模式的不同对项目造成的风险。

5. 绿色建筑设计标识认证风险

我国绿色建筑标识分为设计标识和运营标识。绿色建筑设计标识完成设计图即可参加绿色建筑设计标识评审，评审通过即可获得绿色建筑设计标识，标识有效期为一年。通过绿色建筑设计标识评审并获得预期的星级标识，需要设计资料符合评审要求，其中的风险主要是相关设计达到评价标准并资料完备。

三、建设阶段风险识别

1. 材料设备采购风险

性能风险：绿色建筑对建筑材料、设备有特殊的性能要求，这就要求在材料、设备采购时首先对材料、设备性能进行详细的了解，使其符合绿色建筑评价标准的要求，并能在后期的各阶段中满足各项指标。

价格风险：由于原材料涨价，或标准的改变造成的材料设备采购价格风险。

2. 绿色施工风险

对于准备申请运营评价标识的绿色建筑项目，施工过程的节能、节水、环境保护等占有相当的分数，很多条款都对绿色建筑施工提出了相应的要求，如果承包商对这些明确的或隐含的要求理解不足，很可能会发生项目无法达到标准的风险。

3. 工期风险

工期一直是地产开发商所关注的重要目标之一。工期一旦被延长，一方面房地产市场状况可能会发生较大的变化，错过最佳租售时机，如已预售，则会承担逾期交付的违约损失、信誉损失；另一方面，会增加投入资金利息支出，增加管理费用。

4. 开发成本风险

成本是建设项目控制的重要指标之一，由于项目建设周期较长，外部环境对项目建设影响大，尽管有预算控制工程造价，但实际上各种事件都可能造成开发成本的增加。因此，开发企业需要严格控制项目的整体开发成本。

5. 质量风险

绿色建筑不同于一般的建筑项目，地段优势仅仅只是吸引人的手段之一，与绿色建筑相匹配、符合消费者意愿的质量功能才是真正能展现地产开发商的实力和水平，对开发商的品牌树立起着决定性的影响。

6. 设计变更风险

在项目的实施过程中难免发生由于设计深度不够、遗漏设计、内容不符、设计缺陷，开发商扩大建设面积、增加建设内容、改变建设标准、技术更新等引起的设计变更，从而造成损失。

7. 安全风险

安全风险是指整个建设区域内，在工程建设过程中发生的对建筑物破坏、人员伤害、机械设备损毁等损失。这类事件一旦出现，一般会造成工期的延误、不良的社会影响以及费用的赔偿等。

四、租售及运营阶段风险识别

1. 营销风险

开发商开发的建筑项目除少部分自用以外，大部分产业通过销售或租赁以获取投资回报。营销的作用就是为建成或在建的开发项目找到客户，实现开发项目的价值。为了获得更好的收益，营销需要因时制宜地制订与开发项目过程紧密联系的营销方案，以此避免由于开发周期长而造成的市场价格波动，并通过各种手段配合项目整体开发实施程度，通过不同的价格定位、营销手段、销售渠道获得消费者的认可。

2. 租售合同风险

绿色建筑产品价值巨大，设备维护费用高，租售合同条文务必要条文详尽、条理清晰，对交易各方要有明确的界限划分，避免发生产品损毁、设备损坏造成的归属不清、责任不明确等纠纷。

3. 物业管理风险

绿色建筑的运行比一般建筑复杂，要有相应的物业管理指导手册、运营计划和运营记录模板等，并要求绿色建筑前期开发团队与后期运营团队要有合理的交接和专业培训，物业部门要有详细的记录等。国内曾发生过多起由于维护管理不当造成的设备停运、功能失效的供水设施停用、空调设备失效等建筑项目节能节水功能丧失的案例，开发商应避免由此造成的信用风险。

4. 绿色建筑运营标识认证风险

绿色建筑运营标识的认证，必须要求项目运营满一年后方可申请。如绿色建筑未能如期获得运营标识，应尽早组织整改，否则将牺牲更多的成本和时间。

第三节　绿色建筑工程项目风险的评估

风险识别只是对建筑工程项目各阶段单个风险分析进行估计和量化，其并没有考虑各单个风险综合起来的总体效果，也没有考虑到这些风险是否能被项目主体所接受。风险评估就是在对各种风险进行识别的基础上，综合衡量风险对项目实现既定目标的影响程度。

一、绿色建筑工程项目风险评估过程

绿色建筑开发项目的风险识别只解决了风险因素的发现的问题，需要对这些风险因素进行更深的分析和评估才能科学地认识这些风险因素，并具体地反映出这些风险因素对项目目标的影响特点和影响程度。

风险评估是指对已经识别出的风险因素，根据其对项目目标的影响程度、发生概率等综合地进行定量和定性的描述，风险评估的目的在于为风险应对与监控提供明确的参考依据。

绿色建筑开发项目风险评估，是对未来可能出现的不确定事件及其对项目目标的实现造成各种消极影响和影响程度的评估，做出明确的判断，为绿色建筑开发项目的风险应对策略、风险监控及处理措施提供直接的决策信息。

风险评估的主要过程有：

1. 风险因素数据的收集

风险评估是建立在风险评估指标体系之上的，而指标体系首先建立在对每一个风险因素的重要程度、发生概率的综合判断的基础之上。项目风险是一种需要结合类似开发项目的经验总结或历史经验中得到的；或者根据项目的客观评估标准得到的，比如经济指标、绿色建筑功能性指标等量化数据综合进行衡量。由于绿色建筑开发项目具有综合性强、要求标准高、成功案例较少的特点，很难获得可靠、科学的历史资料，因此需要借助绿色建筑开发项目的专家经验进行专业评判获得参考数据。

2. 选择合适的风险评估模型

风险因素指标的评判数据是为度量风险评估指标提供依据，而要对整个项目进行风险评估还需要选择并建立合适的综合风险评估模型进行分析。绿色建筑开发项目具有综合性强、高度复杂、涉及专业多的特点，在项目风险评估上不仅要考虑项目整体的评估，还要能对某一类风险进行独立的评估。因此，绿色建筑项目的风险评估，需要选择既能进行综合评估的分析模型，也能对专项风险进行分析的评估模型，只有这样，评估模型才能客观全面地分析绿色建筑开发项目的风险。

3. 建立项目风险评估模型

风险评估模型对项目风险进行综合评估之后，得出的各项风险评估值将作为风险应对、风险监控和处理措施的决策提供明确的依据，并且决策者可以通过项目风险综合评估值了解项目的全面风险。

目前，我国对绿色建筑开发项目风险评估研究的成果较少，但对一般项目的风险评估方法理论研究和实践研究的成果已经趋于成熟，在绿色建筑开发项目的风险评估中可以借鉴一般项目的风险评估方法进行。

二、绿色建筑项目风险评估指标体系

1. 指标体系建立原则

根据绿色建筑项目的风险识别分析，通过征求专家意见，并结合建立指标体系的一般原则制订了绿色建筑项目开发风险评估指标体系的建立原则：

（1）系统性原则

绿色建筑项目开发是一个复杂的系统工程，其项目全寿命周期的特点要求开发风险管理必须从政治经济、市场环境等宏观情况，资金投入、产品功能、技术条件、项目概况、施工工艺等微观细节统筹兼顾，考虑充分。

（2）可操作性原则

经过风险识别所获得的风险因素转换为风险评估指标需要易于理解、方便度量，如此才能在后期的工作中更具实际操作性。

（3）目的性原则

风险评估指标的选取有很强的目的性，即为了方便绿色建筑项目开发的风险管理工作，可直接用于项目开发风险评估。

（4）动态衔接性原则

绿色建筑项目开发是一个持续、动态的过程，风险评估要从项目全局出发，具有前瞻性，能够在开发前期对整个开发过程进行不间断的分析方可达到风险管理的目的。

2. 绿色建筑项目风险评估指标体系的内容

绿色建筑项目风险评估指标体系通常包括以下几个主要方面：

（1）环境影响评估

主要评估绿色建筑项目对周边环境的影响，包括空气、水源、土壤、生态等方面的污染和破坏。这需要通过环境影响评价（EIA）等方法进行量化评估。

（2）能源消耗与碳排放评估

绿色建筑强调能源效率和可再生能源的使用，因此需要对项目的能源消耗和碳排放进行评估。这包括建筑本身的能源消耗，以及建筑运营过程中的能源消耗。

（3）经济风险评估

绿色建筑项目的投资成本通常较高，因此需要对项目的经济效益进行评估。这包括项目的投资回报率、资金流动性、市场需求等因素。

（4）技术风险评估

绿色建筑项目需要使用一些新的建筑技术、材料和设备，因此需要对这些技术的可行性和可靠性进行评估。这包括技术成熟度、技术兼容性、技术更新换代等因素。

（5）社会风险评估

绿色建筑项目可能对周边社区、居民和利益相关者产生影响，因此需要对这些影响进行评估。这包括社会稳定性、公众接受度、社区参与度等因素。

三、绿色建筑工程项目风险评估的方法

项目风险的评估往往采用定性与定量相结合的方法来进行。目前，常用的项目评估方法主要有蒙特卡罗模拟法、敏感性分析法等。

1.蒙特卡罗模拟法

风险评估时经常面临不确定性、不明确性和可变性；而且，即使我们可以对信息进行前所未有的访问，仍无法准确预测未来。蒙特卡罗模拟法允许我们查看做出的决策的所有可能结果并评估风险影响，从而在存在不确定因素的情况下做出更好的决策。蒙特卡罗模拟法是一种计算机化的数学方法，允许人们评估定量分析和决策制定过程中的风险。应用蒙特卡罗模拟法可以直接处理每一个风险因素的不确定性，并把这种不确定性在成本方面的影响以概率分布的形式表示出来。

2.敏感性分析法

敏感性分析法是研究和分析由于客观条件的影响（如政治形势、通货膨胀、市场竞争等风险）使项目的投资、成本、工期等主要变量因素发生变化，导致项目的主要经济效果评价指标（如净现值、收益率、折现率等）发生变动的敏感程度。

在风险衡量过程中，绿色建筑工程风险被量化为关于风险发生概率和损失严重性的函数，但在选择对策之前，还需要对绿色建筑工程风险量做出相对比较，以确定建设工程风险的相对严重性。

第四节 绿色建筑工程项目风险的应对与管控

一、绿色建筑工程项目风险的应对

1. 环境风险评估

绿色建筑工程项目的首要任务是进行环境风险评估。这包括识别潜在的自然风险，如地质、气候和生态条件，以及人为因素，如社区关系、文化遗产保护等。通过详细的环境影响评估，项目团队可以确定风险的性质和影响程度，并制定相应的应对措施，以确保项目顺利进行。

2. 技术难题攻克

绿色建筑涉及众多复杂技术，如节能设计、可再生能源利用、绿色建材选择等。项目团队应建立技术研发团队，针对可能遇到的技术难题进行深入研究和攻克，确保绿色建筑理念在实践中得以实现。

3. 经济成本控制

绿色建筑项目通常面临更高的初期投资成本。因此，项目团队需要通过精细的成本管理和预算控制，确保项目经济效益。这包括优化设计方案、选择性价比高的建材和设备、提高施工效率等。

4. 法规政策遵循

绿色建筑项目必须严格遵循国家和地方的法规政策，包括环保标准、建筑规范、税收优惠等。项目团队应建立专门的法规遵循团队，确保项目从设计到施工全过程符合法规要求，避免因违规操作带来的风险。

5. 供应链稳定性

绿色建筑项目需要使用大量的绿色建材和设备，这些通常来自于特定的供应链。因此，项目团队需要与供应商建立稳定的合作关系，确保供应链的可靠性和稳定性。同时，还应建立供应链风险评估机制，以应对可能出现的供应中断风险。

6. 项目延期预防

绿色建筑项目往往涉及复杂的技术和严格的环境保护要求，可能导致项目进度延期。项目团队应通过制订详细的项目计划、加强进度监控和及时调整资源分配等措施，预防项目延期风险。

7. 质量管理强化

绿色建筑项目对质量的要求更为严格。项目团队应建立完善的质量管理体系，包括质量控制标准、检测手段和验收流程等。同时，还应加强质量意识培训，确保每个参与者都明确质量的重要性，共同维护项目的质量。

8. 健康安全保障

绿色建筑项目在施工过程中应注重工人的健康和安全。项目团队应制定详细的健康安全管理制度和操作规程，提供必要的劳动保护用品和安全设施。同时，还应定期组织安全培训和应急演练，提高工人的安全意识和自救能力。

二、绿色建筑工程项目风险应对计划的编制

1. 计划编制依据

风险应对计划的编制必须充分考虑风险的严重性、应对风险所花费用的有效性、采取措施的适时性以及与建设项目环境的适应性等。一般来讲，针对某一风险通常先制定几个备选的应对策略，然后从中选择一个最优的方案，或者进行组合使用。建设项目风险应对计划编制的依据主要有：

（1）风险管理计划

风险管理计划是规划和设计如何进行绿色建筑工程施工项目风险管理的文件。该文件详细地说明风险识别、风险估计、风险评价和风险控制过程的所有方面，以及风险管理方法、岗位划分和职责分工、风险管理费用预算等。

（2）风险清单和风险排序

风险清单和风险排序是风险识别和风险估计的结果，记录了绿色建筑工程施工项目大部分风险因素及其成因、风险事件发生的可能性、风险事件发生后对绿色建筑工程施工项目的影响、风险重要性排序等。风险应对计划的制订不可能面面俱到，应该着重考虑重要的风险，而对于不重要的风险可以忽略。

（3）项目特性

绿色建筑工程施工项目各方面特性决定风险应对计划的内容及其详细程度。如果该工程项目比较复杂，应用比较新的技术或面临非常严峻的外部环境，则需要制订详细的风险应对计划；如果工程项目不复杂，有相似的工程项目数据可供借鉴，则风险应对计划可以相对简略一些。

（4）主体抗风险能力

主体抗风险能力可概括为两方面：一是决策者对风险的态度及其承受风险的

心理能力；另一个是绿色建筑工程施工项目参与方承受风险的客观能力，如建设单位的财力、施工单位的管理水平等。主体抗风险能力直接影响工程项目风险应对措施的选择，相同的风险环境、不同的项目主体或不同的决策者有时会选择截然不同的风险应对措施。

（5）可供选择的风险应对措施

对于具体风险，有哪些应对措施可供选择以及如何根据风险特性、绿色建筑工程施工项目特点及相关外部环境特征选择最有效的风险应对措施，是制订风险应对计划要做的非常重要的工作。

2.计划编制内容

绿色建筑工程施工项目风险应对计划是在风险分析工作完成之后制订的详细计划。不同的项目，风险应对计划内容不同，但是，至少应当包含如下内容：

（1）所有风险来源的识别以及每一来源中的风险因素。

（2）关键风险的识别以及关于这些风险对于实现项目目标所产生的影响说明。

（3）对于已识别出的关键风险因素的评估，包括从风险估计中摘录出来的发生概率以及潜在的破坏力。

（4）已经考虑过的风险应对方案及其代价。

（5）建议的风险应对策略，包括解决每一风险的实施计划。

（6）各单独应对计划的总体综合，以及分析过风险耦合作用可能性之后制订出的其他风险应对计划。

（7）项目风险形势估计、风险管理计划和风险应对计划三者进行综合之后的总策略。

（8）实施应对策略所需资源的分配，包括关于费用、时间进度及技术考虑的说明。

（9）风险管理的组织及其责任，是指在绿色建筑工程施工项目中确定的风险管理组织，以及负责实施风险应对策略的人员和职责。

（10）开始实施风险管理的日期、时间安排和关键的里程碑。

（11）成功的标准，即何时可以认为风险已被规避，以及待使用的监控办法。

（12）跟踪、决策以及反馈的时间，包括不断修改、更新需优先考虑的风险一览表计划和各自的结果。

（13）应急计划。应急计划就是预先计划好的，一旦风险事件发生就付诸实施的行动步骤和应急措施。

（14）对应急行动和应急措施提出的要求。

（15）绿色建筑工程施工项目执行组织高层领导对风险规避计划的认同和签字。

风险应对计划是整个绿色建筑工程施工项目管理计划的一部分，其实施并无特殊之处。按照计划取得所需的资源，实施时要满足计划中确定的目标，事先把工程项目不同部门之间在取得所需资源时可能发生的冲突寻找出来，任何与原计划不同的决策都要记录在案。落实风险应对计划，行动要坚决，如果在执行过程中发现工程项目风险水平上升或未像预期的那样降下来，则须重新制订计划。

三、绿色建筑工程项目风险的管控

在对绿色建筑开发项目风险评价的基础上，针对性地运用评价结果，对可能出现的风险因素制订应对策略和方案；在项目开发过程的各个阶段，还需要形成实时监测，及时预警并采取应对措施加强控制，在动态的过程中完成风险管理。在一般的项目风险控制中，常有两种应对情况：第一种是在损失发生之前采取预防措施，防患于未然；第二种是造成损失之后，采取处理措施进行及时补救和控制。这两种情况在风险管理中都应在损失事件发生之前，根据风险评价得出的结果，采取有效的措施应对。风险管理的应对措施主要有风险规避、风险防范、风险转移和风险自留四种方法，在绿色建筑开发项目的风险管理中同样适用。

1.决策阶段的风险管控

决策阶段的风险主要来自政治、经济、资金、土地方面。总的来说，决策阶段风险是对项目影响最大，项目开发体量相当大，对当地经济、社会影响非常广泛。因此在项目的开发过程中，开发公司已经在以往的工作中形成了一系列的应对措施，比如：与当地政府签订长期战略协议，形成一二级土地开发联动的机制确保土地的获得；与区级政府协调成立靠近项目的前线指挥部，专门协调项目开发中出现的各种问题；公司主动承担项目周边道路、城市环境的改造工程，确保项目整体区位价值的提升，改善营销环境；与金融机构签订战略合作协议，确保资金供应；与政府协调，通过政府资金绿色通道，确保专项资金的及时下拨。

在现行的应对策略的基础上，通过对项目具体实施过程的分析，需要进行风险监控的环节主要有政府行为、行政审批和征地拆迁，具体对策建议如下：

（1）政府风险对策，对于政府行为造成的风险损失，开发公司不能忽视，应采取有效措施建议以风险规避为主。由于本项目同时是国家和省市的重点建设项目，因此受到政府的高度关注，享受政府各项政策和绿色通道支持的同时，也要受到政府的高度监控。针对可能出现的政府对项目提出的工期要求、形象工作要求、示范接待任务等，只能采取风险自留，建议与政府相关部门建立定期汇报机制，让政府能掌握准确的项目信息，提前做好工作安排和准备工作，不至于因此类工作造成项目工程进度的停滞。

（2）对于社会环境风险，项目可以采取风险规避策略进行应对，项目应与有大型项目建设经验的具备较高综合素质的公司签订建设合同，并形成针对工程建设容易出现的安全、环境、群体事件等问题做好预案，尽量避免社会问题的出现，将其遏制在萌芽状态。

（3）对于行政审批风险，由于项目同时开工区域较多，需要审批的文件非常多，而政府部门人力、物力不可能完全满足项目的需要，各项许可证的审批需要较长的时间，这就需要开发商提前做好各项资料的报备。因此，建议与项目参建各方签订协议，严格划清各单位应承担的资料报备任务和完成时间，并建立惩罚机制，将此项的风险转移到其他参建单位。

对于法律政策风险，建议由专人实时了解政府的各项动态，对于不利于企业的政策法规，应第一时间获知详细情况，积极准备对策；对于可能有利于企业的消息，应积极争取，及时跟进。

（4）经济风险对策，工程建设项目由于周期长、资金投资量大等特点，对宏观经济的影响非常敏感。建议企业聘请专业咨询公司对经济形势和企业中长期发展情况做好调研工作，提前制定项目产品定位。同时，也可以针对项目特点，制定不同的产品定位，分散由于产品定位单一造成的风险。

（5）资金风险，针对现阶段经济形势及政府限购令造成的项目资金回笼较慢、贷款利率高等问题，结合当地政府对房地产业的支持政策，应采取建立战略层面的机制，与政府机关达成一致，共同分担风险，获得资金贷款的绿色通道，各家银行、金融机构共同提供贷款等融资渠道，加快资金周转速度，提高资金利用率。

（6）土地风险管控，由于项目土地属于一级开发、一二级土地开发联动机制，故在项目的开发过程中存在征地拆迁的工作。项目需要制订合理的征收及拆迁的补偿方案，并与政府职能部门达成共识，及时发布信息，采取有效措施保证项目的如期进行。由于项目对当地经济拉动、环境提升影响巨大，项目开发成功与否对当地影响特别巨大，因此，建议请求政府机关在项目上设立专项工作小组，协调配合项目开发过程中出现的征地、拆迁，各种手续的办理等工作，达到与政府风险分担的效果。

2. 准备阶段的风险管控

准备阶段风险主要来自项目组织架构风险、勘察设计风险、绿色建筑专项设计风险、招标模式风险、绿色建筑设计标识认证风险。鉴于项目体量巨大、涉及工作繁多、项目功能要求严格等客观条件，因此项目的准备工作是重中之重。

（1）项目组织架构风险管控

组织，是为了实现一定的目标，经过互相协调与合作而系统结合起来的团体。项目的组织架构，是保障项目实施的基础，是为了完成绿色建筑开发项目而配备由项目管理、建筑工程、市政工程、景观工程、机电工程、工程造价等各专业专家结合而成的团队。研究的项目由于开发任务重、时间短，且由于当地社会经济环境，以及集团公司的管理模式等问题，在开发项目团队的组织上，需要精确地对各个岗位进行定位，将各项工作落实责任人。

项目的建设程序一般为：设计深化、物资采购、工程施工。而由于项目工作内容繁多，各项工作衔接过程冗长，项目沟通难度大，如果只由项目总经理协调各部门之间的衔接工作，必然造成开发公司内部的责任不明确，出了问题相互推诿，影响项目部整体工作氛围。因此，需要对开发商内部组织架构和配备称职的相应人员，在对项目任务分解的基础上，灵活地组建由各专业人员组成的小团队，对项目中的各项子工作组织开展工作。

绿色建筑开发项目有着特殊的技术、材料、施工等方面的要求，建议项目管理团队需要针对这些要求安排专业人员进行现场指导，或聘请专业咨询单位定期针对项目的实施情况进行评价，及时发现问题进行纠正整改。

（2）勘察设计风险管控

地产开发公司有句俗语："设计是万恶之源。"设计方案的频繁变更，直接导致承包商、材料物资招标工作无法开展，材料进场时间延后，最终导致工期的滞后；深化设计不细致，施工图不能够指导施工，将无法保证项目的整体质量；设计与施工缺乏及时沟通，造成工程大量返工等现象都是在地产开发项目中常见的问题。因此，建议加强设计管理，建立沟通平台机制，健全设计交底与施工图会审制度，提高图纸审查力度，建立设计与工程施工的沟通机制，开发方指派设计人员深入现场指导施工。应当尽量减少设计变更，以风险规避为主。

（3）绿色建筑专项方案风险管控

绿色建筑开发项目的主要特点体现在节水、节地、节材、节能等指标要求，涉及中水利用、可再生能源利用、环境保护、减少污染排放的专项方案。由于项目开发体量特别巨大、区域广泛，绿色建筑专项方案的确定不仅要考虑投资的经济效益分析，还需要做好方案的环保效益分析。

建议首先对项目可用土地、水源、环境进行实地考察，征询专业单位提供可参考的项目资料，进行可行性研究。从已成功的案例中寻找共性和特性，研究成功案例在本项目的可实施性，吸取失败案例的经验教训，并尽早做好现场调研和试验工作，必须针对项目获取可靠的各项数据。

（4）招标模式风险管控

工程建设的招投标制度，设立的基础就是为了转移风险。招标工作是确保开发项目工程质量、进度、成本在可控范围的重要工作，而招标工作的表现在于合同签订情况。在开发项目实践中，合同是风险规避和转移的重要工具。如何使合同签订的双方合理地分担风险，是在开发项目实施过程中确保双方合作效果的重要前提。因此，建议合同中对重大里程碑节点做好工期、质量、款项支付的具体要求，基于公平的情况下，可以增设补充协议，以增进双方合作的动力。

（5）绿色建筑设计标识认证风险管控

在绿色建筑设计标识认证实践中，最重要的是各项申报资料的准备，因此，建议开发项目团队安排专业专职人员收集整理相关申报资料。

3.建设阶段的风险管控

（1）材料设备采购风险管控

材料设备采购风险主要体现在设备性能和采购价格上。在项目开展的前期，主要的工作是考察市场中各种材料设备的性能与项目契合度，采购价格与经济效益的分析，而由于绿色建筑的发展在我国还处于初步阶段，可供对比的厂家较少，公司做出了战略采购的决策。因此，建议在开展采购工作时，不仅要在项目的技术性能上做好充足准备，同时成本控制也要同时参与市场的调研，多做比较分析，多与相关单位做好信息沟通，以保证能对市场信息做好快速反应。

（2）绿色施工风险管控

在项目施工中，及早对现场代表和监理单位做好培训，对施工单位做好相关要求。施工方进场前要求其做好绿色施工专项方案，并通过专家评审，要建立风险预警和监控机制，及时纠正施工过程中的不正之风，制定奖惩机制，严格执行绿色施工专项方案。

（3）工期风险管控

工程建设合同中，与各方都约束了项目建设工期要求，因此，项目建设实施过程中要完善合同管理，建立健全工程签证和变更程序，以此来达到公平的风险分担。作为地产开发商，应实时监控工程进度情况，及时督促协调各参建单位完成工期计划，及时介入总分包及供应商之间的矛盾处理，规避由此造成的更大影响。

（4）开发成本风险管控

建议及时完善全面预算功能，定时更新企业定额，了解市场价格。作为房地产开发企业，开发成本风险主要来自原材料的价格变化，由此，为了减少原材料价格变动对成本的影响，应建立长期战略合作伙伴机制和期货机制，与供应商共同分担物价变动风险。

（5）质量风险管控

质量是企业的生命，房地产开发产品具有使用周期长、隐蔽性大、处理成本高的特点。因此，应建立具有可追溯性和与工期同步的监测机制，制定各项责任制度，以风险规避为主，及时制止和整改违规行为，确保工程质量。

（6）设计变更风险管控

尽管应尽量避免设计变更，但由于绿色建筑的特点、技术更新等因素，又不得不考虑。设计变更的应对，应以风险转移为主，即项目中谁提出设计变更，就由谁主导设计变更的各项工作，项目开发企业同时严格监控，确保变更工作在可接受范围内，及时协调处理由此带来的各项工作。

（7）安全风险管控

安全问题是现阶段社会最为关注的事件，安全工作重点在于防范，尤其是对细节工作的不放过、对小事的不忽视，杜绝侥幸和懈怠心理。

因此安全风险的应对应以规避为主，制定各种检查和处理循环机制，以及突发性事件的应急处理预案，以保证人员安全为第一要务。

4.租售及运营阶段的风险管控

（1）营销风险管控

受宏观调控政策和当地政府对房地产政策的影响，当地政府希望通过房地产开发来改善城市形象、扩大市区范围，对项目开发工期做了严格的规定，这就加大了营销的困难程度。

面对市场的竞争，建议在宣传中与其他地产开发项目拉开距离，突出绿色建筑开发项目特色，完善绿色生态示范城区宣传方案，通过媒体宣传让消费者充分了解项目特点。政府部门通过开放住宅预售绿色通道，减小开发项目对资金的压力，因此建议项目及时完善各类报送政府职能部门的审批、验收资料，以获得政府部门和消费者的充分信任。

（2）租售合同风险管控

项目采用多种技术方案和设备保证项目运行的各项功能，由此产生的增量成本及物权的归属给项目带来未来的风险损失。建议在合同中对设备管理、设备维修成本的责任分担情况，并明确各方的责任，达到风险的转移与分担。

（3）物业管理风险管控

物业管理涉及绿色建筑开发项目运营阶段的整体效果。为了满足项目运营阶段的效果，建议对物业管理人员做好充分系统的专业培训，并对运营阶段的各种记录、资料收集明确责任人，为获得绿色建筑运营阶段认证做好准备。

（4）绿色建筑运营阶段认证风险管控

绿色建筑运营阶段认证不仅需要收集运营阶段的各项数据资料，而在评审阶段，有可能由于某些原因导致项目需要进行细节的整改。因此，在项目的整体实施过程中应注意对原始资料的保存，一旦发现问题能够及时找出原始资料，便于整改和追溯责任人。

第七章 建筑企业常见法律风险
防范与管控

　　法律风险防范是建筑企业稳健发展的基础。通过建立健全的法律风险防控机制，企业可以确保在复杂多变的法律环境中稳健运营，避免因法律问题导致的经营波动或危机。这有利于企业保持持续、稳定的发展态势，实现长期的商业目标。本章主要分析了建筑企业常见法律风险防范与管控的有关内容。

第一节 工程造价概念、法律风险与管控

一、工程造价概念

（一）工程造价的概述

1.工程造价的含义

　　工程造价的直意就是工程的建造价格。工程，泛指一切建设工程，它的范围和内涵具有很大的不确定性。

　　工程造价有两层含义，但都离不开市场经济的大前提。

　　第一种含义：工程造价是指建设一项工程预期开支或实际开支的全部固定资产投资费用，也就是一项工程通过建设形成相应的固定资产、无形资产所需用一次性费用的总和。显然，这一含义是从投资者的角度来定义的。投资者选定一个投资项目，为了获得预期的效益，就要通过项目评估进行决策，然后进行设计招标、工程招标，直至竣工验收等一系列投资管理活动。在投资活动中所支付的全部费用形成了固定资产和无形资产。所有这些开支就构成了工程造价。从这个意义上说，工程造价就是工程投资费用，建设项目工程造价就是建设项目固定资产投资费用。

　　第二种含义：工程造价是指工程价格。即为建成一项工程，预计或实际在土地市场、设备市场、技术劳务市场，以及承包市场等交易活动中所形成的建筑安

装工程的价格和建设工程总价格。显然，工程造价的第二种含义是以商品经济和市场经济为前提的。它以工程这种特定的商品形式作为交易对象，通过招投标、承发包或其他交易方式，在进行多次性预估的基础上，最终由市场形成的价格。

通常是把工程造价的第二种含义只认定为工程承发包价格。应该肯定，承发包价格是工程造价中一种重要的，也是最典型的价格形式。它是在建筑市场通过招投标，由需求主体投资者和供给主体建筑商共同认可的价格。

所谓工程造价的两种含义是以不同角度把握同一事物的本质。从建设工程的投资者来说，面对市场经济条件下的工程造价就是项目投资，是"购买"项目要付出的价格，同时也是投资者在作为市场供给主体时"出售"项目时定价的基础。对于承包商、供应商和规划、设计等机构来说，工程造价是他们作为市场供给主体出售商品和劳务的价格的总和，或是特指范围的工程造价，如建筑安装工程造价。

区别工程造价的两种含义的理论意义在于，为投资者和以承包商为代表的供应商在工程建设领域的市场行为提供理论依据。当政府提出降低工程造价时，是站在投资者的角度充当着市场需求主体的角色；当承包商提出要提高工程造价、提高利润率，并获得更多的实际利润时，它是要实现一个市场供给主体的管理目标。这是市场运行机制的必然，不同的利益主体绝不能混为一谈。同时，两种含义也是对单一计划经济理论的一个否定和反思。区别两种含义的现实意义在于，为实现不同的管理目标，不断充实工程造价的管理内容，完善管理方法，更好地为实现各自的目标服务，从而有利于推动全面的经济增长。

2. 工程造价的特点

由于工程建设的特点，工程造价有以下特点：

（1）工程造价的大额性。能够发挥投资效用的任何一项工程，不仅实物形体庞大，而且造价高昂，动辄数百万元、数千万元、数亿元，特大的工程项目造价还可达百亿元、千亿元。工程造价的大额性使它关系到有关各方面的重大经济利益，同时也会对宏观经济产生重大影响。这就决定了工程造价的特殊地位，也说明了造价管理的重要意义。

（2）工程造价的个别性、差异性。任何一项工程都有特定的用途、功能、规模。因此对每一项工程的结构、造型、空间分割、设备配置和内外装饰等都有具体的要求，所以工程内容和实物形态都具有个别性、差异性。产品的差异性决定工程造价的个别性差异。同时每项工程所处地区、地段都不相同，从而使这一特点得到强化。

（3）工程造价的动态性。任一项工程从决策到竣工交付使用，都有一个较长的建设期间，而且由于不可控因素的影响，在预计工期内，许多影响工程造价的动态因素（如工程变更，设备材料价格，工资标准以及费率、利率、汇率等）会发生变化。这种变化必然会影响到造价的变动。所以，工程造价在整个建设期中处于不确定状态，直至竣工决算后才能最终确定工程的实际造价。

（4）工程造价的层次性。造价的层次性取决于工程的层次性。一个工程项目往往含有多项能够独立发挥设计效能的单项工程（车间、写字楼、住宅楼等）。一个单项工程又是由能够各自发挥专业效能的多个单位工程（土建工程、电气安装工程等）组成。与此相适应，工程造价有 3 个层次：建设项目总造价、单项工程造价和单位工程造价。如果专业分工更细，单位工程（如土建工程）的组成部分——分部分项工程也可以成为交换对象，如大型土方工程、基础工程、装饰工程等，这样工程造价的层次就增加了分部工程和分项工程而成为 5 个层次。即使从造价的计算和工程管理的角度看，工程造价的层次性也是非常突出的。

（5）工程造价的兼容性。造价的兼容性首先表现在它具有两种含义，其次表现在造价构成因素的广泛性和复杂性。在工程造价中，首先说成本因素非常复杂。其中为获得建设工程用地支出的费用、项目科研和规划设计费用、与政府一定时期政策（特别是产业政策和税收政策）相关的费用占有相当的份额；再次表现在盈利的构成也较为复杂，资金成本较大。

3. 工程造价的职能

工程造价的职能既是价格职能的反映，也是价格职能在这一领域的特殊表现。工程造价的职能除一般商品价格职能以外，还有自己特殊的职能。

（1）预测职能。工程造价的大额性和多变性，无论是投资者还是建筑商都要对拟建工程的造价进行预先测算。投资者预先测算工程造价不仅可作为项目决策依据，同时也是筹集资金、控制造价的依据。承包商对工程造价的测算，既为投标决策提供依据，也为投标报价和成本管理提供依据。

（2）控制职能。工程造价的控制职能表现在两方面：一方面是它对投资的控制，即在投资的各个阶段，根据对造价的多次性预估，对造价进行全过程多层次的控制。另一方面，是对以承包商为代表的商品和劳务供应企业的成本控制。在价格一定的条件下，企业实际成本开支决定企业的盈利水平。成本越高盈利越低，成本高于价格就危及企业的生存，所以企业要以工程造价来控制成本，利用工程造价提供的信息资料作为控制成本的依据。

（3）评价职能。工程造价是评价总投资和分项投资合理性和投资效益的主要依据之一。为评价土地价格、建筑安装产品和设备价格的合理性，就必须利用工程造价资料；在评价建设项目偿贷能力、获利能力和宏观效益时，也可依据工程造价。工程造价也是评价建筑安装企业管理水平和经营成果的重要依据。

（4）调控职能。工程建设直接关系到经济增长，也直接关系到国家重要资源的分配和资金流向，对国计民生都产生重大影响。所以国家对建设规模、结构进行宏观调控是在任何条件下都不可缺的，对政府投资项目进行直接调控和管理也是非常必需的。这些都要用工程造价作为经济杠杆，对工程建设中的物质消耗水平、建设规模、投资方向等进行调控和管理。

4. 工程造价的作用

工程造价涉及国民经济各部门、各行业，涉及社会再生产中的各个环节，也直接关系到人民群众的生活和城镇居民的居住条件，所以它的作用范围和影响程度都很大。其作用主要有以下几点：

（1）工程造价是项目决策的工具。建设工程投资大、生产和使用周期长等特点决定了项目决策的重要性。工程造价决定着项目的一次性投资费用。投资者是否有足够的财务能力支付这笔费用，是否认为值得支付这项费用，是项目决策中要考虑的主要问题。财务能力是一个独立的投资主体必须首先要解决的。如果建设工程的价格超过投资者的支付能力，就会迫使他放弃拟建的项目；如果项目投资的效果达不到预期目标，他也会自动放弃拟建的工程。因此在项目决策阶段，建设工程造价就成为项目财务分析和经济评价的重要依据。

（2）工程造价是制订投资计划和控制投资的有效工具。投资计划是按照建设工期、工程进度和建设工程价格等逐年分月加以制订的。正确的投资计划有助于合理和有效地使用资金。

工程造价在控制投资方面的作用非常明显。工程造价是通过多次性预估，最终通过竣工决算确定下来的。每一次预估的过程就是对造价的控制过程；而每一次估算对下一次估算又都是对造价严格的控制，具体说后一次估算不能超过前一次估算的一定幅度。这种控制是在投资者财务能力的限度内为取得既定的投资效益所必需的。建设工程造价对投资的控制也表现在利用其制定各类定额、标准和参数，对建设工程造价的计算依据进行控制。在市场经济利益风险机制的作用下，造价对投资的控制作用成为投资的内部约束机制。

（3）工程造价是筹集建设资金的依据。投资体制的改革和市场经济的建立，要求项目的投资者必须有很强的筹资能力，以保证工程建设有充足的资金供应。工程造价基本决定了建设资金的需要量，从而为筹集资金提供了比较准确的依据。当建设资金来源于金融机构的贷款时，金融机构在对项目的偿贷能力进行评估的基础上，也需要依据工程造价来确定给予投资者的贷款数额。

（4）工程造价是合理分配利益和调节产业结构的手段。工程造价的高低涉及国民经济各部门和企业间的利益分配。在计划经济体制下，政府为了用有限的财政资金建成更多的工程项目，总是趋向于压低建设工程造价，使建设中的劳动消耗得不到完全补偿，价值不能得到完全实现。而未实现的部分价值则被重新分配到各个投资部门，为项目投资者所占有。这种利益的再分配有利于各产业部门按照政府的投资导向加速发展，也有利于按宏观经济的要求调整产业结构。但是也会严重损害建筑企业的利益，造成建筑业萎缩和建筑企业长期亏损的后果，从而使建筑业的发展长期处于落后状态，与整个国民经济发展不相适应。在市场经济中，工程造价也同样受供求状况的影响，并在围绕价值的波动中实现对建设规模、产业结构和利益分配的调节，加上政府正确的宏观调控和价格政策导向，工程造价在这方面的作用会充分发挥出来。

（5）工程造价是评价投资效果的重要指标。建设工程造价是一个包含着多层次工程造价的体系，就一个工程项目来说，它既包含建设项目的总造价，又包含单项工程的造价和单位工程的造价，同时还包含单位生产能力的造价，或一个平方米建设面积的造价等。所有这些，使工程造价自身形成了一个指标体系。所以它能够为评价投资效果提供多种评价指标，并能够形成新的价格信息，为今后类似项目的投资提供参照系。

（二）工程造价相关概念

1. 静态投资与动态投资

静态投资是以某一基准年、月的建设要素的价格为依据所计算出的建设项目投资的瞬时值，但不含因工程量误差而引起的工程造价的增减。静态投资包括建筑安装工程费，设备和工、器具购置费，工程建设其他费用，基本预备费等。

动态投资是指为完成一个工程项目的建设，预计投资需要量的总和。它除了包括静态投资所含内容之外，还包括建设期贷款利息、投资方向调节税、涨价预备金、新开征税费，以及汇率变动部分。动态投资适应了市场价格运动机制的要求，使投资的计划、估算、控制更加符合实际，符合经济运动规律。

静态投资和动态投资虽然内容有所区别，但二者也有密切的联系。动态投资包含静态投资，静态投资是动态投资最主要的组成部分，也是动态投资的计算基础，并且这两个概念的产生都和工程造价的确定直接相关。

2. 建设项目总投资

建设项目总投资是投资主体为获取预期收益，在选定的建设项目上投入所需全部资金的经济行为。所谓建设项目，一般是指在一个总体规划和设计的范围内，实行统一施工、统一管理、统一核算的工程，它往往由一个或数个单项工程所组成。建设项目按用途可分为生产性建设项目和非生产性建设项目。生产性建设项目总投资包括固定资产投资和包含铺底流动资金在内的流动资产投资两部分。而非生产性建设项目总投资只有固定资产投资，不含上述流动资产投资。建设项目总造价是项目总投资中的固定资产投资总额。

3. 固定资产投资

固定资产投资是投资主体为了特定的目的，以达到预期收益（效益）的资金垫付行为。在我国，固定资产投资包括基本建设投资、更新改造投资、房地产开发投资和其他固定资产投资四部分。其中基本建设投资是用于新建、改建、扩建和重建项目的资金投入行为，是形成固定资产的主要手段，在固定资产投资中占的比重最大，约占全社会固定资产投资总额的 50% ~ 60%。更新改造投资是在保证固定资产简单再生产的基础上，通过先进科学技术改造原有技术以实现以内涵为主的、固定资产扩大化再生产的资金投入行为，约占全社会固定资产投资总额的 20% ~ 30%，是固定资产再生产的主要方式之一。房地产开发投资是房地产企业开发厂房、宾馆、写字楼、仓库和住宅等房屋设施和开发土地的资金投入行为，目前在固定资产投资中已占 20% 左右。其他固定资产投资，是按规定不纳入投资计划和使用专项资金进行基本建设和更新改造的资金投入行为，它在固定资产投资中占的比重较小。

4. 建筑安装工程造价

建筑安装工程造价，亦称建筑安装产品价格。它是建筑安装产品价值的货币表现。在建筑市场，建筑安装企业所生产的产品作为商品，既有使用价值也有价值。和一般商品一样，它的价值是由 C+V+m 构成，所不同的只是由于这种商品所具有的技术经济特点，使它的交易方式、计价方法、价格的构成因素，以至付款方式都存在许多特点。

二、工程造价法律风险

（一）工程造价法律风险概述

1. 工程造价法律风险定义

工程造价法律风险是指在工程项目的实施过程中，由于外部法律环境的变化或合同一方未履行其义务而引起的法律纠纷，进而导致的经济损失和工期延误的风险。这种风险通常涉及合同的签订、履行、变更、解除以及争议解决等方面的问题。

（1）合同管理不善：合同条款不严谨、不完整，容易产生歧义和误解，导致合同履行过程中出现纠纷和争议。

（2）法律法规变化：工程项目实施过程中，可能涉及的法律法规发生变化，导致原有的合同条款不再适用，进而产生法律风险。

（3）外部环境变化：如政策调整、市场变化等外部环境变化，可能影响合同的履行，进而产生法律风险。

（4）承包商或供应商违约：承包商或供应商在履行合同过程中未能按照约定履行其义务，导致工程项目出现问题，进而产生法律风险。

为了防范工程造价法律风险，可以采取以下措施：

1）完善合同管理，制定严谨、完整的合同条款，明确各方的权利和义务，避免出现歧义和误解。

2）加强法律法规的跟踪和更新，及时了解和掌握相关法律法规的变化，确保合同条款的合法性和适用性。

3）建立风险预警机制，通过风险预警机制及时发现和应对可能出现的法律风险，减少经济损失和工期延误。

2. 说明法律风险在工程造价中的重要性

（1）保障合同顺利执行

合同是工程造价管理中的重要依据，而法律风险往往与合同履行情况密切相关。在工程实施过程中，各方应严格遵守合同条款，按约定履行自己的义务，防止因违约引起的法律纠纷和损失。对法律风险的准确识别和防范，有助于保障合同的顺利执行，确保工程造价的有效控制。

（2）应对外部法律环境变化

工程项目实施过程中，外部法律环境的变化可能对工程造价产生影响。例如，政策调整、法律法规更新等，可能对工程项目的合法性和经济性造成影响。加强法律风险防范，及时了解和适应外部法律环境的变化，有助于降低因外部法律环境变化带来的损失，维护企业的经济利益。

（3）规范各方行为

在工程项目实施过程中，各方行为的规范性是影响工程造价的重要因素。法律风险的存在可能导致各方行为的失范，进而引发经济损失。通过加强法律风险防范和管理，可以规范各方的行为，减少不当行为和违规行为的发生，降低潜在的经济损失。

（4）提升企业管理水平

工程造价法律风险的防范和管理是企业管理工作的重要组成部分。加强法律风险管理，完善风险防范机制，有助于提升企业的管理水平和应对风险的能力。同时，通过总结经验教训，不断完善风险防范措施，也有助于提高企业的竞争力和可持续发展能力。

法律风险在工程造价中具有重要作用。企业应加强法律风险的防范和管理，建立健全的风险防范机制，提高风险应对能力，确保工程造价的有效控制和工程项目的顺利实施。同时，还应注重培养专业人才，加强团队建设，增强整个项目团队的意识和能力，以更好地应对各种挑战和风险。

3.法律风险的来源与分类

（1）建筑工程造价法律风险的来源

1）建筑工程环境的多变性：建筑工程的各个环节联系紧密，从前期的工程项目立项到地理位置分析，从前期的规划设计到后期的施工建设，每个环节都处在具体的实践过程中，尤其是具体的施工过程中，由于建筑工程环境可能会发生一些不可预测的变化，导致整体环境的不稳定性，这对于工程造价必然会产生负面影响。

2）建筑工程项目相关责任主体的不稳定性：由于建筑工程相关利益方比较复杂，主体之间不可避免在经济上发生纠纷与冲突，导致工程在进行过程中受到一定的阻碍，由于相关主体之间的利益出发点不同，导致主观行为不同，为工程带来诸多变动。

3）建筑工程造价信息缺陷性：建筑工程的造价信息指的是可以反映工程造价管理活动基本内容的数据、资料，在控制工程造价的风险问题上，合理利用工程造价信息，一定程度上可以保证工程造价的变化控制在一个合理的范围内。

（2）建筑工程造价法律风险的分类

1）按风险来源划分

① 自然风险：由于自然灾害、恶劣气候条件等不可抗力因素导致的工程造价风险。

② 社会风险：由于社会环境变化、政治稳定性等因素导致的工程造价风险。

③ 经济风险：由于经济环境变化、市场需求波动等因素导致的工程造价风险。

④ 法律风险：由于法律法规变化、政策调整等因素导致的工程造价风险。

2）按风险影响范围划分

① 局部风险：只对工程项目某个部分产生影响的造价风险。

② 全局风险：对整个工程项目产生重大影响的造价风险。

3）按风险性质划分

① 纯粹风险：只有损失机会而无获利机会的风险，如自然灾害。

② 投机风险：既有损失机会又有获利机会的风险，如股票投资。

4）按风险管理主体划分

① 业主的风险：包括人为风险、经济风险和自然风险等。

② 承包商的风险：包括决策错误风险、缔约和履约风险、责任风险（分为职业责任风险、法律责任风险、替代责任风险）等。

（二）工程造价监管法规的遵守与执行风险

工程造价监管法规是规范工程建设市场秩序、保障各方当事人合法权益的重要法律依据。然而，在实际操作中，由于各种因素的影响，遵守和执行工程造价监管法规可能会面临一定的风险。以下将对工程造价监管法规的遵守与执行风险进行详细分析。

1.工程造价监管法规的种类与特点

（1）工程造价监管法规的种类：包括国家层面的法律法规、地方层面的规章制度和行业协会标准等。这些法规和标准对工程造价的监管起着重要的规范和指导作用。

（2）工程造价监管法规的特点：具有全面性、专业性、动态性和国际性等特点。全面性是指监管法规涵盖了工程造价的各个方面；专业性是指监管法规涉及工程建设的专业知识和技能；动态性是指监管法规会随着市场环境的变化而调整；国际性是指监管法规要与国际接轨，适应国际工程建设市场的需求。

2. 工程造价监管法规的遵守与执行风险

（1）法规理解和适用风险：在实际操作中，由于对工程造价监管法规的理解不足或偏差，可能会导致对法规的适用不当，引发合规风险。

（2）执法不严风险：在监管过程中，可能存在执法不严或选择性执法的情况。这可能会破坏市场的公平竞争，影响监管的有效性和权威性。

（3）监管真空风险：在某些情况下，可能存在监管空白或监管不到位的情况。这可能会导致市场秩序混乱，影响工程造价的合理性和准确性。

（4）国际法规差异风险：随着国际工程建设市场的不断发展，国际的法规差异可能会给企业在国际竞争中带来一定的风险。

（三）工程造价审计与核算的法律风险

工程造价审计与核算是工程建设领域中的重要环节，对于保障工程建设项目的顺利实施和规范市场秩序具有重要意义。然而，在实际操作中，工程造价审计与核算可能会面临一些法律风险。以下将对工程造价审计与核算的法律风险进行详细分析。

1. 工程造价审计与核算的法律风险种类

（1）合同条款风险：在工程建设项目中，合同条款是确定各方当事人权利义务的重要依据。如果合同条款存在模糊不清、遗漏或错误等问题，可能会导致审计与核算工作的依据不足，引发法律风险。

（2）证据不足风险：在进行工程造价审计与核算时，需要具备充分的证据支持。如果证据不足或证据不充分，可能会导致审计与核算结果的不准确，进而引发法律纠纷。

（3）法律法规变化风险：工程造价领域的法律法规和政策文件经常发生变化和调整。如果审计与核算工作未能及时跟进相关法律法规的变化，可能会引发合规风险。

（4）职业责任风险：工程造价审计与核算工作需要具备一定的专业知识和技能。如果审计与核算人员不具备相应的专业能力或工作中存在疏忽、失误等问题，可能会对审计与核算结果造成影响，引发职业责任风险。

（5）信息泄露风险：在工程造价审计与核算过程中，可能会涉及一些敏感信息，如工程造价数据、商业机密等。如果信息泄露或被不当使用，可能会给企业带来损失或法律纠纷。

2. 应对工程造价审计与核算法律风险的措施

（1）完善合同管理：在签订合同时，应确保合同条款明确、具体、合法，避免模糊不清、遗漏或错误等问题。同时，加强合同履行过程中的管理和监督，确保各方当事人按照合同约定履行义务。

（2）强化证据收集和保存：在进行工程造价审计与核算时，应重视证据的收集和保存工作。确保具备充分的证据支持审计与核算结果，避免因证据不足引发法律纠纷。

（3）关注法律法规变化：及时关注工程造价领域的法律法规和政策文件的变化，确保审计与核算工作始终符合相关法律法规的要求。同时，加强与政府部门的沟通与合作，了解政策动态，为企业提供合规建议。

（4）提高职业能力：加强工程造价审计与核算人员的职业培训和能力提升，确保其具备相应的专业知识和技能。同时，建立严格的职业责任追究机制，对工作中存在的疏忽、失误等问题进行严肃处理。

（5）加强信息安全保护：建立健全的工程造价信息安全管理制度和技术防范措施，确保信息的安全性和保密性。同时，加强信息使用和共享的规范管理，避免信息泄露或被不当使用。

应对工程造价审计与核算的法律风险需要从多个方面入手。通过完善合同管理、强化证据收集和保存、关注法律法规变化、提高职业能力以及加强信息安全保护等措施的实施，可以降低工程造价审计与核算的法律风险，提高工程建设项目的顺利实施和规范市场秩序。

（四）工程造价索赔法律风险

1. 索赔的法律程序要求

（1）提出索赔

在合同履行过程中，当一方认为另一方未履行合同义务或存在违约行为导致其遭受损失时，有权向对方提出索赔要求。

（2）证据收集

提出索赔的一方应收集与索赔相关的证据材料，如合同文本、会议纪要、工程记录、财务记录等。这些证据应能证明索赔的合理性和合法性。

（3）索赔金额计算

根据证据材料和合同约定，确定索赔金额。索赔金额的计算应客观、公正，遵循市场价格和合同约定。

（4）索赔报告

索赔方应编制索赔报告，详细说明索赔理由、索赔金额计算方法和相关证据材料。索赔报告应清晰、完整，能够说服对方接受索赔要求。

（5）争议解决

如双方无法就索赔问题达成一致意见，可以通过协商、调解、仲裁或诉讼等方式解决争议。在争议解决过程中，应遵循法律法规和合同约定。

（6）索赔时效

根据相关法律法规的规定，索赔时效一般为一定期限，超过时效的索赔请求将无法得到法律保护。因此，提出索赔的一方应在规定的时效期内提出索赔请求。

工程造价索赔的法律依据与程序要求对于规范索赔行为、保障当事人的合法权益具有重要意义。通过完善法律法规体系、提高从业人员素质、强化合同管理、建立索赔管理制度、加强信息沟通和引入第三方机构等措施的实施，可以有效减少工程造价索赔纠纷，促进工程建设行业的健康发展。

2. 索赔证据的收集与整理风险

在工程建设项目中，工程造价索赔是一个不可避免的环节。为了确保索赔的合理性和有效性，证据的收集与整理至关重要。然而，在实际操作中，证据的收集与整理面临着诸多风险和挑战。以下将对工程造价索赔证据的收集与整理风险进行详细介绍。

（1）工程造价索赔证据的种类与重要性

1）合同文件：包括合同文本、补充协议、备忘录等，是索赔的最基本证据，能够证明合同双方的权利和义务。

2）工程记录：包括施工日志、验收记录、变更记录等，能够反映工程的实际状况和履约情况。

3）财务记录：包括支付凭证、发票、结算资料等，能够证明工程款项的流向和支付情况。

4）其他证据：如第三方鉴定报告、法律判决书等，能够提供权威性的证明材料。

（2）工程造价索赔证据收集与整理的风险

1）证据不足或不充分：由于各种原因，如遗漏、忽略或信息不完整，可能导致关键证据缺失，影响索赔的合理性。

2）证据效力问题：某些证据可能存在法律效力问题，如证据来源不明、证据形式不符合法律规定等，导致证据不被认可。

3）证据之间的矛盾：在收集和整理证据的过程中，可能发现不同证据之间存在矛盾或冲突，导致无法形成完整的证据链。

4）证据的时效性：某些证据可能存在时效性限制，如超过法定时效期的证据可能失去法律效力。

5）成本与资源的投入：收集与整理证据需要投入大量的人力、物力和财力，可能导致成本增加和资源浪费。

6）道德风险：在收集与整理证据的过程中，可能存在道德风险，如篡改、伪造证据等行为。

（3）应对工程造价索赔证据收集与整理风险的措施

1）建立健全的证据管理制度：企业应建立完善的证据管理制度，明确证据的收集、保存、整理的标准和流程，确保证据的完整性和可靠性。

2）增强证据意识：加强员工培训，提高员工对证据重要性的认识，培养其收集与整理证据的能力和意识。

3）强化合同管理：在合同签订前，应对合同条款进行仔细审查，明确双方的权利和义务，为后续的索赔提供依据。

4）建立信息共享平台：通过建立信息共享平台，实现项目各方的信息交流与共享，降低信息不对称导致的风险。

5）引入专家协助：在收集与整理证据的过程中，可以聘请专业律师或工程造价专家进行指导，确保证据的有效性和合法性。

6）加强内部控制与监督：通过内部审计和外部监管相结合的方式，对证据的收集与整理过程进行监督和检查，确保其合规性和公正性。

工程造价索赔证据的收集与整理面临着一系列风险和挑战。为了确保索赔的合理性和有效性，企业应建立健全的证据管理制度、增强员工证据意识、强化合同管理、建立信息共享平台、引入专家协助以及加强内部控制与监督等措施的实施。通过这些措施的实施，可以有效降低工程造价索赔证据收集与整理的风险，提高索赔的成功率和公正性。

3. 索赔金额的计算方法与核定风险

在工程建设项目中，当发生索赔事件时，索赔金额的计算与核定是至关重要的环节。索赔金额的合理性直接关系到当事人的利益和纠纷的解决。然而，在实际操作中，工程造价索赔金额的计算与核定存在一定的风险和挑战。以下将对工程造价索赔金额的计算与核定风险进行详细介绍。

（1）工程造价索赔金额的计算方法

1）实际成本法

根据工程实际成本和合同约定的成本计算方法，计算出实际成本与合同成本的差额，作为索赔金额。这种方法适用于工程量清单计价模式。

2）合同价法

根据合同约定的价格和实际完成的工程量，计算出合同价与实际完成价的差额，作为索赔金额。这种方法适用于固定总价合同和固定单价合同。

3）比例法

根据合同约定的比例和实际完成的工程量，计算出实际完成的工程量和合同约定工程量的差额，作为索赔金额。这种方法适用于按比例计价的合同。

（2）工程造价索赔金额计算与核定的风险

1）计算方法的合理性：在选择计算方法时，可能存在不合理之处，导致索赔金额的计算结果出现偏差。

2）证据不足或不充分：由于证据不足或不充分，可能无法准确计算索赔金额或无法证明索赔金额的合理性。

3）主观因素影响：在计算与核定索赔金额时，可能存在主观因素，如个人经验、判断能力等，导致结果存在一定的不确定性。

4）双方认可度低：由于计算与核定索赔金额的方法和结果可能存在争议，双方可能对结果认可度低，导致纠纷难以解决。

5）法律法规变化：法律法规的变化可能导致索赔金额的计算与核定出现变化，增加风险和不确定性。

工程造价索赔金额的计算与核定存在一定的风险和挑战。为了降低这些风险和挑战的影响，企业应明确计算方法、充分收集证据、提高专业能力、引入专家协助、遵守法律法规、加强沟通与协商以及建立风险应对机制等措施的实施。通过过这些措施的实施，可以有效降低工程造价索赔金额计算与核定的风险，提高索赔的合理性和成功率。

三、工程造价法律风险的防范

在工程建设领域，工程造价的法律风险是不可避免的。这些风险可能来自合同履行、索赔、纠纷解决等多个环节。为了确保项目的顺利进行，企业需要采取有效的应对策略。以下将对工程造价法律风险的防范建议进行详细介绍：

1. 建立风险预警机制

建立风险预警机制是应对工程造价法律风险的重要手段。通过对项目全过程的监控和管理，及时发现潜在的法律风险，采取有效措施进行防范和化解。同时，要定期对项目进行风险评估和检查，及时发现和解决潜在的法律风险。通过建立完善的风险预警机制，可以降低风险发生概率，减少潜在损失。

2. 加强证据管理

证据管理对于防范工程造价法律风险至关重要。在项目实施过程中，要及时收集和整理相关证据材料，确保证据的真实性和有效性。在纠纷解决过程中，要充分运用证据维护自身合法权益，降低潜在损失。同时，要加强与律师、公证机构等第三方机构的合作，确保证据管理的专业性和可靠性。

3. 合理分担风险

合理分担风险是防范工程造价法律风险的必要手段。在项目合作过程中，企业应与合作方充分沟通，明确各自的权利和义务，合理分担风险。通过合理的风险分担机制，可以降低单一方的风险承担压力，提高整个项目的稳定性和可持续性。同时，企业应积极探索新的风险分担方式，如引入保险机制等，以进一步降低潜在损失。

4. 加强人才培养和团队建设

应对工程造价法律风险需要高素质的人才支撑。企业应加强人才培养和团队建设，培养一批具备法律素养、技术知识和实践经验的复合型人才。通过定期培训、交流学习等方式，不断提高员工的专业素质和应对风险的能力。同时，要加强团队建设，建立完善的风险管理团队，提高整个团队的风险应对能力。

5. 建立风险管理文化

建立风险管理文化是防范工程造价法律风险的长期保障。企业应将风险管理融入企业文化之中，使风险管理意识深入人心。通过加强宣传教育、制定风险管理手册等方式，提高员工对风险的认识和重视程度，形成全员参与的风险管理氛围。同时，要将风险管理成果与员工绩效挂钩，激励员工积极参与风险管理，共同推动企业的稳定发展。

防范工程造价法律风险需要企业从多个方面入手，包括加强合同管理、建立风险预警机制、加强证据管理、合理分担风险、加强人才培养和团队建设以及建立风险管理文化等。通过这些措施的实施，可以降低潜在的法律风险，确保项目的顺利进行。同时，企业应保持对法律法规和行业动态的关注，不断调整和完善自身的风险管理策略，以适应不断变化的市场环境和发展需求。

四、工程造价法律风险管控

针对不同类型的工程造价法律风险，可以采取以下应对管控策略：

1. 合同管控

强化合同管理是降低工程造价法律风险的关键。企业应确保合同条款明确、具体、合法，减少因合同模糊不清导致的索赔纠纷。在合同履行过程中，要加强对合同变更的管理，确保变更及时、准确。同时，要重视合同的归档管理，确保合同档案的完整性和可追溯性。

2. 索赔管控

索赔是应对工程造价法律风险的重要手段。企业应建立健全的索赔管理制度，规范索赔流程，确保索赔及时、合理。在索赔过程中，要注重证据的收集和整理，确保证据的真实性和有效性。同时，要加强与业主、监理等各方的沟通与协调，避免因沟通不畅导致索赔纠纷。

3. 制度管控

企业应建立健全的风险管理制度，对工程造价法律风险进行全面监控和管理。同时，要加强与保险公司等第三方机构的合作，降低潜在的损失。

4. 人员培训

加强相关人员的法律意识和风险管理意识培训，提高其应对工程造价法律风险的能力。同时，要建立健全的激励机制和责任追究制度，确保人员责任到位、积极应对风险。

应对工程造价法律风险需要从多个方面入手，包括合同管理、索赔管理、风险管理和人员培训等。企业应建立健全的法律风险应对机制，注重预防和化解风险，确保项目的顺利进行。随着法律法规的不断完善和技术手段的创新，工程造价法律风险的应对将更加科学和有效。

第二节　工程概预算概念、法律风险与管控

一、工程概预算概念

（一）工程概预算的含义

工程概预算是指在工程建设过程中，根据不同设计阶段的设计文件的具体内容和有关定额、指标及取费标准，预先计算和确定建设项目的全部工程费用的技术经济文件。主要包括工程概算和工程预算。

工程概算是指设计单位在初步设计阶段，根据设计图纸及说明书、概算定额（或概算指标）、各项费用定额等资料，或参照类似工程预决算文件，用科学的方法计算和确定建筑工程全部建设费用的文件。主要有三种方法：用概算定额、概算指标或类似工程预决算来编制概算。当拟建工程项目的初步设计文件有一定深度，基本上能够计算出地面、楼面等部分工程项目的工程量时，采用概算定额编制概算。当一般民用建筑工程或小型通用厂房等工程，在初步设计文件还没有形成初步方案而急于上报设计概算申请投资时，应采用与拟建工程相类似的已建或在建工程的预决算编制概算的方法。

工程预算是指根据拟建建筑工程的设计图纸、建筑工程预算定额、费用定额（即间接费定额）、建筑材料预算价格以及与其配套使用的有关规定等，预先计算和确定每个新建、扩建、改建和复建项目所需全部费用的技术经济文件。根据设计阶段划分的不同、建筑工程预算可分为初步设计概算和施工图预算，统称基本建设预算或简称建设预算。

（二）工程概预算的分类

按不同的分类标准，可对工程概预算进行不同分类。

1.按工程建设阶段分类

主要有：设计总概算；修正总概算；施工图预算；竣工结算；竣工决算（或竣工成本决算，或竣工财务决算）。

2.按工程对象分类

主要有：分部分项工程概预算；单位工程概预算；工程建设其他费用概预算；

单项工程综合概预算；建设项目总概预算。

3. 按工程承包合同的结算方式分类

主要有：固定总价合同概预算；计量定价合同概预算；单价合同概预算；成本加酬金合同概预算；统包合同概预算。

4. 重点概念解释

（1）设计概算

设计概算是在初步设计或扩大初步设计阶段，由设计单位根据初步设计或扩大初步设计图纸，概算定额、指标，工程量计算规则，材料、设备的预算单价，建设主管部门颁发的有关费用定额或取费标准等资料预先计算工程从筹建至竣工验收交付使用全过程建设费用的经济文件。简言之，即计算建设项目总费用。主要作用有：国家确定和控制基本建设总投资的依据；确定工程投资的最高限额；工程承包、招标的依据；核定贷款额度的依据；考核分析设计方案经济合理性的依据。

（2）修正概算

在技术设计阶段，由于设计内容与初步设计的差异，设计单位应对投资进行具体核算，对初步设计概算进行修正而形成的经济文件，其作用与设计概算相同。

（3）施工图预算

施工图预算是指拟建工程在开工之前，根据已批准并经会审后的施工图纸、施工组织设计、现行工程预算定额、工程量计算规则、材料和设备的预算单价、各项取费标准，预先计算工程建设费用的经济文件。主要作用：是考核工程成本、确定工程造价的主要依据；是编制标底、投标文件、签订承发包合同的依据；是工程价款结算的依据；是建筑企业编制施工计划的依据。

（4）施工预算

施工预算是施工单位内部为控制施工成本而编制的一种预算。它是在施工图预算的控制下，由建筑企业根据施工图纸、施工定额并结合施工组织设计，通过工料分析，计算和确定拟建工程所需的工、料、机械台班消耗及其相应费用的技术经济文件。施工预算实质上是建筑企业的成本计划文件。主要作用：是企业内部下达施工任务单、限额领料、实行经济核算的依据；是企业加强施工计划管理、编制作业计划的依据；是实行计件工资、按劳分配的依据。

二、工程概预算的法律风险

1. 法规变化风险

法规变化风险主要指的是在项目实施过程中，相关法律法规的变化可能对工程概预算产生影响。例如，环保法规、安全法规等的调整，可能会导致工程需要增加投入，从而影响概预算的准确性。

2. 估算误差风险

估算误差风险是指由于各种原因导致的工程概预算与实际成本之间的偏差。这种风险可能来源于以下几个方面：

（1）技术难题：工程中可能遇到技术难题，导致实际成本超出预算。

（2）市场波动：材料、人工等市场价格波动，可能导致实际成本超出预算。

（3）管理问题：项目管理不善，可能导致资源浪费、成本增加。

3. 付款风险

付款风险主要指的是由于各种原因导致的工程款支付问题。例如，业主资金不足、工程款拖欠等，都可能导致承包商资金链紧张，影响工程进度和概预算的准确性。

4. 索赔风险

索赔风险主要指的是在工程实施过程中，由于业主或承包商的原因导致的损失，向对方提出索赔的风险。索赔可能会导致工程延期、成本增加等，从而对概预算产生影响。

5. 变更风险

变更风险主要指的是在工程实施过程中，由于设计变更、施工条件变化等原因导致的工程概预算变化。这种风险可能导致实际成本超出预算，影响工程的顺利进行。

6. 违约风险

违约风险主要指的是在合同履行过程中，由于一方或双方未能按照合同约定履行义务而导致的风险。违约可能导致工程延期、成本增加、合同解除等后果，从而对概预算产生重大影响。

为了降低以上风险，建议在工程概预算过程中，加强合同管理、密切关注法规变化、提高估算准确性、加强资金管理、完善索赔机制、严格控制设计变更和加强履约监督等措施。同时，还需建立风险预警和应对机制，及时发现和化解风险，确保工程项目的顺利进行。

我国法律明确规定，采用工程量清单方式招标，工程量清单必须作为招标文件的完成部分，其准确性和完整性由招标人负责。工程量清单需要通过工程概预算而制定出来，而类似的规定和建筑行业规则还有很多。可以说准确而完整的工程概预算是明确各类法律主体权利义务、防止法律风险、确定和划分法律责任的重要依据。

实践中，有的招标人、发包人、承包人、分包人等提供工程任务的法律主体会在工程文件中因其提供的工程量清单的准确性和完整性负责而产生纠纷。而从法律专业角度来看，首先要厘清国家强制性标准、工程建设标准的强制性条文，并在此基础上确定法律适用次序，从而为解决施工合同造价纠纷提供法律依据。

例如，某工程主楼框架柱及裙楼部分框架柱设计为劲性柱，与劲性柱连接的框架梁主筋用连接板焊接连接。而招标文件及工程量清单、招标控制价是按照普通混凝土柱梁测算的，尤其是工程量清单中项目特征未标注为劲性柱梁，因此中标人投标报价时也按普通钢筋混凝土柱梁报价，并与发包人签订了建设工程施工合同。在施工过程中，承包人提出劲性柱及框架梁钢筋绑扎及支模的人工及材料消耗比普通框架柱及框架梁多，在招标文件和工程量清单中均未在项目特征中明确标注为劲性混凝土。当施工图纸与工程量清单项目特征描述不符时，发包人与承包人应按新的项目特征确定相应工程量清单项目的综合单价，所以相关项目的综合单价应作调整；此外，框架梁主筋与劲性柱焊接属于清单漏项，应按实际情况进行调整。而发包人认为该部分不属于设计变更，而且虽然工程量清单没有在项目特征中标出劲性混凝土，但设计图纸中清楚地标出为劲性混凝土，建筑企业应结合图纸作出合理报价，否则，后果应自行承担。

该案中某工程主楼框架柱及裙楼部分框架柱设计为劲性柱，与劲性柱连接的框架梁主筋用连接板焊接连接。工程量清单的项目没有描述为劲性柱梁，承包人投标报价时也只能按普通钢筋混凝土柱梁报价，在施工合同履行过程中，承包人提出劲性柱及框架梁钢筋绑扎及支模的人工及材料消耗比普通框架柱及框架梁多，在招标文件和工程量清单中均未在项目特征中明确标注为劲性混凝土。当施工图纸与工程量清单项目特征描述不符时，发包人、承包人应据新的项目特征确定相应工程量清单项目的综合单价，相关项目的综合单价应做出调整：此外框架梁主筋与劲性柱焊接属于清单漏项，应按实进行调整。我们认为承包人的意见是正确的，因为在招标文件和工程量清单中均未在项目特征中明确标注为劲性混凝土。

分部分项工程量清单项目特征应按规定的项目特征，结合拟建工程项目的实际予以描述。清单项目特征的描述，应根据计价规范中有关项目特征的要求，结合技术规范、标准图集、书图纸，按照工程结构、使用材质及规格或安装部位等，予以准确而详细的表述和说明。建设单位清单项目特征描述不准确，应当按照劲性柱调整综合单价并承担漏项责任，工程量按实计算。发包人认为该部分不属于设计变更，发包人的这种认识，是对规范的错误理解。承包人按照图纸施工，是建筑企业的法定义务，也是建筑企业的权利。发包人未经法定程序对图纸进行修改或者指使不按图纸施工，建筑企业有权拒绝。建筑企业按照图纸进行施工不错，但是施工图纸与工程量清单描述不一致的，应当按施工图纸调整分部分项工程项目的综合单价。工程量清单数量错误，缺项漏项的按实结算。

三、工程概预算法律风险防范

1. 防范概算不足风险，包括由于概算计价模式造成的缺漏项，以及外围条件引起的概算超出工可（工可是指工程项目可行性研究报告）。

2. 防范施工图超设计图风险，可以通过做好限额设计策划及管理，下达限额设计指标，确保限额设计；施工图正式出图前及时进行图纸审核，从严把关；严格执行设计分包合同中关于设计违约的处罚条款。

3. 防范估算风险，如在 PPP、EPC 项目中，应在可研阶段进行估算、概算分析，规避先天不足风险，加强项目前期调研及标前成本测算工作。

4. 防范概算计量风险，如合同应明确计量条件，避免业主另提要求，规避计量风险；明确算量依据，宜选择委托第三方算量。

四、工程概预算法律风险管控策略

（一）选择恰当的制定定额的方法

从广义理解，定额就是规定的额度或限额，即工程施工中的标准或尺度。具体来讲，定额指的是在正常的施工条件下，完成某一合格单位产品或完成一定量的工作所需消耗的人力、材料、机械台班和财力的数量标准（或额度）。

工程定额是计算工程造价的主要依据，不同设计阶段应选用不同的定额标准。工程规划与可行性研究报告阶段编制投资估算，应用估算指标；初步设计与技术设计阶段编制设计概算，应用概算定额；施工图设计阶段编制设计预算，应用预算定额。估算指标、概算定额系在预算定额的基础上，根据工程项目划分情况予以适当综合与扩大，以适应不同设计深度的要求。概（预）算定额是以整个建筑物或按建筑物的结构部位、分部分项工程的扩大量度单位来进行计算的。如浇筑每立方米坝体混凝土所用的人工、材料和机械设备等方面的消耗指标。为合理确定工程造价，为衡量工程建设项目的经济合理性，为便于国家对整个基本建设投资的控制，对工程定额采用分级管理的体制，划分为国家定额、地方定额和企业定额。由国家或地方颁发的工程定额是具有法令性的一种指标，不得任意修改并应有相对的稳定性。但定额是一定时期内技术水平与管理水平的反映，随着施工技术的发展与管理水平的提高，定额也须做到相应的调整，应定期进行补充与修订。建筑企业定额，亦称施工定额，是进行企业经营和内部经济核算的依据，是反映本企业生产水平的尺度，也是制定国家或地方统一的预算定额的基础。合理的定额水平，是在正常的生产条件下，多数职工经过努力可以达到或超过的定额。为了制定先进合理的定额，要选择恰当的制定定额的方法。

定额形式主要有：

1. 以时间表示的工时定额。即规定生产单位合格产品或完成某项工作所必需消耗的时间。

2. 以产量表示的产量定额。即在单位时间内应完成合格产品的数量。

3. 以看管机器设备的数量表示的看管定额。即在单位时间内一个工人或一套工人班组能够同时看管机器设备的台数。

4. 以服务量表示的服务定额。即规定在单位时间内应完成服务项目的数量。

（二）合理设定概预算定额制度下的投标价

投标价的竞争力取决于预算人员的工作水平。在工程施工价格不必按政府定额计算，而以正当最低价中标的原则进行评标时，投标价的竞争力就会由承包人的实际成本和预期利润决定，从而使招标投标成为充分的、公平的市场竞争方式。然而，在概预算定额制度下，工程价格按政府定额计算，并以最接近标底中标原则评标，能否中标取决于招投标各方预算人员之间运用政府定额水平的差异，这种招标投标与其说是市场竞争，还不如说是一场概预算水平的比赛。此时，投标价的竞争力与承包人的实际成本和预期利润无关，而仅取决于招投标各方预算人员运用政府定额水平的差异。我国已加入 WTO，概预算定额制度下招标投标的种种弊端，越来越妨碍着社会市场经济的进一步发展，故建设工程招标投标改革势在必行。改革的主要目标是废除概预算定额制度，与国际惯例接轨。

废除概预算定额制度，并非取消政府定额本身，而是取消工程计价必须以政府定额为依据的法令性和统一性。政府定额在市场经济条件下仍有三点作用：首先，政府定额可用于工程价格的宏观管理和指导；其次，政府定额可用于政府工程的计价，因为此时政府是业主其价格仍为业主的预期价，并非"法律准绳"，因此与正当最低价中标原则并不矛盾；第三，允许私人业主和承包人使用，"允许"不同于"必须"，不具有法令性和统一性。私人业主和承包人自己要用，就是其自主定价，这与市场经济并不矛盾。其实，就国际惯例来看，发达的市场经济国家并非没有政府定额或指标，如：美国的工程计价制度是公认的最典型的市场化价格制度，政府有关部门也有自己的计价标准。但它们的共同特点是：不要求私人业主和承包人必须执行，其用途仅是宏观管理，政府工程计价和允许私人选择性使用。

（三）建立工程预算复核制

建立工程预算书复核制度，是预算工作规范化的一项具体要求，是强化预算编制监督，提高工作质量，完善工作程序，合理准确工程造价的重要措施之一。近些年来由于种种原因此项工作仅仅停留在编制人员在预算上是否缺漏项而进行少量的交流，虽然起到一定的复核作用，但还没有真正地被纳入可行的措施范围之内。从预算书的审批过程来看，有建设单位审批预算、审计机关审查和建行复查三个环节，而这些环节主要起到核减的作用，没有对少算漏计的费用进行增补。也就是说建筑企业由编制者（尤其是新手）独立承担编制工程预算任务，从根本上看还有一定局限性，所以说建立健全复核制度，是非常必要的。究竟如何建立工程预算书编制复核制度，是广大预算工作人员十分关心的问题。要使编制预算复核工作取得明显的进展，复核工作人员的"助编"意识要不断加强，复核工作程序就要在实践中不断地修改、补充、完善，使之逐步趋于健全与规范。在日常编制预算过程中，还有许多问题需要解决，其根本还是"低、老、坏"在作怪，算来算去还是个糊涂账，经不起经济指标的考核，其结果给预算审批工作造成被动；"低标准、老毛病、坏习惯"直接影响企业的管理，影响着企业的经营效益。

实践证明，建立预算书复核制度有利于强化预算书的监督，有利于提高预算编制水平，有利于健全内部制约和考核机制，有利于推动预算其他各项工作向纵深发展。

1.建立工程预算书

复核制度应遵循的程序主要有四个方面：

（1）对预算书进行复核要设立专门机构（公司或分公司）或指定专人（指分公司及项目部）具体负责承办。

（2）对预算书进行复核应在与被复核单位（或项目）取得联系之后，在项目甲方审定预算书之前进行。

（3）对预算书进行复核应填制"预算报告复核记录单"，并按有关规定存入该项工程预算结算工作档案。

（4）复核机构或专人在对预算书复核后，应负责地对复核部门（或项目班子会议）做出明确的解释或说明，以帮助部门（班子）领导在报审预算书时，能够更多地掌握预算编制及复核过程中的有关情况。

2. 预算书复核制度

预算书复核制度的具体内容包括四个方面：

（1）看复核小组是否按照规定征求被复核单位的意见，是否修改了预算书。

（2）检查预算书编制依据是否齐全、充分有力；所用资料中签章、签字是否齐全、合规。

（3）检查预算工程量计算规则、取费标准、运用文件资料是否恰当准确，所引用的条款是否明确、具体。

（4）对预算评价、预算结论及处理意见。

3. 注意事项

建立预算复核制度应注意以下几个问题：

（1）对预算书进行复核，必须有同级预算科室的明确授权，这是建立复核制度的首要条件。

（2）选择配备复核工作人员，必须注意被选人员的自身素质。在选配时，要把一些政治素质高、业务素质强、审查经验比较丰富、责任心强且能坚持原则、实事求是、秉公办事的同志，选调到复核岗位上来，以保证预算书复核工作的效率和质量。

（3）对预算书进行复核的方式可灵活一些，既可采取报送方式，也可采用就地复核的方式。

（4）对预算书进行复核，应有一个时间要求，不然的话，很可能影响到预算工作的进度，所以说，预算小组什么时候向复审机构报送预算书，复核机构多长时间进行复核，都要有一个比较客观明确的规定。

（5）对预算书进行复核，预算小组除向复核机构提交预算书之外，还应当提供该预算书的编制依据、编制预算记录、编制预算底稿，以及其他有关资料。

（6）在预算书复核过程中，复核人员始终以数据说话，以理服人，复核意见应简单明了、有理有据、有可操作性，不能空话连篇、模棱两可，没有针对性。

（7）复核意见提出后，预算小组应对此进行认真分析研究，对能够修正、补充、完善的，要及时进行修改、补充、完善，对有些需要说明的情况或者有不同的看法，应及时向复核机构反映，求得最后共识，以实现建立工程预算书复核制度之目的—逐步提高预算机构的整体素质。

（四）严把施工组织设计和施工方案审批关

施工组织设计、施工方案是指导施工的根本，多数施工人员将其作为提高工程造价的主要手段，但实际施工时却不执行施工组织设计、施工方案。

（五）严把主要材料进货关

据统计，材料费是造价的 25% 左右。如果不能对其控制，则建设资金会大量流失，尤其是建材市场比较混乱的情况下，众多供应商以次充好，低质高价。作为一名优秀的预算人员和工程技术人员，应扩大自己的工作范围，认真学习和掌握中国预算制度和发展规律，改变原有工作方法，适当超过本职工作范围，审查进货渠道、进货价格等，可为公司节省大笔材料费。

（六）特别留心保险费、税负

概预算时，必须将工程保险费纳入预算中，否则发生意外事件或者不可抗力发生时，该部分费用无着落，长期扯皮。

工程有关的税负是相当重的，概算时一定要考虑周全，依法应纳的税种、税率、税额必须准确无误，不要存在逃税的侥幸心理。

第三节　工程招投标概念、法律风险与管控

一、工程招投标概念

1.建筑工程招标投标的概念

招标投标是在市场经济条件下进行工程建设、货物买卖、中介服务等经济活动的一种竞争方式和交易方式，其特征是引入竞争机制以求达成交易协议或订立

合同，是指招标人对工程建设、货物买卖、中介服务等交易业务事先公布采购条件和要求，吸引愿意承接任务的众多投标人参加竞争，招标人按照规定的程序和办法择优选定中标人的活动。

整个招标投标过程包含着招标、投标和定标三个主要阶段。招标是指建筑单位就拟建的工程发布通告，用法定方式吸引建筑项目的承包单位参加竞争，进而通过法定程序从中选择条件优越者完成工程建设任务的法律行为。投标是指经过特定审查而获得投标资格的建筑项目承包单位，按照招标文件的要求，在规定的时间内向招标单位填报投标书，争取中标的法律行为。定标是指招标人完全接受众多投标人中提出最优条件的投标人。

2. 各类建设工程招标投标的特点

建设工程招标投标的目的就是通过在工程建设中引进竞争机制，为招标人择优选定中标人（勘察、设计、设备安装、施工、装饰装修、材料设备供应、监理或工程总承包等单位），按照合同约定完成规定的建设任务，保证缩短工期、提高工程质量和节约建设投资等建设目标得以顺利实现。

作为一种交易方式，建设工程招标投标总的特点：通过竞争机制，实行交易公开；鼓励竞争，防止垄断，优胜劣汰，实现投资效益；通过科学合理和规范化的监管机制与运作程序，可以有效杜绝不正之风，保证交易的公正性和公平性。

各类建设工程招投标的内容又不尽相同，所以它们又有不同的招投标意图或侧重点，在具体操作上也有一定差别，呈现出不同的特点，下面分别介绍。

（1）工程勘察、设计招标投标的特点

工程勘察和工程设计是两个既有密切联系但又不同的工作。工程勘察是指依据工程建筑目标，通过对地形、地质、水文等要素进行测绘、勘探及综合分析测定，查明建筑场地和有关范围内的地质地理环境特征，提供工程建筑所需的资料及与其相关的活动，具体包括工程测量、水文地质勘察和工程地质勘察。

工程设计是指依据工程建设目标，运用工程技术和经济方法，对建筑工程的工艺、土木、建筑、公用、环境等系统进行综合策划、论证，编制工程建筑所需的文件及与其相关的活动。具体包括总体规划设计、初步设计、技术设计、施工图设计和设计概（预）算编制。

1）工程勘察招标投标的主要特点

有批准的项目建议书或者可行性研究报告、规划部门同意的用地范围许可文件和要求的地形图；采用公开招标或邀请招标方式；申请办理招标登记，招标人自己组织招标或委托招标代理机构代理招标，编制招标文件，对投标单位进行资格审查，发放招标文件，组织勘察现场和进行答疑，投标人编制、递交投标书，开标、评标、定标，发出中标通知书，签订勘察合同；在评标、定标上，着重考虑勘察方案的优劣，同时也考虑勘察进度的快慢，勘察收费依据与收费的合理性、正确性，以及勘察资质和社会信誉等因素。

2）工程设计招标投标的主要特点

设计招标在招标的条件、程度、方式上与勘察招标相同；在招标的范围和形式上，主要实行设计方案招标，可以一次性总招标，可以分单项、分专业招标；在评标、定标上，强调把设计方案的优劣作为择优、确定中标的主要依据，同时也考虑设计经济效益的好坏、设计进度的快慢、设计费报价的高低以及设计资历和社会信誉等因素；中标人应承担初步设计和施工图设计，经招标人同意也可以向其他具有相应资格的设计单位进行一次性委托分包。

（2）施工招标投标的特点

建设工程施工是指把设计图纸变成预期的建筑产品的活动。施工招标投标是目前我国建筑工程招标投标中开展的比较早、比较成熟的一类，其程序和相关制度具有代表性、典型性。甚至可以说，建筑工程其他类型的招标投标制度，都是承袭施工招标投标制度而来的。就施工招标投标本身而言，特点主要如下：在招标条件上，比较强调建筑资金的充分到位；在招标方式上，强调公开招标、邀请招标，议标方式受到严格限制甚至被禁止；在投标和评标定标中，要综合考虑价格、工期、技术、质量、安全、信誉等因素，价格因素所占分量比较突出，可以说是关键的一环，常常起到决定性作用。

（3）工程建设监理招标投标的特点

工程建设监理是指具有相应资质的监理单位和监理工程师，受建筑单位或个人的委托，独立对工程建筑过程进行组织、协调、监督、控制和服务的专业化活动。工程建筑监理招标投标的主要特点：在性质上属工程咨询招标投标的范畴；在招标的范围上，可以包括工程建筑过程中的全部工作，如项目建筑前期的可行性研究、项目评估等，项目实施阶段的勘察、设计、施工等，也可以只包括工程建筑过程中的部分工作，通常主要是施工监理工作；在评标定标上，综合考虑监理规划（或监理大纲）、人员素质、监理业绩、监理取费、检测手段等因素，但其中最主要的考虑因素是人员素质，分值所占比重较大。

（4）材料设备采购招标投标的特点

建筑工程材料设备是指用于建筑工程的各种建筑材料和设备。材料设备采购招标投标的主要特点：在招标形式上，一般应优先考虑在国内招标；在招标范围上，一般为大宗的而不是零星的建筑工程材料设备采购，如锅炉、电梯、空调等的采购；在招标内容上，可以就整个工程建筑项目所需的全部材料设备进行总招标，也可以就单项工程所需材料设备进行分项招标或就单件（台）材料设备进行招标，还可以进行从项目的设计，材料设备生产、制造、供应和安装调试到试用投产的工程技术材料设备的成套招标；在招标中一般要求做标底，标底在评标定标中具有重要意义；允许具有相应资质的投标人就部分或者全部招标内容进行投标，也可以联合投标，但应在投标文件中明确一个总牵头单位承担全部责任。

（5）工程总承包招标投标的特点

简单地讲，工程总承包是指对工程全过程的承包。按其具体范围可分为三种情况：一是对工程建筑项目从可行性研究、勘察、设计、材料设备采购、施工、安装，直到竣工验收、交付使用、质量保修等的全过程实行总承包，由一个承包商对建筑单位或个人负总责任，建筑单位或个人一般只负责提供项目投资、使用要求及竣工、交付使用期限，这也就是所谓交钥匙工程；二是对工程建筑项目实施阶段从勘察、设计、材料设备采购、施工、安装，直到交付使用等的全过程实行一次性总承包；三是对整个工程建筑项目的某一阶段或某几个阶段实行一次性总承包。这一阶段的主要特点：它是一种带有综合性的全过程的一次性招标投标；投标人在中标后应当自行完成中标工程的主要部分，对中标工程范围内的其他部分，经发包人同意，有权作为招标人组织分包招标投标或委托具有相应资质的招标代理机构组织分包招标投标，并与中标的分包投标人签订工程分包合同；分承包招标投标的运作一般按照有关总承包招标投标的规定执行。

3. 建筑工程招标投标活动的基本原则

建筑工程招标投标的基本原则是指在建筑工程招标投标过程中自始至终应遵循的最基本的原则。

（1）公开原则

公开是指招标投标活动应当有较高的透明度，招标投标活动中所遵循的公开原则要求招标活动信息公开，开标活动公开，评标标准公开，定标结果公开。

（2）公平原则

招标投标属于民事法律行为，公平是指民事主体的平等。招标人要给所有的投标人以平等的竞争机会，这包括给所有投标人同等的信息量、同等的投标资格要求，不设倾向性的评标条件。

（3）公正原则

公正原则是指招标人在执行开标程序，评标委员会在执行评标标准时都要严格照章办事，尺度相同，不能厚此薄彼，尤其是处理迟到标，判定废标、无效标以及质疑过程中更要体现公正，要实事求是地进行评标和决策，不偏袒任何一方。

（4）诚实信用原则

诚实信用是民事活动的基本原则，不得有欺骗、背信的行为。招标人不得搞内定，也不能在招标中设圈套损害承包人的利益。投标人不能用虚假资质、虚假标书投标，投标文件中所有各项都要真实。合同签订后，任何一方都要严格、认真地履行。

（5）求效、择优原则

求效、择优原则是建筑工程招标投标的终极原则。实行建筑工程招标投标的目的，就是要追求最佳的投资效益，在众多的竞争者中选择出最优秀、最理想的投标人作为中标人。讲求效益和择优定标是建筑工程招标投标活动的主要目标，在建筑工程招标投标活动中，除了要坚持合法、公开、公正等前提性、基础性原则外，还必须贯彻求效、择优的目的性原则。贯彻求效、择优原则，最重要的是要有一套科学合理的招标投标程序和评标、定标办法。

二、招投标中的乱象问题

1. 乱象问题

国际、国内的建设实践表明：工程项目招投标制度是比较科学合理的，也是保证建设工程质量标准，加快工程建设进度，取得理想经济效益的最佳办法。我国的工程项目招投标是市场经济培育过程中逐渐发展，渐趋成熟的。招标的主要目的是要达到资源的最佳配置，使招标人找到合适的项目承包人，确保工程项目的建设质量、工期和投资符合招标人要求；同时也是为了赋予众多建筑施工人一个公正、公平、公开的竞争机会。这看起来是一项十分利好的制度，利国利民，应当得到很好执行。但事实上并非如此，我国二十多年来的建设实践表明，招投标制度在我国难以推行，存在各种各样的法律问题。

（1）规避招标

某些建筑单位，对工程建设招投标认识不足，无视国家政策和法律法规，不办理招投标手续或将项目降低到 50 万元以下后发包，规避招标，逃避相关部门的监督与管理。

（2）贿赂评委

近年来，因为我国建筑市场持续发展，工程管理、施工水平和投标能力持续进步，所以标书中造价、工期和质量方面的差距越来越明显，随之施工组织设计的地位提高了。然而，施工组织设计缺少定量评判标准，于是某些招标单位与建设单位贿赂评委，或对评委施加影响，通过不法手段达到目的。

（3）泄露标底

工程标底能够直接影响甚至决定了招投标的最终结果，是招投标工作过程中的重中之重。鉴于标底有如此重要的作用，某些投标单位想尽办法得知标底，而有的标底编审人员不具备应有的职业道德，将标底泄露给建设单位，给建筑市场的健康运行带来不良影响。

（4）明招暗定

某些建设单位意识到，那些规定必办招投标手续的工程项目是不可逃避招标的，因而不敢公然违反法律法规。他们在表面上进行形式上的招投标，而在私下与既定的建设单位确定关系，并为了掩人耳目另找一些建设单位来报名作为陪标，来应付相关部门的监督管理。

（5）盲目压价

我国建筑市场中的竞争十分激烈，这便引发了盲目压价现象。某些建设单位采用最低价中标的手段开展竞争，为了得到工程，某些建筑企业也盲目降价。这种压价是片面的、盲目的，会给工程质量和招投标工作带来不良的影响。

（6）黑白合同

某些招投标单位表面上按规定进行招投标工作，中标后双方签订一份合同并报建设行政主管部门备案，这份合同俗称为"白合同"，但双方当事人根本不按白合同的约定履行，使标书中的造价、质量、工期等内容变成一纸空文。双方当事人通常在招投标前或后私下订立一份合同（俗称"黑合同"）以供双方真正执行。这就使得招投标工作徒具形式，失去了它的应有之义。一旦在施工过程中产生矛盾，会直接影响到工程的进度、质量和工程价款的结算。

2. 招投标乱象存在的原因

在招投标过程中长期存在上述问题的主要原因是：利润驱动，各得其好。

作为招标单位，本想通过招投标程序找到最佳施工单位来承包工程项目，使该工程项目的质量、工期、安全和投资等方面都得到保障。但招标单位往往只考虑投资成本和工期的控制，而把建筑质量、安全生产放在其次，因此招标单位并不都喜欢组织严密、施工组织规范的大建筑企业来承包其项目，因大企业的取费标准较高，比小企业或无资质的包工头报价相比高出许多。其次，大企业由于实力雄厚，相对来说不愁活干，不愿垫资；而小企业或无资质的包工头为了抢到活干，多半愿意垫资干工程，这可为招标单位节约部分资金，使其开发成本相对降低。再次，在正规的招投标过程中，招标单位的领导和关键人员得不到什么好处，而非规范招标或不招标（通过议标、直接授予合同），这些人则能得到竞争者的好处费甚至巨额回扣。

作为投标单位，特别是那些实力不强、资金不多、业绩不显著的竞标人，更愿意通过非规范的投标行为甚至是非法手段来确保中标。他们虽然在招投标过程中开支比较大，但中标之后可在工程材料采购、工程量变更签证等方面弥补回来。相比几千万元、上亿元的工程款，中标人在招投标阶段花的钱只是小钱，在高额利润引诱下，竞标人通常认为值此一搏。

作为招标代理公司，明知招标单位、投标单位串通起来搞假招投标，但只要收了代理费，一般都会心照不宣地按程序走完招投标全过程，甚至帮助招投标双方把程序走严密，资料补充完善，不留漏洞，以便迎接建筑行政主管部门的检查或复查，自己也好摆脱责任。

作为建筑行政主管部门，肩负着执行法律法规的重任，代表国家监管建筑市场各主体和工程项目，但他们中的某部分人在糖衣炮弹面前往往会败下阵来，一些案例中，不仅领导干部贪污受贿，而且关键岗位工作人员（如负责招投标文件备案的工作人员、质检站的质检员）也吃拿卡要，搞什么弹性执法或不执法，这早已不是秘密。当然，出现上述乱象的原因还有立法不完善，招投标程度不够科学；中国人重感情，讲关系不讲法，等等。

三、工程招投标法律风险

招投标过程中存在法律风险时会造成两种后果：一种是中标有效，另一种是中标无效。

在中标有效的情形下，解决方法较为明确：中标且备案的建设工程合同具有最高效力，且涉及工程范围、建设工期、工程质量、价款等实质性条款不得进行变更；双方对变更非实质条款达成合意的，变更有效。

但必须进行招标的工程被认定为中标无效的，直接导致双方签订的总包合同或施工合同无效。那么在双方发生纠纷时，特别是价款纠纷，如何适用法律规定及相关司法案例呢？一般采取的方法为：首先，在涉案施工合同均无效的情况下，以实际履行的合同为准。实际履行合同判断标准为依据当事人双方的签证记录、付款记录、会议纪要、竣工验收记录等足以证明双方实际履约行为的证据。其次，当无法确定或者没有实际履行合同时，法院一般的处理方式为结合合同价格、工程质量、当事人双方的过错、公平原则、诚实信用原则等予以合理分配确定，并且实际履行合同难以确定的，当事人请求参照最后签订的合同关于工程价款的约定折价补偿承包人时，人民法院应予支持。

1. 必须招标的工程未进行招标

由于基建领域包含范围广泛，并且绝大部分与基建有关的工程项目又与社会公共利益密切相关，为防范损害社会公共利益的情形发生，我国对必须公开招标的工程项目范围进行了明确规定。

我国有关法律规定："在中华人民共和国境内进行下列工程建设项目包括项目的勘察、设计、施工、监理以及与工程建设有关的重要设备、材料等的采购，必须进行招标：大型基础设施、公用事业等关系社会公共利益、公众安全的项目；全部或者部分使用国有资金投资或者国家融资的项目；使用国际组织或者外国政府贷款、援助资金的项目。"

建设工程施工合同具有下列情形之一的，应当根据有关法律的规定，认定无效：承包人未取得建筑施工企业资质或者超越资质等级的；没有资质的实际施工人借用有资质的建筑施工企业名义的；建设工程必须进行招标而未招标或者中标无效的。

2. 与招标人存在利害关系，可能影响招标公正性的主体参加投标

我国有关法律规定：与招标人存在利害关系可能影响招标公正性的法人、其他组织或者个人，不得参加投标。该规定禁止与招标人存在利害关系，可能影响招标公正性的主体参加投标。但在实践过程中，当发包方为集团公司，且其子公司具备招标文件所要求的资质、能力时，子公司能否参与投标活动呢？

根据上述法律规定的内容可知，法律没有完全禁止与招标人存在利害关系的主体参与投标，只有当利害关系影响到招标公正性时才进行约束。换言之，只要招标程序规范、符合法律规定，子公司与总公司的关系不影响招标程序公正，法律不禁止子公司在该种情形下参与投标。

对于属于"可能影响招标公正性"的情形一般需要从招标、评标两方面进行评判，例如招标文件的编制、投标人员的要求设置方面是否合规合法，评标标准、评标方法、评标程序是否合理等。

3. 中标后进行"实质性变更"

我国有关法律规定："招标人和中标人应当依照招标投标法和本条例的规定签订书面合同，合同的标的、价款、质量、履行期限等主要条款应当与招标文件

和中标人的投标文件的内容一致。招标人和中标人不得再行订立背离合同实质性内容的其他协议。"

实践中，因建设工程类的合同履约周期较长，招投标阶段并不能预见所有问题及风险，所以经常发生变更。但如果每变更一次就要重新公开招标，那么既违背了当事人意思自治原则，也与社会公共利益相冲突。上述法律规定实质上主要是为了防止招投标程序中当事人在中标后因一方占据主导地位从而迫使对方进行让利，或者双方恶意串通影响公平竞争，以此损害国家利益和社会公共利益的情形。因而，在变更仅涉及当事人利益时，不应当简单地认定为实质性变更，还应结合变更的时间节点、变更的内容、变更的原因等因素确认。此外，一般情况下在签订合同后、合同履行前进行变更，被认定为构成实质性变更的风险较大，但在合同部分履行之后进行变更，被认定的风险相对较低。

4. 其他

除了上述情形外，串通、行贿手段投标，标前实质性谈判，以他人名义投标，弄虚作假骗取中标，招标代理机构泄露招标信息，串标、招标人泄露招标信息，招标人违法定标、违法确定或更换评标专家，违法招标造成实质性影响等均会在招投标过程中产生法律风险，处理方式在相关法律中予以了明确规定。

四、工程招投标法律风险防范

1. 遵守招投标规则

无论是招标人还是投标人，都应严格遵守招投标相关的法律法规和规章制度。这包括公平、公正、公开地进行招投标活动，不得进行串通投标、行贿等违法行为。

2. 加强培训和沟通

定期对招标人和投标人进行招投标规则的培训，增强其对法律法规的理解和遵守意识。同时，加强双方之间的沟通，确保信息的准确传递，减少误解和纠纷。

3. 合理设计标书要求

标书要求应明确、公正、透明，符合相关法律法规和招标规则。避免设置不合理或歧视性的要求，确保所有潜在投标方都能公平参与竞争。

4. 及时处理投诉和纠纷

在招投标过程中，如出现投诉或纠纷，应及时进行处理，维护招投标活动的正常秩序。对于发现的违法行为，应依法进行查处，维护市场的公平竞争环境。

五、招投标中的法律风险管控策略

从国家层面讲，治理招投标乱象的主要工具仍然是法律，当然也需要国家政策、法律等的配合。不过，法律是主要的，没有符合国情和现实的良法，没有一大批严格执法的官员，招投标中的乱象不可能得到遏制。适时制定、修改与中国国情相符、绝大多数人都认同的招标投标法，实现法律科学化，才可称之为良法。严格执法，摈弃潜规则，斩断利益链，打消潜在违法者的赌博念头，使其违法成本大增，一时违法终身不得翻身，以达到"杀一儆百"的效果。

由于法律的制定、修改牵涉到方方面面的因素，制定一部良法并非易事。目前，建设工程项目招投标乱象还会存在一段相当长的时间。建筑企业作为建筑市场的重要参与者，一定要有所为，有所不为。如何有所为，有所不为呢？这就需要精心谋略，方可在乱象中求生，在乱象中胜出。

对拟进行招投标的工程性质进行区分，对非必须招投标工程项目可以采用其他方式选定施工方，即在法律确定的必须采取招投标的范围之外的其他建设工程项目可以不采用招投标的方式。建议发包方在项目前期调查中，可以对照相关法律明确区分拟进行招投标的工程项目是否必须采取招投标的方式，从而降低成本、避免法律风险。

保证招投标程序的公正性，严格编制招标文件、谨慎设置对投标人员的要求，并尽可能保证评标标准、评标方法、评标程序合理合法。

禁止"围标""陪标"等不正当竞争行为。在招投标程序中，为减少竞争，部分施工方会请其他单位陪同投标或者私下串通投标，控制报价，以增加中标概率并借此获益，或者以各种不正当方式获取招投标内部信息。上述行为均属于不正当竞争行为，严重损害招投标程序的公平性、公正性，轻则废标，重则给参与方造成刑事法律风险。

第四节　工程承包概念、法律风险与管控

一、工程承包概念

1. 工程承包含义

工程承包是指工程项目的所有人委托承包人按照双方约定的条件包干完成某项工程任务。在这个过程中，承包人要负责工程设计、土建施工、提供机器设备、施工安装、原材料供应、培训人员、试车投产、质量管理等全部过程的设备和技术。

2. 分类

工程承包可分为总承包、分项承包、分包、转包等形式。

（1）总承包工程

项目法人与承包商直接签订的关于某一工程项目的全部工作的协议。签订总承包合同需要经过一系列程序，包括招标、投标、评标和谈判协商，最终由项目法人与承包商协商一致，签订合同。总承包合同的当事人是总承包商和项目法人。项目中所涉及的权利和义务关系，只能在项目法人与总承包商之间发生。

（2）分项承包工程

项目法人与各分项工程承包商分别签订的某一分项工程的协议。各个承包商分别对项目法人负责。整个工程可以约定由项目法人或其中一个主要承包商管理协调。分项承包合同的优点在于给项目法人充分的灵活性，获得最好的专业承包商以及缩短工期、节省由总承包商再分包的费用等。但若缺乏管理能力，就会带来严重困难和复杂问题。

（3）分包工程

总承包商在与项目法人签订某工程项目总承包合同之后，总承包商将该工程项目的某一部分工程或某一单项工程分包给分包商完成而与其签订的承包合同。分包合同的当事人是总承包商与分承包商。工程项目所涉及的权利义务关系，只能在总承包商与分承包商之间发生；项目法人与分包商之间不直接发生合同法律关系，但是分承包商要间接地承担总承包商对项目法人承担的相关工程项目的义务。

（4）转包工程

承包商甲向项目法人承包了某一工程项目之后，又将该工程项目转包给承包商乙，并与其签订的工程承包合同。转包合同与分包合同不同，它的特点是由承包商甲与项目法人签订的承包合同所规定的权利和义务，全部转与承包商乙，即合同当事人的权利和义务在项目法人与承包商乙之间发生效力。签订转包合同时，承包商乙应向承包商甲给付一定数额的酬金。我国禁止这种转包行为。

二、工程承包法律风险

1.因合同签订不完善存在的法律风险

建设工程合同是承包人进行工程建设，发包人支付价款的合同。建设工程合同包括工程勘察、设计、施工合同。施工合同的内容包括工程范围、建设工期、中间交工工程的开工和竣工时间、工程质量、工程造价、技术资料交付时间、材料和设备供应责任、拨款和结算、竣工验收、质量保修范围和质量保证期、双方相互协作等条款。法律规定，建筑工程的发包单位与承包单位应当依法订立书面合同，明确双方的权利和义务。

2.工程内容不明确及工程量变更的法律风险

施工合同对工程内容往往采取列举方法，如某厂基础配套工程的承包范围约定为：台地及地基处理、土石方、道路路基、路面、防护工程及排水设施等。工程量变更是经常出现的情况，也是纠纷、风险的高发点。工程量的变化涉及价款调整，因此，对于有关工程量确定与否以及工程量变更在建设工程施工合同履行过程中的风险必须十分关注。

3.工程转包、分包的法律风险

有关法律规定，禁止承包单位将其承包的全部建筑工程转包给他人，禁止承包单位将其承包的全部建筑工程肢解以后以分包的名义分别转包给他人。施工单位应当依法取得相应等级的资质证书，并在其资质等级许可的范围内承揽工程，禁止施工单位超越本单位资质等级许可的业务范围或者以其他施工单位的名义承揽工程。禁止施工单位允许其他单位或者个人以本单位的名义承揽工程，施工单位不得转包或者违法分包工程。

三、工程承包法律风险防范

工程承包法律风险防范是确保工程项目顺利进行、维护各方权益的重要环节。以下是一些主要的法律风险防范措施：

1. 资质审查与合同审查

在签订合同前，应严格审查承包方的营业执照、资质证书等，确保其具备相应的施工能力和资质。同时，对建设工程施工许可证、招标文件等也应进行详细审查，以确保合同的合法性和有效性。

2. 防范履约风险

在合同签订前，应对对方的履约能力进行调查，通过查询工商年检登记、实地调查、咨询业务往来单位等方式，了解对方的经营状况和信誉。此外，还应注意挂靠现象，避免因挂靠导致合同无效或面临行政处罚。

3. 加强项目管理

在施工过程中，应制订合理的施工计划，加强技术管理，确保施工质量和安全。同时，应做好工程资料的保存工作，以便后期结算和维权。

4. 规范资金流转

加强对工程款项的管理，确保按照合同约定的时间和金额支付，避免资金链断裂。在付款过程中，应确保付款凭证与收据同步，防止付款金额混乱、票据不统一的情况。

四、国际工程承包风险管理

1. 承包风险产生的原因

一是全球经济复苏乏力、国际工程市场低迷，是国际工程市场高风险存在的重要原因之一。受欧债危机影响，国际经济复苏进程缓慢，但新兴市场经济体仍有可能陷入全面"滞胀"状态，部分国家的经济严重恶化，经济前景不容乐观，这不仅加大了政府融资的难度，而且项目的发包数量大幅减少。美元走势波动较大，一些项目部用于结算的当地币面临贬值压力，欧元、美元与人民币的汇率前景不明朗，国际工程业务经营收入面临较大的汇兑风险。

二是中国承包商承揽的国际工程项目主要分布在一些发展中国家。从大环境上看，这些国家政策、法律、法规等不健全，频繁变更，基础设施欠缺，经济环境及人力资源差强人意，职能部门效率低下且廉洁程度较低，技术人员业务能力普遍较低。从项目层面看，业主/工程师的水平欠缺、协助不力、行为不当、不遵守或滥用合同条款等是普遍现象，另有部分业主资金流不畅，设计方提供的设计图纸存在重大缺陷。在一些国家，业主的征地无法有效推进也严重制约了项目部的履约。

三是随着各发展中国家国际工程项目日益增多，各国政府和业主对于国际工程项目的认知也日益成熟，经验更加丰富。在这些国家，虽然政府和业主在许多方面的表现都不尽如人意，但他们以前积累了许多与国外承包商合作的经验。在对近几年部分发展中国家业主的合同文件进行分析后发现，与以往相比，业主的要求提高、合同文件的规定更加苛刻，承包商承担的风险更高。

四是国内各工程承包企业的技术水平和管理水平有待提高，海外经营管理经验不足，同国际先进企业尚有差距，管理制度及流程有待完善。部分项目部的人员配置和组织架构不尽合理，导致部门工作不相协调，现场组织不力。少数项目管理人员在管理过程中存在侥幸心理，只关心生产，对于品牌的形象、社会责任不够重视，导致当地居民的反感。在人才队伍建设方面，熟悉业务的国际工程业务的复合型人才不足，需要更多"业务精、懂外语、能办事"的行政管理人员、技术人员及操作熟练的技工人员。部分现场基层人员由于文化差异、认知水平和语言障碍，无法与当地员工融洽相处。

五是分包商履约能力不足，导致分包工程无法按期、保质完成。海外工程情况复杂，部分项目部所在地仅有少数实力有限的分包商可供选择，另有一些分包商与业主有千丝万缕的联系，通过各种手段逃脱总承包商的监管，导致总承包商监控无力，影响了质量，拖延了工期。

六是非传统性安全风险。过去几年中，国际恐怖主义势力急速扩张，国家间、地区间、种族间、宗教间的各种冲突交织，使非传统安全风险的级别提高、范围扩大。而面对国际市场竞争日益白热化的情况，各工程承包企业在市场开拓中对于国别的可选范围较小。此外，在选择项目之前，风险排查工作未深入开展，导致无法在源头有效规避风险；在项目执行过程中，对非传统安全的识别、管控力度或措施不足，造成非传统安全风险事件发生概率增大。

2. 风险发生后可能给工程承包企业造成的损失或影响

一是项目所在国政治、经济、法律等各种因素的变动而产生的政治环境风险、社会环境风险、市场环境风险，可对项目履约和盈利水平造成巨大影响。若项目所在国的政治环境和经济环境明显恶化，可能使项目所在国物价水平和人员工资大幅上涨，导致项目工程被迫停工、无法按期完成，工程进度预期目标无法实现，甚至导致合同终止。而恐怖活动、动乱等突发事件或大规模的罢工事件，既会对项目部员工的生命财产安全造成伤害，又可能给项目部造成巨大的经济损失。若应对措施不当、处理不及时，还可能给工程承包企业造成名誉损失。

二是若工程承包企业的管理水平欠缺，技术能力不足，存在技术管理风险、组织风险、现场管理风险、采购管理风险及分包商履约风险，这些风险会直接影响施工质量和施工进度，导致工程进度缓慢或使工程质量与合同要求不符，轻则无法验收，增加合同履约成本，重则严重损害企业名誉和经济效益。而随着世界各国越来越重视环保问题、人权问题等，若施工过程中发生重大的安全事故或重大环境污染事件，或存在重大的施工安全问题，可能导致工程被责令停工，造成恶劣影响，从而阻碍企业海外业务的拓展。市场环境风险和财务风险可能导致大额的汇兑损失，若项目部有关人员对当地相关税法等法律不熟悉，则有可能导致未及时缴纳各种税费而招致罚款，直接影响项目的盈利水平。

三是投标决策与工程承包企业的政策、投标人员掌握的信息以及业务水平有直接的关系。若发生重大的投标决策风险，可直接导致战略错误，将企业置于被动地位，还可能使投标价低于成本价，大大降低项目盈利的可能性。

四是若发生业主风险，业主的支付能力下降，则可能导致应收账款增加，产生坏账损失的可能性增大，给项目运转增加资金压力；若业主提供有重大缺陷的资料或未能及时交付资料，则会直接影响工程施工和工程进度。

3. 风险解决方案

一是建立和完善国际业务风险管理的组织体系、制度体系，完善预警监控和应急处置机制，为项目实施全过程的风险管理提供有力的组织保证和制度保证。

二是以重大风险、重大事件和重大决策、重要管理及业务流程为重点，对项目的实施情况进行监督管理。及时发现缺陷，提出预警，及时改进。针对已经出现或无法避免的风险事件，掌握风险项目的管理现状，分析管理上的薄弱环节和不足之处，制订相应的风险预案，以控制风险为主线，保证项目的顺利实施。

三是加强拟承接的工程项目的事前评估，各方面情况如经营环境、业主资信、资金来源等应充分评估，努力在源头上降低经营风险，确保项目运营成功。

四是严格遵守国际惯例、国际法、国际工程合同和菲迪克条款，努力做到合规经营。加强对相关法律、法规及国际惯例的学习与研究，加强对员工的专业培训，合理有效地利用相关法律和规则维护企业自身权益。聘请国际商务专家和项目所在国的当地律师，借助外脑共同防范各种履约风险并协助处理项目运营过程中的风险事件。

五是关注工程项目所在国的国情、政情变化，分析和预测政治局势发展。对于可能产生的法律风险的项目，应及时采取措施防患未然。此外，也尽可考虑利用信保公司提供的特险业务来转移项目所在国的政治风险和商业风险。

六是加强属地化经营，学会使用属地资源，并改进对当地分包商的分包管理模式。应采取竞争与激励相结合的方式，通过对分包商提供资金支持，与分包商建立战略合作伙伴关系，并借助监理工程师和业主的力量，加强对分包商的管理并对他们施压，从而加强对分包项目的管控，降低由分包商履约带来的风险。

七是充分了解项目的整体受控目标和所在国的环境条件，积极做好前期策划工作。在经营模式、组织建设、资源配置、进度管理、成本控制、合同风险、税务筹划等方面应制定相应的控制措施。

八是加强项目税收筹划管理，与项目当地会计师事务所密切合作，沟通交流，处理好税务事务，以最大程度地降低税务风险。

九是提前进行资源配置的测算，尽早采购设备和物资，尽量在采购时使用外币，减少人民币对外支付，并采取提前结汇的策略，以减少汇率波动带来的汇兑损失。

十是妥善处理与业主和工程师之间的关系，一方面做到"软硬兼施"，当业主和工程师不正常行使其权利时，应灵活运用合同条件合理保护承包商利益；另一方面增加与业主和工程师的沟通，建立友好的合作氛围，为更好地开展工作打下基础。

十一是进一步深化合同管理，增强变更和索赔意识，加强合同执行过程中的风险意识。应及时做好工程变更、工程造价管理和价格调整工作，认真进行工程计量计价工作，努力维护项目部的合法利益。

十二是重视并加强关键岗位的队伍建设，加强高水平的项目班子建设和高素质的施工队伍建设。应构建符合企业战略发展导向的劳动用工机制，根据国际业务的发展状况和需要，以及对国际业务复合型人才的需求，建立有利于吸引人才、留住人才和培养人才的中长期机制，科学规划员工培训计划和交流活动，提升人才管理水平。

十三是强化在建项目精细化管理，集成工程承包企业的国际项目管理经验优势。应认真挖掘、整理、提炼、交流、推广工程项目管理好的做法；进一步推进标准化管理的建设工作，重点抓好在建项目的标准化、规范化、程序化、精细化管理。

五、工程承包人与发包人对黑白合同的法律风险应对

1. 承包人的应对

在建设工程当中，承包方往往处于弱势地位，因此，承包方应该尽可能采取措施，预防、避免黑合同带来的弊端。

（1）加强对施工合同法律强制性规定的掌握

我国目前的立法已经初步形成以《建筑法》为主的建设工程法律体系，国家法律法规对建设工程从不同的角度已作了许多规定，其中不乏强制性规定。而当事人的合同或相关条款一旦违反了这些强制性规定，则会导致合同全部或部分无效。同时司法解释也表明了司法过程中的趋向，即否定黑合同的效力。因此，施工企业必须全面掌握法律法规有关建设工程合同的强制性规定，不违反这些规定，尽可能不另行签订黑合同。

（2）加强对建设工程合同无效的法律风险防范意识

建设工程合同无效、确认无效的政策界限以及处理原则，是企业承揽业务的经营决策问题，又是一个疑难复杂的法律问题，它与施工企业的利益休戚相关。各领导要本着对企业负责的精神认真学习有关规定，增强法治意识，加强防范意识，真正搞清楚、弄明白，才能在日常工作中结合实际，采取有针对性措施，防微杜渐，要企业签订的建设工程合同合法有效。

（3）尽量避免黑白合同的签订

如果为了备案的需要被迫签订了对施工企业不利的白合同，可以看一下白合同有无违反规定。如果有的话，可以坚持黑白合同均无效，将符合双方当事人的真实意思，并在施工中具体履行的那份合同，作为工程价款的结算依据。

（4）加强对合同履行的管理合同签订

合同签订生效后，在履约过程中加强管理，可以使承包方掌握部分主动权。实践证明，不少存在疏忽和瑕疵的合同，通过有效的履约管理可以得到及时纠正和完善。因此在建设工程合同的履约过程中，承包人要对正在履行的合同深入研究，及时发现在签约时存在的法律问题，并及时采取措施予以解决。发现合同中的相应条款违反国家法律法规强制性规定的，要及时向发包人发函交涉，力图通过双方协商达成补充协议。将来一旦争议提交到法院，承包人据此可在合同被确认无效时证明承包人早已正式提出，以免除承包人的过错责任。

2. 发包人的应对

作为建设工程发包人，虽然签订黑合同有利于实现自身利益的最大化，但是依照目前的法律体系，一旦争议提交到法院，且被确定为黑合同，则黑合同无效，以白合同作为解决争议、确定双方权利义务的依据。

因此，从法律上来说，存在黑白合同的案件，一旦争议提交法院，签订黑合同对建设工程发包人并非有益。所以，建设工程发包人首先应该明确法律上认定黑合同的标准，避免签订明显被确定为黑合同的协议。签订白合同后，如希望尽可能实现自身利益最大化，则尽量通过合同变更的方式，与承包人达成一致意见。

六、工程承包法律风险管控

1. 做好对分包企业的尽职调查

对于总包方而言，如何选好合适的分包施工单位至关重要。认为，可以主要对以下几个方面的内容进行考察，以做好尽职调查：一是资质，要重点审查分包人是否具备分包工程所需的法定资质；二是业绩与施工能力，可以看看分包人类似工程的经历与效果，包括业内业主及合作伙伴的口碑如何；三是施工现场考察，现场了解施工单位的现场管理能力如何，可以和质监、安监、监理单位沟通了解，宜"突击检查"；四是合作伙伴考察，包括专业分包、劳务、材料供应、施工设备租赁、银行授信等多方面进行综合衡量。

因此，也建议总包单位可以建立合格分包商名录，对分包单位的选任进行把控，采集各方面能力与履约证据，包括对承担本项目特殊要求的能力适应性进行考察，以综合选择最佳、最合适的分包单位。

2. 重视承包合同的签订

合同签约在总包方对分包方的管理中扮演着重要角色，庞大的工程项目正是基于合同对各方权利义务的描述与规制而展开的。从法律角度考虑，合同一旦签订，对各签署方均具有法律约束力，非法定原因或双方一致协商同意，任何一方都无权擅自变更或解除合约。所以，分包合同的签订本身就是一场非常重要的谈判。忽略合同的细节，无论是发包方还是承包方，总包方还是分包方，都有可能在最终结算或者责任承担上面临风险，因此重视分包合同的具体签约可谓至关重要。

基于分包管控的重点与难点，一份好的分包合同应当包含并尽可能详细地对以下内容进行约定：一是施工进度控制与工期管理；二是分包现场的工程质量与安全管理；三是合同变更的管理，包括工程内容变更、设计变更、价款变更等；四是工程款支付管理；五是索赔与反索赔条款等。现实中，还存在项目中标后要求中标人在签署项目合同的同时，签署与中标内容不一致的补充协议的情形。这时候，发包方与分包方都可以利用签署补充协议的机会，对招投标文件中不利于自己的条款进行磋商变更以排除风险，达到一定程度的利益平衡。

3. 建立防范表见代理风险的制度

众所周知，印章管理混乱容易使公司遭受巨大损失。所以，对于建筑企业而言，建立防范表见代理风险的相关机制和制度就十分重要。总结司法实践中各情形案例获得的经验与教训，可以从以下几个方面入手：

一是定期开展对项目经理的法律培训。建筑企业表见代理风险高，主要问题还是出在项目经理身上，对项目经理定期开展法律培训，既是让其知法，更是让其守法，进而避免违法甚至犯罪的重要举措。二是对合同签订及印章使用进行严格管理。表见代理的风险多与合同签订及印章使用相关。因此，为降低表见代理风险，企业可在合同签订之初便在合同中明确约定各自代表人员及相应履职权限、期限等。三是及时收回授权委托书、空白合同书、空白介绍信等相关资料。很多时候，未及时收回的授权委托书、空白合同书、空白介绍信等是法院认定构成表见代理的重要原因。因此，及时收回，做好记录、监督与核实就非常关键。四是对项目经理权限进行定期更新公示。表见代理制度的根本问题主要还在于项目经理本身的职权内容，很多时候，虽然行为人的授权已经变更，但外人很难知道，所以定期将经理权限公示更新就很重要。五是建立专门的供应商名单。制作专门的供应商名单可以令交易双方形成较为稳固和安全的交易方式。当出现新的交易情况时，交易相对人就有更高的注意义务对实际情况进行核实，以避免一方有意忽视，以自身善意无过失主张表见代理已成就。

4. 加强签证及往来函件等的过程留痕

在项目管理过程中强调过程留痕的重要性，其实就是强调要有证据意识。因为一旦发生纠纷，不论是争议评审、司法鉴定还是诉讼仲裁，都只能审查有证据可以显示支持的事实，而不是没有证据支持的"真相"。对此，建设工程施工合同解释亦有规定，如：当事人对工程量有争议的，按照施工过程中形成的签证等书面文件确认。承包人能够证明发包人同意其施工，但未能提供签证文件证明工程量发生的，可以按照当事人提供的其他证据确认实际发生的工程量。现实中，一个工程项目的施工时间短则几十日，多则数年甚至十几年，如果项目管理粗糙，没有保存好过程记录，一旦产生问题纠纷，就很难理清各方主体责任。工程签证及往来函件，是各方相互书面确认工程事实的经济文件，是工程结算或最终结算核增及核减工程造价的直接依据，也是一定程度上划分各方责任承担的证据材料。司法实践中常常讨论工程案件办理难度大，案情复杂，很多时候就是因为缺乏有效的签证记录或者往来函件，或者根本就没有对重要事件及变更进行过记录记载，形成过会议纪要等。

因此，总包方与分包方在项目施工管理中要特别注意往来函件、洽谈文件、施工材料等的收集、保留与管理。对于项目施工中的突发事件，如果可能存在之后会进行各方主体之间责任划分的，也要及时组织专家团队进行分析论证，并保留结论文件形成会议纪要等由各方对接人签认。因为签证、函件管理是一项异常重要与关键的工作，需要非常强的商务对接能力与法律意识，因此设置专人管理并培训提高相关工作人员的管理能力也是一项非常重要的工作。

5. 完善建设项目的安全与质量管控

项目施工中，总包方与分包方之间是相互依存的关系，总包方对分包方的管理需遵循"管到位、不缺位、不越位"三个原则。工程总包单位应当对其承包的全部建设工程质量负责，分包单位对其分包工程的质量负责，分包并不能免除工程总承包单位对其承包的全部建设工程所负的质量责任。工程总包单位对承包范围内工程的安全生产负总责，分包不免除工程总承包单位的安全责任。

故而，总包单位在分包的时候就应该高度重视工程项目的质量与安全问题，首先就要确保选择的分包商在资质方面是符合标准与要求的。缺乏资质的单位或者个人借用有资质的建筑施工企业名义签订建设工程施工合同，发包人请求出借方与借用方对建设工程质量不合格等因出借资质造成的损失承担连带赔偿责任的，人民法院应予支持。实践中，工程质量问题也多成为发包方在纠纷中常用的抗辩理由。因为一旦经过司法鉴定存在工程质量不合格的问题，承包人就有可能承担修理、返工或者改建的法律风险，或者被减少工程款的支付。此外，管控分包方的质量与安全问题，还可以明确分包合同中各自关于质量安全职责权限的约定，明确对分包商在现场内施工或服务活动实施控制的相应内容等进行风险把握与控制。

6. 加强相关知识与法律的学习

建筑项目在申报成功到招标前，要对建设单位工程管理人员进行廉政教育、专业知识培训，警示有违法乱纪想法的人员，起到事前控制的效果。

对参与工程建设相关的单位和人员要经常进行法律法规、纪律和职业道德等方面的教育；加强施工单位管理层的思想教育、专业知识学习、法制教育，改变他们之前的各种违法竞争与违法执业的观念。通过思想教育和专业知识学习让他们向良好的职业道德、职业行为转化，逐步实现以专业的技能、科学的管理、优质的服务竞争取胜，经过学法实现懂法和守法。

7.加强审查监督与管理

工程招投标资格审查时，严格审查各投标单位资质、从业人员执业资格，落实工程开工前各主体单位见面会及图纸会审时到会人员的真实情况；人员签字的笔迹作为每次工作检查、资料签字的比对依据，工程现场实行不定期、不提前通知的检查；施工现场设置的"阳光台"要有管理技术人员的照片，照片必须是建设工程备案时的相关人员，并且与现场人员相符；对在建工程进行摸底排查，包括各参建单位的基本概况、项目部设备机器、人员到位情况、工程款资金流向等信息。

8.加强对施工的监控

在建筑工程施工现场建立监控系统并联网，工作人员到岗打卡能在监控系统中反映，监督管理部门通过监控系统能够实时查询信息，确保人员到岗及人员的真实情况。

9.建立并规范农民工工资发放监督机制

农民工权益保障一直受到国家政府的持续关注与高度重视。根据规定：承包单位要根据法规规定开设农民工工资专用账户，专项用于支付该工程建设项目的农民工工资；建设单位要根据合同约定及时支付工程款，并监督承包方按时足额发放农民工工资不拖欠；因建设单位未按照合同约定及时拨付工程款导致农民工工资拖欠的，建设单位应当以未结清的工程款为限先行垫付被拖欠的农民工工资。承包单位或者分包单位应当依法与所招用的农民工订立劳动合同并进行用工实名登记，具备条件的行业应当通过相应的管理服务信息平台进行用工实名登记、管理。

实践中，由于工程项目往往存在层层分包，劳务班组施工等诸多情形，经常发生工程款按时支付，但分包单位或者劳务班组负责人却拖欠农民工工资的情况，最终有些"名单外"农民工在拿不到工资的情况下纷纷起诉分包方、总包方与建设单位要求支付工资。其实出现这样的问题主要还是承包方或分包单位对施工现场的用工管理不严，没有形成有效机制所致。对于总包方付款，分包方付款，或者是劳务班组付款支付农民工工资，其实都应该建立一整套完善的机制，将用工、考勤、工资支付等情况做好记录。如要求分包单位按月考核农民工工作量并编制工资支付表，经农民工本人签字确认后，与当月工程进度等情况一并交总包单位或分包单位确认。如通过农民工工资专用账户直接将工资支付到农民工本人的银行账户，并要求提供代发工资凭证等。通过细化农民工及农民工工资的发放、监督及管理机制，有利于降低此类风险的发生概率。

第五节　工程款结算概念、法律风险与管控

一、工程款结算概述

工程款结算是指承包人在工程实施过程中，依据承包合同约定的付款条件、已完成的工程量，按照规定的时间和程序向发包人收取工程款的一系列活动。

1.结算方式

其主要结算方式有四种：

（1）按月结算

即实行一月结算一次、竣工后清算的办法。每月完成的工程量要与月结算款相对应，由承发包双方签字确认。跨年度竣工的工程项目，还应在年终进行工程盘点，办理年度结算。

（2）分段结算

当年开工、当年不能竣工的单项工程或单位工程，按形象进度划分成不同阶段进行结算，如划分成基础、结构、装饰、竣工等阶段，每完成一个阶段就进行验收、结算一次。如果有预付款，也应分段扣回。

（3）竣工后一次结算

一般来说，工期在12个月以下的整体工程（或单项工程），或工程总包价较小的合同，实行竣工后一次结算。但在发包人资金普遍紧张的情况下，绝大部分工程都是竣工后一次结算。

（4）界面结算

在建设工程施工合同中，将承包工程的内容分解成不同的控制界面，将发包人验收合格的控制界面作为结算工程款的前提。在此种结算方式下，承包人要想获得工程价款，就必须完成符合合同约定质量标准的工程量，这可激发承包人在

保证质量的情况下加快施工进度，尽快拿到工程款。

2. 工程预付款结算

工程预付款是在建设工程施工合同签订后，正式开工前，发包人预先支付承包人的备料款（或启动费）。它是施工准备、材料和结构构件的流动资金的主要来源。工程预付款如何支付与扣回，由承发包双方结合工期、包工包料情况、工程款支付节点进行商定，并规定在合同中。按照我国行政法规规定，工程预付款支付的时间不得迟于开工前 7 天，发包人不按时支付预付款的，承包人在约定的 7 天后向发包人发出支付预付款的通知，发包人收到通知后仍不能按要求预付的，承包人可在发出通知满7 天后停工。发包人应从合同约定的付款之日起支付利息，并承担违约责任。

工程预付款属于工程款的一部分，只是先付而已。随着工程项目的不断推进，拨付的工程进度款不断增加，所需的主要材料、构件数量不断减少，原已付的工程预付款应以抵扣的方式陆续扣回，扣回的方式有两种：一是等比例或等额扣回。二是协商扣回。由承发包双方进行协商扣回方式，如果工期较短、造价较低，就无须分期扣还，于竣工结算时一次性扣回便可；如果是跨年度工程，工期较长，工程预付款占用的时间很长，可协商少扣或者不扣。

3. 工程进度款结算

工程进度款结算相对较复杂，因为工程尚在进行中，对工程已完成到什么程度，进度如何，承发包双方常发生争议。承包人经常会虚报进度和进度款，发包人经常不讲理地大砍一刀，所以关于进度款的结算方法及支付，一定要在合同中事先明确。为了不多付进度款，一定要使付款周期与工程计量周期保持一致。在编制进度付款申请单时，至少要列明：截至本次付款周期已完成工作对应的金额；因工程量变更应增加和扣减的变更金额；应支付的预付款、扣减的返还预付款；应扣减的质量保证金；应增加和扣减的索赔金额；对已签发的进度款支付证书中出现错误的修正，应在本次进度付款中支付或扣除的金额；根据合同约定应增加和扣减的其他金额。

承包人制作好进度付款申请单后，按合同约定的时间提交给监理人或发包人。

按月向监理人提交的单价合同进度付款申请单，需要附上已完成工程量报表和有关资料。单价合同中的总价项目按月进行支付分解，并汇总列入当期进度付款申请单。

按月向监理人提交总价合同进度付款申请单，需要附上已完成工程量报表和有关资料。

监理人应在收到承包人进度付款申请单以及相关资料后7天内完成审查并报送发包人，发包人应在收到后7天内完成审批并签发进度款支付证书。发包人逾期未完成审批且未提出异议的，视为已签发进度款支付证书。发包人和监理人对承包人的进度付款申请单有异议的，有权要求承包人修正和提供补充资料，承包人应提交修正后的进度付款申请单。监理人应在收到承包人修正后的进度付款申请单及相关资料后7天内完成审查并报送发包人，发包人应在收到监理人报送的进度付款申请单及相关资料后7天内，向承包人签发无异议部分的临时进度款支付证书。存在争议的部分，按照合同约定的争议解决方式进行处理。

发包人应在进度款支付证书或临时进度款支付证书签发后14天内完成支付，发包人逾期支付进度款的，应按照中国人民银行发布的同期同类贷款基准利率支付违约金。但是，发包人签发进度款支付证书或临时进度款支付证书，不表明发包人已同意、批准或接受了承包人完成的相应部分的工作。并且，如果在对已签发的进度款支付证书进行阶段汇总和复核中发现错误、遗漏或重复的，发包人和承包人均有权提出修正申请。经发包人和承包人同意修正，应在下期进度付款中支付或扣除。

4. 工程竣工结算

工程竣工结算是指建筑企业按照合同规定的内容全部完成所承包的工程，经竣工验收合格且符合合同要求后，向发包人进行的最终工程款结算。

对于中小建筑企业而言，经过多年辛苦施工后终于盼到了最终结算这一天，其热切而焦虑的心情可想而知，但拿不到工程款或拿不到全部工程款的案例比比皆是。究其原因，主要有：

第一是招投标过程不规范。按照法律法规的要求，招投标不受地区、部门、行业的限制，采取公开招标、邀请招标等方式合理选择优质的承包人。但相当多的发包人违反规定，擅自采取私下议标，提出带资或垫资、分包部分工程量等一些苛刻条件。在激烈竞争的条件下承包人为承揽到项目不得不接受这些苛刻条件，更有甚者搞假招投标，给今后的竣工结算埋下了隐患。

第二是不注重合同谈判与签订。建设工程施工合同是发包人和承包人之间明确双方权利义务的协议，是执行项目不可或缺的依据，也是纠纷发生时据以裁判的重要证据。对于建筑企业而言，工程竣工后能不能拿到工程款，建设工程施工合同要占到 60% 以上的权重，所以必须高度重视合同的签订。在起草合同时，应由工程技术人员、造价人员、法律人员共同斟酌确定合同的内容、条款、附件。但有些建筑企业重视不够，工程技术人员、造价人员、法律人员很少参与合同谈判与起草，而是由某些领导直接操办。对于建筑施工企业来说，合同价款及其决定合同价款的两大因素（工程量、单价）是建设工程施工合同中的重中之重，非专业人士搞不定，能力再强的领导仅凭他一人也搞不定，需要各方面的专业人员在充裕的时间内缜密考虑才能搞定，所以中小建筑企业的老总们一定要有自知之明，此事不能完全亲力亲为，放权给专业人员来做，效果会更好。

建设工程施工合同中的每个术语、每个条款都很重要，几乎每个术语和条款最终都要反映和表现为工程造价，从这种意义上讲，对建设工程施工合同的管理，也就是对工程造价的管理。合同签订，字字千金，建筑企业老总们万不可粗心大意，或碍于情面让他人随意签，给自己下了套。

第三是开工前的准备工作不完善。建设工程开工前，发包人应完成"五通一平"（路通、水通、电通、气通、通信通），但有相当一部分工程在承包人正式进入施工现场时，"五通一平"条件仍不具备，发包人只好委托承包人完成，而双方又未正式签订书面协议或合同，只有发包人的口头承诺，给今后的工程结算埋下隐患。

第四是施工过程中存在不规范行为。工程项目在建设期间，发包人、承包人、设计人、监理人势必要发生一系列的工作关系，无论哪一方发生了不规范行为都必将影响到工程款的结算。如果发包人办事程序烦琐、效率低下，承包人呈报的《工作联系函》《乙供材料认价单》《工程变更签证申请》等得不到及时反馈，施工就可能出现暂停，耽搁工期，造成工程量的变化。诚然，在建设施工过程中不可避免地要发生一些设计变更、工程签证，若其程序不合法，手续不齐全，签字不及时或者不签字，引起变化的工程量就缺乏结算依据，待工程结算时再进行补充，容易引起分歧，特别是负责现场签证的人已离职，造价人员又不知情的情况下，更无法弄清原委，弥合分歧，纠纷发生是必然之事。

第五是发包人的故意拖延。近几年来，建筑市场普遍不景气，无资金或资金不足的工程项目很多，玩空手套的发包人很多。某些开发商，出资拿下地块，靠银行的少量贷款、承包人的垫资就可以启动项目开发，这必然造成开发商在施工中拖欠进度款，在工程竣工验收后拖欠工程总价款其拖延的最常见方法是：对承包人报送的竣工结算资料置之不理，既不签收，也不算账，更不书面回复，让你拿他没办法。

5. 针对竣工结算策略

针对上述问题，我们提出如下策略：在建设工程施工合同中明确约定承包人提交竣工结算申请的时间和程序、监理人和发包人审核的时间和程序。竣工结算申请除专用合同条款另有约定外，承包人应在工程竣工验收合格后 28 天内向发包人和监理人提交竣工结算申请单，并提交完整的结算资料，有关竣工结算申请单的资料清单和份数等，应由合同当事人在专用合同条款中约定。

除专用合同条款另有约定外，竣工结算申请单应包括以下内容：竣工结算合同价格；发包人已支付承包人的款项；应扣留的质量保证金；发包人应支付承包人的合同价款。

竣工结算审核中，除专用合同条款另有约定外，监理人应在收到竣工结算申请单后 14 天内完成核查并报送发包人。发包人应在收到监理人提交的经审核的竣工结算申请单后 14 天内完成审批，并由监理人向承包人签发经发包人签认的竣工付款证书。监理人或发包人对竣工结算申请单有异议的，有权要求承包人进行修正和提供补充资料，承包人应提交修正后的竣工结算申请单。

发包人在收到承包人提交竣工结算申请书后 28 天内未完成审批且未提出异议的，视为发包人认可承包人提交的竣工结算申请单，并自发包人收到承包人提交的竣工结算申请单后第 29 天起视为已签发竣工付款证书。

除专用合同条款另有约定外，发包人应在签发竣工付款证书后的 14 天内，完成对承包人的竣工付款。发包人逾期支付的，按照中国人民银行发布的同期同类贷款基准利率支付违约金；逾期支付超过 56 天的，按照中国人民银行发布的同期同类贷款基准利率的两倍支付违约金。

承包人对发包人签认的竣工付款证书有异议的，对于有异议部分应在收到发包人签认的竣工付款证书后 7 天内提出异议，并由合同当事人按照专用合同条款约定的方式和程序进行复核，或按照争议解决约定处理。对于无异议部分，发包人应签发临时竣工付款证书，并按约定完成付款。承包人逾期未提出异议的，视为认可发包人的审批结果。

从进场施工的首日起就特别重视证据收集，该签字盖章的，一个都不能少；该定量定价的，当时就以书面形式固定下来；该留原件的，必须留原件，因为最高人民法院关于民事诉讼证据若干规定要求：复印件必须与原件核对一致才能采用。没有原件只有复印件，等于没有任何证据，纠纷发生时复印件不能支持你的主张。

严格按合同约定的时间和程序提供竣工结算申请书及相关资料。如果没有合同或者合同中没有约定结算的时间和程序，请按下述方法操作：

第一，委托造价咨询公司（或造价师）对该工程项目做一个正式的、规范的竣工结算报告。向造价咨询公司提供的资料一定要全面、准确，尽可能是原件，若无原件，要想办法让发包人补办。此时还没有发生纠纷，找发包人签字盖章比较容易，补办资料比较方便，一旦发生纠纷，再找发包人签字盖章，几乎是不可能的事。

第二，接到《竣工结算报告》原件一式三份后，自己留存两份以备后用，将第三份送达发包人。为防止发包人不签收、不理会，在邮寄时最好让公证员见证邮寄全过程，并为此出具公证书。当然，若不想支付公证费，也可以将《竣工结算报告》的封面、汇总页、签字盖章页和其他主要页面进行扫描，将扫描件通过电子邮件发送给发包人，然后将《竣工结算报告》邮寄给发包人。这样可以起到双保险的作用，用两种方式表明承包人已将《竣工结算报告》送达发包人。如果当地邮局允许，最好以挂号回执的方式邮寄《竣工结算报告》。如果是快递，一定要保留好快递单、快递转送过程记录（凭快递单号可上网查询）。目的只有一个：证明承包人已将《竣工结算报告》送达给发包人。相当多的承包人喜欢亲自将《竣工结算报告》送给发包人，而发包人不愿意接收。即使接收了也不写收条，将来打起官司，承包人没有任何证据证明发包人收到了《竣工结算报告》，十分被动，一定要吸取这种教训。

第三，如果发包人通过信函或电子邮件，对竣工结算申请单或《竣工结算报告》提出了不同意见或修改要求，承包人就应再次发函要求发包人确定时间、地点，进行面对面对账、算账，当面澄清问题，实事求是结算。如果发包人故意找借口拖延，承包人应尽快依合同约定或依法律规定及时提起诉讼或仲裁，别指望发包人发善心，别信发包人的鬼话"春节前全部结清"，也许N个春节前都没有结清，因为发包人想长久拖下去，结果可能不了了之。这是因为作为开发商的发包人日子也不好过，空手套白狼的发包人已身负重债，特别是建筑市场下行，所开发的楼盘难以售出的情况下，发包人早已资不抵债，接近破产了，有一大堆债权人缠着他。因此，如果尽早提起诉讼或仲裁，保全其财产，或许判决生效后能执行到一部分工程款，否则，将一无所获，多年的血汗钱将打水漂。

二、工程款结算的法律风险

建设工程中的价款结算是一个关键环节，它涉及各方利益的平衡和权益的保护。然而，在这个过程中存在着许多法律风险，可能给发包人和承包人带来不小的困扰。想象一下，作为发包人，可能面临合同无效、拖欠工程款以及赔偿损失等风险；而作为承包人，你可能面临迟延或无法获得工程款的法律风险。这些风险不仅出现在合同签订阶段，还涉及合同履行和工程结算的各个阶段。因此，了解并有效应对这些风险至关重要。在本部分中，将详细探讨建设工程价款结算中存在的法律风险。

第一，合同签订阶段的法律风险。首先，违反建筑资质管理和招投标规定，以及违法分包和非法转包行为可能导致建设工程合同无效，进而影响工程价款的结算方式和违约责任的权益分配。其次，在强制招标项目中，签订不同内容的黑白合同也带来风险，需要确定有效合同的依据。此外，为了中标，一些投标人可能恶性竞争低于成本报价，这将使建设工程合同普遍被认定为无效，相应当事人需要承担法律风险。最后，特殊约定如固定价合同、以送审价或审计价为准结算的合同，可能带来工程价款调整和利益分配等法律风险。

第二，合同履行阶段的法律风险。首先，工程质量不合格可能导致工程无法验收合格，进而影响工程款的结算和支付。其次，工期延误可能由承包人、发包人或客观原因引起，延误可能导致承包人向发包人提出索赔，但必须满足索赔通知和证据要求。此外，变更签证是确认工程造价增减的文件，如果手续不全可能导致发包人不认可签证的真实性和有效性，影响工程费用的结算。最后，由于发包人资金问题、中途退场或双方纠纷等原因，可能导致中途解约，涉及已完工程分界面等问题的争议。

第三，工程结算阶段的法律风险。首先，如果工程未能满足验收条件或发包人拖延或不组织验收，或由于承包人原因导致工程未验收，可能引发质量索赔或拖延结算，影响工程价款的支付。其次，发包人可能以各种理由拒收结算报告或拖延结算的进行，从而延迟工程结算工作的完成，给承包人带来不利影响。在工程结算阶段，需要注意处理这些法律风险以确保顺利地结算工程价款。

三、工程款结算法律风险的防范

工程款结算法律风险的防范是一个多方面的任务，涉及合同签订、施工过程、结算流程等多个环节。以下是一些关键的防范措施：

1.防范建设单位拖延结算

对于建设单位故意拖延支付的情况，施工单位应及时采取措施，如催告、提起诉讼或仲裁等，以维护自身权益。注意防范建设单位以行政审计结果确定工程价款的行为，坚持按照合同约定和法律规定进行结算。

2.提高法律意识与风险防范能力

加强企业内部的法律培训，提高员工对工程款结算法律风险的认识和防范能力。建立完善的法律风险防范机制，从制度上保障工程款结算的顺利进行。

四、工程款结算法律风险的管控

建设工程价款结算过程中存在着各种法律风险，涉及合同签订、履行和结算的各个阶段。为了预防和控制这些风险，发包人和承包人应在合同中明确约定各项条款，确保合同的合法性和有效性，并在履行过程中保持及时沟通和合作。此外，如果在结算过程中发生争议，双方可以考虑寻求专业法律援助，委托律师处理纠纷，以保护各自的权益并寻求公正解决。通过合理的风险防控和合作解决，可以有效地确保建设工程的顺利进行和价款的合理结算。

针对工程预付款结算，需要在合同中明确约定预付款条款，包括预付款比例、扣回时间和方式等，以合理分配双方的风险。此外，要求承包人提供预付款担保，如银行保函、第三方担保或财产担保，以确保预付款不被滥用或挪作他用。同时，加强对预付款的监督管理，确保预付款专款专用，并采取有效措施进行监督，如拨付和统计工作等，以防止风险的发生。

针对工程进度款结算。首先，在合同中应明确工程进度款的结算方式、工程量计算方法以及申报程序和支付规定。其次，需要做好工程签证和设计变更的管理，确保签证和变更的合法性和及时性。再次，要进行有效的工程计量工作，包括及时报送工程量报告和进度付款申请，并按约定时间进行审核和支付。此外，还需要严格控制工程进度款的报送和使用，确保专款专用。最后，若发生索赔事件，承包人应及时递交索赔通知书和报告，并提供必要的记录和证明材料，监理人和发包人要按约定时间进行审查和处理，避免逾期答复而视为认可索赔要求。

针对工程竣工价款结算，承包人需要按照合同约定做好竣工结算的准备工作，包括编制竣工结算申请单，并准备完整的结算资料。竣工结算申请应在约定时间内提交给发包人或监理人，并符合合同约定的资料要求。发包人则应按合同约定的时间对竣工结算进行审核，核对资料并提出核实意见。若发包人认为需要补充资料或修改结算文件，应在约定时间内向承包人提出要求，承包人则需要在规定时间内补充资料并修改结算文件后再次提交。发包人在收到承包人再次提交的竣工结算文件后应进行复核，并将复核结果通知承包人。若双方对复核结果无异议，则在约定时间内签字确认，完成竣工结算办理。若双方对复核结果有异议，应协商解决，若无法协商解决则按合同约定的争议解决方式处理。若发包人在约定时间内未核对竣工结算或未提出核对意见，则视为认可承包人提交的竣工结算文件，办理完毕。同样，若承包人在约定时间内未确认或提出异议，则视为认可发包人提出的核实意见，办理完毕。发包人需要避免以送审价为准结算的风险，包括及时完成审核，向承包人反馈意见并要求签收确认，以确保竣工结算的准确性和合法性。

第六节　建筑企业国际合作的法律风险与防控策略

一、建筑企业国际合作的法律风险

建筑企业国际合作面临的法律风险涉及多个方面，主要源于不同国家的法律环境差异、合同条款的复杂性以及跨国经营的特殊性质。以下是一些主要的法律风险：

1. 不熟悉项目所在国法律法规

由于不同国家的法律体系、法律解释和司法实践存在差异，建筑企业可能因不了解或误解当地法律法规而违反法律，导致面临罚款、赔偿，甚至被禁止在当地经营的风险。

2. 合同法律风险

在国际合作中，合同条款的起草、谈判和履行都涉及复杂的法律问题。建筑企业可能面临合同欺诈、合同条款不明确、履行难度大等问题。此外，国际合同中常常涉及多种货币和支付方式，这也增加了汇率风险和支付风险。

3. 税收风险

不同国家的税收制度、税率和税收优惠政策各不相同，建筑企业可能因不了解当地税收法规而面临税务违规风险。同时，国际合作的税务问题往往涉及双重征税、税收协定等多个方面，处理不当可能导致企业承担不必要的税务负担。

4. 知识产权风险

在国际合作中，建筑企业可能涉及技术引进、技术转让、专利使用等知识产权问题。如果企业未能妥善保护自身知识产权或侵犯了他人的知识产权，都可能面临法律纠纷和经济损失。

5. 劳动法律风险

不同国家的劳动法规对劳动者的权益保护、工资支付、工时安排等方面有不同的规定。建筑企业如果未能遵守当地劳动法规，可能面临劳动纠纷、罢工等风险。

二、建筑企业国际合作的法律风险防范

建筑企业国际合作中的法律风险防范是一个复杂且关键的任务，涉及多个方面和层次。以下是一些主要的法律风险防范措施：

1. 防范知识产权风险

建筑企业应注重知识产权的保护，避免侵犯他人的专利、商标、著作权等。在合作过程中，要明确知识产权的归属和使用权，防止因知识产权问题引发法律纠纷。

2. 完善税收管理

在国际合作中，建筑企业要遵守目标国家的税收法规，合理规避税收风险。企业应建立健全税收管理制度，确保及时、足额地缴纳税款，避免因税收问题导致法律风险。

三、建筑企业国际合作的法律风险的有效防控策略

随着全球化进程的加速，建筑企业越来越多地参与到国际项目中，面临着复杂的法律环境。国际合作中的法律风险防控对于企业的稳健发展和项目成功至关重要。本部分旨在探讨建筑企业国际合作中如何有效防控法律风险，提供具体的策略和建议。

1. 深入了解国际法规

在进行国际合作前，建筑企业应全面了解并深入研究相关国家的法律法规、贸易政策、税收政策等，确保企业在合法合规的前提下开展业务。

2. 严格审查合同条款

合同是国际合作的基础，建筑企业应建立完善的合同审查机制，确保合同条款清晰、完整、合法，并符合国际惯例，特别要注意知识产权保护、争端解决机制、违约责任等关键条款。

3. 强化合同风险管理

合同风险管理是法律风险防控的重要环节。建筑企业应建立专门的风险管理团队，对合同履行过程中的法律风险进行动态跟踪和管理，及时应对可能出现的问题。

4. 加强与当地律师合作

与当地经验丰富的律师合作是防控法律风险的有效途径。建筑企业应在合作国家寻找合适的法律顾问，确保企业在当地业务的合法性和合规性。

5. 遵循国际商业惯例

在国际合作中，企业应遵循国际商业惯例，尊重国际规则和贸易准则。这有助于企业树立良好的国际形象，减少因文化差异和法律差异带来的法律风险。

6. 加强制度建设

可以以有效的制度来约束和规范公司的法制建设和合法经营，大型建筑企业要从上到下制定一系列的合法合规管理的文件，从制度上对企业的法律风险范围提供保障。如：有长远规划，制定《公司法制工作三年目标计划》《普法宣传规划》；有保障制度，制定相关企业的《法律事务管理办法》；三分清责任，严格奖惩，责任明确，制定《经济纠纷过错责任追究办法》等一系列规章制度，并大力督促落实，以指导公司法律事务和合规工作的有序开展。制度是前提，执行是保障，有好的制度，就需要有强有力的推行措施来贯彻落实，一项得不到落实的好制度，或者一项落实过程中出现偏差的好制度，其效果可能更坏过没有对应制度。因此，与之配套的监督检查要紧紧跟上。

7. 从机构上对制度的执行进行保障

建立健全法律事务管理机构，从集团公司到子公司设立了法律事务部门，负责公司的法律事务和合规风险管理工作，包括贯彻执行国家法律、法规；参与公司重大经营活动的决策，提出减少、避免法律风险的措施和法律意见；审核、修改经济合同、授权委托书和重要规章制度；代理公司处理诉讼、仲裁、行政复议案件等工作。分支机构及各工程项目部设置法制联络员，做一些日常的法制宣传，上传下达，经验的推广，一手资料的收集，外出律师的联络，以及案件的归档等工作，作为整个集团公司法律事务工作的基层眼线和执行者，将法律事务管理延伸到最基层。

8. 建立法律合规工作流程

公司建立了法制工作规划制订流程，法律规章制度制订流程，公司各级单位总法律顾问制度建立健全流程，法律纠纷案件处理流程，内部法律纠纷案件处理流程，恶意法律纠纷案件通报流程，法律纠纷案件等基础统计管理流程，重大项目法律服务审批流程，规章制度、经济合同、重大决策法律审核流程，合规风险检查整改流程，外部法律顾问聘请管理流程，授权委托书审核流程，法律文书管理流程等各项主要流程，以规范公司法律事务相关工作的操作程序和控制措施。

9. 加强案件管理

案件的管理是法律风险中事后救济的重要措施。大型建筑企业，因为受业主付款不及时而又不能轻易起诉业主索要债权的影响，形成对分包商、分供商的拖欠已经成为常态，而分包商、分供商的抗风险能力显然没有大型企业能力强，往往不能完全顾及继续合作而选择起诉，或者一些成熟的分包商、分供商在合同签订之前已考虑到以后的诉讼而预设一些不平等的条款，以增加其诉讼及索赔的额度。为此，加强合同履行的跟踪，加强案件的管理，成为风险防控的重要内容之一。

第八章　定制化施工安全风险控制优化模型

建筑施工安全风险控制是确保工程顺利进行和保障工人生命安全的关键环节。本章旨在介绍一个全面的建筑施工安全风险控制优化模型。通过实施优化模型，可以有效降低安全风险发生的概率和影响程度，保障施工人员的生命安全和工程项目的顺利进行。同时，这一模型也为企业持续改进和提升安全管理水平提供了有力的支持。

第一节　事故概率导向类施工安全风险控制优化模型

一、事故概率导向类施工安全风险控制优化模型建立基本准备

1. 事故树分析

采用最小割集法，设某事故树有 k 个最小割集 E_1，E_2，... E_r，...，E_k 则有：

$$T = \bigcup_{r=1}^{k} E_r$$

顶上事件发生的概率为：

$$P(T) = P|\bigcup_{r=1}^{k} E_r|$$

化简，得顶上事件概率为：

$$P(T) = \sum_{r=1}^{k} \prod_{X_i \in E_r} p_i - \sum_{1 \leq i < i \leq k} \prod_{X_i \in E_r \cup E_s} p_i + \cdots + (-1)^{k-1} \prod_{X_i \in E_1 \cup E_2 \cdots \cup E_r \cdots \cup E_k} p_i$$

式中 r，s，k——最小割集的序号；

i——基本事件的序号；

$X_i \in E_r$——第 r 个最小割集的第 i 个基本事件；

$X_i \in E_r \cup E_s$——第 r 个或第 s 个最小割集的第 i 个基本事件；

p_i——各基本事件 X_i 发生的概率。

2. 事故损失模型的建立

引入柯布—道格拉斯（Cobb-Douglas）生产函数，测算损失性安全投入（事故损失），并建立计量模型

$$Y = A c_e^{a_e} c_t^{a_t} c_h^{a_h} c_l^{a_l} c_r^{a_r}$$

式中，Y——事故损失；

c_e——安全教育类投入；

c_t——安全技术措施类投入；

c_h——建筑施工卫生措施类投入；

c_l——劳保用品类投入；

c_r——日常安全管理类投入；

a_e，a_t，a_h，a_l，a_r——各类安全投入弹性系数；

A——施工技术发展系数。

二、事故概率导向类施工安全风险控制优化模型的具体建立

1. 目标函数的分析

按照事故树定量计算的相关定义，结合上式 p_i 为各基本事件 X_i 发生的概率，可得装配式建筑施工安全事故树顶上事件 T 发生的概率为：

$$P(T) = \sum_{r=1}^{k} \prod_{X_i \in E_r} p_i - \sum_{1 \leqslant i < r \leqslant k} \prod_{X_i \in E_r \cup E_i} p_i + \cdots + (-1)^{k-1} \prod_{r=1}^{k} p_i$$

因为装配式建筑施工安全事故树中各基本事件的发生概率与安全投入呈负相关对应，且随着安全投入的增加，顶上事件发生概率随之减小，且当二者之一趋于 0 时，另一项为无穷大。上述关系特点与生产函数曲线（当 $0<a_i<1$，$b_i>1$ 时）的趋势相一致。可借助该曲线描述基本事件发生概率与安全投入之间的函数关系。故可以利用曲线拟合基本事件发生概率 p_i 与其对应的预防各项关键风险因素所需具体安全投入 c_i 之间的关系，得下式：

$$p_i = K_i a_i^{b_{c_i}} \text{ 且 } 0 < p_i < 1$$

式中，i=1，2，...，n，K_i，a_i，b_i 均为参数，且有 $0<a_i<1$，$b_i>1$，参数值依赖以往装配式建筑安全事故统计数据利用曲线拟合加以确定。

将上两式整合，可得下式：

$$P(T) = \sum_{r=1}^{k} \prod_{X_i \in E_r} K_i a_i^{b_i^{c_i}} - \sum_{1 \leqslant r < r \leqslant k} \prod_{X_i \in E_r \cup E_i} K_i a_i^{b_i^{c_i}} + \cdots + (-1)^{k-1} \prod_{X_i \in E_1 \cup E_2 \cdots \cup E_r \cdots \cup E_k}^{k} K_i a_i^{b_i^{c_i}}$$

借助目标规划的思想，寻求最优化的安全投入分配方式，从而使项目风险度最低，即事故树顶上事件发生概率最小，所以该模型目标函数为 $minP$。

2. 约束条件的分析

为保证装配式建筑项目的安全施工，预防性安全投入总额需限定在安全区间 [M，N] 内，故根据此约束条件有：

$$M \leqslant \sum_{i=1}^{n} c_i \leqslant N$$

从建筑企业自身利益出发，事故损失需尽可能小，即对于损失性安全投入需设定上限值，此处假设上限值为 R，则有：

$$A c_e^{a_e} - c_t^{a_t} - c_h^{a_h} - c_1^{a_1} - c_r^{a_r} = R$$

此外，根据 GB 50656 并结合我国装配式建筑安全事故发生特点，要求企业在实际决策过程中分配额需有侧重，即各类别安全总投入之间存在一个排序，记为 $c_e \leqslant c_h \leqslant c_r \leqslant c_l \leqslant c_t$。结合实际情况，建筑施工安全技术措施经费由地方政府规定，即相应的安全技术措施经费需设定取值下限，有 $c_t \geqslant T$，$c_l \geqslant L$，$c_r \geqslant S$。其中，T，L，S 为各地方政府规定的相应安全技术措施经费取值下限。

3. 优化模型的整理

综上所述，以 $minP$ 为目标函数，建立如下非线性规划数学模型：

$$minP = \sum_{r=1}^{k} \prod_{X_i \in E_r} K_i a_i^{b_i^{c_i}} - \sum_{1 m_i \leqslant m_r \leqslant k} \prod_{X_i \in E_r \cup E_s} K_i a_i^{b_i^{c_i}} + \cdots + (-1)^{k-1} \prod_{X_i \in E_1 \cup E_2 \cdots \cup E_r \cdots \cup E_k}^{k} K_i a_i^{b_i^{c_i}}$$

s.t. $M \leqslant \sum_{i=1}^{n} c_i \leqslant N$ $i = 1, 2, \cdots, n$

$$A \left(\sum_{i=1}^{n_1} c_i \right)^{a_e} \left(\sum_{i=n_1+1}^{n_2} c_i \right)^{a_1} \left(\sum_{i=n_2+1}^{n_3} c_i \right)^{a_h} \left(\sum_{i=n_3+1}^{n_4} c_i \right)^{a_1} \left(\sum_{i=n_4+1}^{n_5} c_i \right)^{a_r} \leqslant R$$

$$\sum_{i=1}^{n_1} c_i \leqslant \sum_{i=n_2+1}^{n_3} c_i \leqslant \sum_{i=n_4+1}^{n_5} c_i \leqslant \sum_{i=n_3+1}^{n_4} c_i \leqslant \sum_{i=n_1+1}^{n_2} c_i$$

$c_1 \geqslant T, c_1 \geqslant L, c_r \geqslant S$

其中：

$c_1 + c_2 + \ldots + c_{n1} = c_e$

$c_{n1+1} + c_{n1+2} + \ldots + c_{n2} = c_t$

$$c_{n2+1}+c_{n2+2}+...+c_{n3}=c_h$$

$$c_{n3+1}+c_{n3+2}+...+c_{n4}=c_l$$

$$c_{n4+1}+c_{n4+2}+...+c_{n4}=c_r$$

式中 n_1——安全教育类投入；

n_2——安全技术措施类投入；

n_3——建筑施工卫生措施类投入；

n_4——劳保用品类投入；

n_5——日常安全管理类投入。

在实际运行中，借助 Lingo 软件求解模型，得各项预防基本事件发生的安全投入 c_i 的值，此时可以获得事故树顶上事件的最小发生概率，同时将各 c_i 值代入上式，以获取每个基本事件的发生概率。然后按类别将所求得的安全投入 c_i 分别归入前文所述 5 类安全投入中，即可求得最优安全投入分配方案。

第二节　事故损失导向类施工安全风险控制优化模型

一、事故损失导向类施工安全风险控制优化模型的构建

公式一：

$$\min Z = \sum_{i=1}^{m}\sum_{j=1}^{n}\psi_{ij}\frac{b_{ij}}{c_{ij}x_{ij}+a_{ij}}$$

公式二：

$$\text{s.t.}\quad 0\leqslant\sum_{i=1}^{m}\sum_{j=1}^{n}x_{ij}\leqslant D_0\quad i=1,2,\cdots,m;j=1,2,\cdots,n$$

公式三：

$$\sum_{j=1}^{n}x_{ij}\leqslant D_i\quad i=1,2,\cdots,m;j=1,2,\cdots,n$$

公式四：

$$d_{ij0}\leqslant x_{ij}\leqslant d_{ij1}\quad i=1,2,\cdots,m;j=1,2,\cdots,n$$

公式五：

$$0 \leqslant \frac{b_{ij}}{c_{ij}x_{ij} + a_{ij}} \leqslant H_{ij1} \quad i = 1, 2, \cdots, m; j = 1, 2, \cdots, n$$

公式六：

$$\frac{b_{ij1}}{c_{ij1}\sum_{i \in \Phi_1} x_{ij} + a_{ij1}} \leqslant \frac{b_{ij0}}{c_{ij0}\sum_{i=1}^{m}\sum_{j=1}^{n} x_{ij} + a_{ij0}} \quad i = 1, 2, \cdots, m; j = 1, 2, \cdots, n; i \in \phi_1$$

公式七：

$$\frac{b_{ij}}{c_{ij}x_{ij} + a_{ij}} \leqslant \frac{b_{ij0}}{c_{ij0}\sum_{i=1}^{m}\sum_{j=1}^{n} x_{ij} + a_{ij0}} \quad i = 1, 2, \cdots, m; j = 1, 2, \cdots, n; ij \in \phi_2$$

式中 i——一级指标的序号；

m——一级指标的数量；

j——二级指标的序号；

n——二级指标的数量；

x_{ij}——第 i 个一级指标下第 j 个二级指标的安全投入率；

ψ_{ij}——第 i 个一级指标下第 j 个二级指标安全投入损失比的调整权重；

a_{ij}，b_{ij}，C_{ij}——安全投入损失比和安全投入率拟合函数的参数；

D_0——总安全投入率的上限；

d_{ij0}——单个安全投入率的下限；

d_{ij1}——单个安全投入率的上限；

D_i——一级指标安全投入资金额的上限；

H_{ij1}——单个安全事故损失比的上限；

Φ_1——重要程度为前 25% 的一级指标；

Φ_2——重要程度为前 35% 的二级指标。

其中，目标函数表示加权后的安全投入损失比最小化。公式二表示总的安全投入率的上限；公式三表示一级指标的安全投入率的上限；公式四表示每一个二级指标安全投入率的范围；公式五表示每一个二级指标的事故损失比的范围；公式六表示前 25% 的一级指标的事故损失比小于整体的事故损失比；公式七表示前 35% 的二级指标的事故损失比小于整体的事故损失比。

二、事故损失导向类施工安全风险控制优化模型的应用

1.基础数据计量

根据企业资料统计 10 个施工项目以往的安全事故总损失。以其中一项目为例对建筑工程损失的具体损失项目进行计量。这里将总损失分为直接损失和间接损失两类。从人力资源损失、物力损失、财力损失三个方面完成直接经济损失的计量。具体损失内容详见表 8-1 ~ 表 8-3。用人力资源损失、财力损失、生产组织损失、环境损失四个方面对间接损失进行计量。具体损失内容详见表 8-4 ~ 表 8-7。其余项目的损失内容统计详见表 8-8 ~ 表 8-10。

表 8-1 建筑工程人力资源损失（直接）C_1 计量表

二级指标	具体事项	具体事项计量	二级指标的损失 / 元
受伤害职工的损失 C_{11}	受伤害职工的日工资 L_q / 元	250	100.0
	当天的时间损失 T / d	0.4	
	受伤害职工数量 n / 人	1	
其他职工的损失 C_{12}	当天某施工班组进度延误时间 T_j / h	0.4	120.0
	该施工班组的日工资 L_q / 元	1200	
	日工作小时 T_n / h	8	
	其他参与事故的职工数量 n / 人	2	

表 8-2 建筑工程物力损失 C_2 计量表

二级指标	具体事项	具体事项计量	二级指标的损失 / 元
固定资产维修后可正常使用时的损失 C_{21}	—		345.0
固定资产维修后使用功能受到影响时的损失 C_{22}	固定资产原值 $V_{原}$ / 元	70000	499.5
	固定资产残值 $V_{残}$ / 元	55000	
	固定资产折旧额 R / 元	12000	
	固定资产修复后的生产率 η /%	75%	
	固定资产正常生产率 η /%	80%	
	固定资产维修费 C / 元	312	
固定资产完全报废时的损失 C_{23}	固定资产原值 V / 元	3000	370.0
	固定资产折旧额 R / 元	2630	
原材料的损失 C_{24}	材料购买时的账面价格 M_c / 元	0	0.0
	材料的残值 M / 元	0	
成品、半成品损失的计量 C_{25}	成品、半成品的成本 P_c / 元	0	0.0
	成品、半成品的残值 P / 元	0	
	成品、半成品的清理费用 P_q / 元	0	
动力燃料损失的计量 C_{26}	—		0.0
其他物力损失的计量 C_{27}	—		100.0

表 8-3 建筑工程财力损失（直接）C_3 计量表

二级指标	二级指标的损失 / 元
急救费用 C_{31}	300.0
将受伤者送至医院的交通费用 C_{32}	45.0
其他财力损失 C_{33}	80.0

表 8-4 建筑工程人力资源损失（间接）C_4 计量表

二级指标	具体事项	具体事项计量	二级指标的损失 / 元
受伤害职工缺工期间企业支付的工资补贴损失 C_{41}			0.0
由于设备损坏或因没有受伤职工的协助而无法进行生产的损失的计量 C_{42}	停工的工日数 T/d	0.2	200.0
	工人的日工资额 $L/$ 元	250	
	停工工人的数量 $n/$ 人	4	
事故调查中其他职工被询问、取证等损失的时间费用 C_{43}	停工的工日数 T_1/d	0.24	240.0
	被影响的工人的日工资额 $L_1/$ 元	250	
	被影响的工人的数量 $n_1/$ 人	4	

表 8-5 建筑工程财力损失（间接）C_5 计量表

二级指标	具体事项	具体事项计量	二级指标的损失 / 元
事故结案日后未结算的医疗费用 C_{51}	事故结案日前的医疗费 $Mb/$ 元	266	310.0
	事故结案日后继续医治的时间 D_c/d	1	
	事故发生日到结案日的持续时间 P/d	6	
安全事故引起的员工休息所需支付费用 C_{52}	被伤害职工日工资 $L_q/$ 元	250	460.0
	受伤害职工事故结案后的延续工日 D_k/d	0.84	
	事故结案日前的歇工日 D_o/d	1	
救济及相关补助费用 C_{53}	实际救助工人费用 $J/$ 元	0	0.0
	实际补助工人费用 $B/$ 元	0	
丧葬及抚恤费用 C_{54}	抚恤伤亡员工以及家属费用 $W/$ 元	0	0.0
	死亡员工丧礼费用 $S/$ 元	0	
罚款 C_{55}	—		1200.0

表 8-6 建筑工程生产组织损失 C6 计量表

二级指标	具体事项	具体事项计量	二级指标的损失 / 元
替换受伤害职工的工人培训费、雇佣费 C_{61}	—	—	550.0
为弥补进度而产生的加班费 C_{62}	加班人数 $T_n/$ 人	4	300.0
	加班天数 T_d/d	1	
	加班日工资 $L_k/$ 元	300	
	正常日工资 $L_j/$ 元	250	
	夜间施工增加费 $C_n/$ 元	25	

续表

二级指标	具体事项	具体事项计量	二级指标的损失/元
因未完成合同而支付的延期费用 C_{63}	—	—	0.0
其他生产组织损失 C_{64}	—	—	235.0

表 8-7 建筑工程环境损失 C7 计量表

二级指标	二级指标的损失/元
消除环境污染发生的费用（其损失根据实际发生费用计量）C_{71}	135.0
企业破坏周边环境被有关部门罚款造成的损失（其损失按罚款金额计量）C_{72}	0.0

表 8-8 建筑工程直接经济损失计量表　单位：万元

项目	C_{11}	C_{12}	C_{21}	C_{22}	C_{23}	C_{24}	C_{25}	C_{26}	C_{27}	C_{31}	C_{32}	C_{33}
1	0.010	0.012	0.035	0.050	0.037	0.000	0.000	0.000	0.010	0.030	0.005	0.008
2	0.010	0.015	0.043	0.063	0.068	0.000	0.000	0.000	0.018	0.034	0.006	0.012
3	0.010	0.016	0.059	0.084	0.095	0.000	0.000	0.022	0.012	0.032	0.054	0.008
4	0.010	0.015	0.057	0.083	0.086	0.000	0.000	0.018	0.008	0.024	0.054	0.013
5	0.017	0.018	0.066	0.089	0.088	0.000	0.000	0.023	0.010	0.027	0.069	0.013
6	0.036	0.032	0.079	0.099	0.097	0.010	0.000	0.030	0.018	0.037	0.093	0.015
7	0.048	0.044	0.088	0.106	0.109	0.018	0.000	0.043	0.036	0.048	0.130	0.019
8	0.064	0.052	0.096	0.117	0.124	0.032	0.000	0.057	0.047	0.056	0.143	0.015
9	0.068	0.057	0.105	0.128	0.135	0.038	0.000	0.064	0.053	0.059	0.136	0.013
10	0.072	0.078	0.165	0.159	0.153	0.047	0.000	0.073	0.065	0.067	0.158	0.015

表 8-9 建筑工程间接经济损失计量表　单位：万元

项目	C_{41}	C_{42}	C_{43}	C_{51}	C_{52}	C_{53}	C_{54}	C_{55}	C_{61}	C_{62}	C_{63}	C_{64}	C_{71}	C_{72}
1	0.000	0.020	0.024	0.031	0.046	0.000	0.000	0.120	0.055	0.030	0.000	0.024	0.014	0.000
2	0.000	0.024	0.028	0.052	0.055	0.000	0.000	0.150	0.070	0.053	0.000	0.036	0.030	0.050
3	0.000	0.076	0.035	0.080	0.066	0.000	0.045	0.230	0.085	0.064	0.000	0.056	0.050	0.080
4	0.000	0.069	0.029	0.072	0.064	0.000	0.045	0.210	0.085	0.066	0.000	0.056	0.040	0.080
5	0.000	0.098	0.035	0.090	0.084	0.000	0.050	0.230	0.088	0.070	0.000	0.058	0.050	0.070
6	0.000	0.140	0.043	0.129	0.120	0.020	0.070	0.280	0.098	0.084	0.000	0.064	0.070	0.100
7	0.000	0.159	0.055	0.159	0.138	0.032	0.090	0.310	0.120	0.120	0.000	0.070	0.079	0.100
8	0.000	0.196	0.068	0.197	0.160	0.058	0.100	0.320	0.177	0.139	0.000	0.099	0.082	0.120
9	0.000	0.215	0.074	0.224	0.190	0.064	0.110	0.300	0.185	0.148	0.000	0.104	0.089	0.120
10	0.000	0.267	0.085	0.249	0.225	0.082	0.145	0.350	0.243	0.178	0.000	0.167	0.098	0.130

表 8-10 建筑工程总经济损失计量表　单位：万元

项目	直接经济损失	间接经济损失	总经济损失
1	0.196	0.363	0.559
2	0.268	0.548	0.816
3	0.425	0.867	1.292
4	0.396	0.816	1.212
5	0.459	0.923	1.382
6	0.585	1.218	1.803
7	0.727	1.431	2.158
8	0.845	1.716	2.561
9	0.902	1.823	2.725
10	1.110	2.219	3.329

2. 目标函数具体化

根据企业资料统计施工项目以往的安全事故总损失、总投入，并计算出各个项目的安全投入率和事故损失比。为了更好地反映安全事故损失比随安全投入率的变化趋势，根据已有的数据对安全投入损失比和安全投入率采用 MATLAB 软件进行反比例函数的拟合。

设各个项目安全投入率和总的安全投入损失比的拟合函数如下面公式所示。

$$y = \frac{b}{cx - a}$$

其中，y 表各个项目总的安全投入损失比，x 表各个项目的安全投入率，式中 a，b，c 分别为反比例函数的参数。各个项目安全总投入和安全事故损失见表表 8-11，物的因素安全投入和安全事故损失见表 8-12。

表 8-11 各个项目安全总投入和安全事故损失表

项目	项目总投入 / 万元	项目安全总投入 / 万元	项目安全总投入率 /%	安全事故总损失金额 / 万元	安全投入损失比
1	476.984	7.555	1.584	0.559	0.074
2	628.167	10.459	1.665	0.816	0.078
3	929.770	14.356	1.544	1.292	0.090
4	980.237	17.311	1.766	1.212	0.070
5	1114.307	21.595	1.938	1.382	0.064
6	1500.167	28.608	1.907	1.802	0.063
7	1678.600	33.203	1.978	2.158	0.065
8	1972.900	40.010	2.028	2.561	0.064
9	2363.120	53.430	2.261	2.725	0.051
10	2990.393	71.829	2.402	3.663	0.051

通过对函数进行拟合，得到投入率和损失比之间的关系如下式所示：

$$y_{总} = \frac{0.074}{0.698x_{总} - 0.191}$$

表 8-12 物的因素安全投入和安全事故损失表

项目	项目总投入/万元	物的因素安全投入/万元	物的因素安全投入率/%	安全事故总损失金额/万元	安全投入损失比
1	476.984	2.531	0.531	0.559	0.074
2	628.167	3.504	0.558	0.816	0.078
3	929.770	4.809	0.517	1.292	0.090
4	980.237	5.799	0.592	1.212	0.070
5	1114.307	7.234	0.649	1.382	0.064
6	1500.167	9.584	0.639	1.802	0.063
7	1678.600	11.123	0.663	2.158	0.065
8	1972.900	13.403	0.679	2.561	0.064
9	2363.120	17.899	0.757	2.725	0.051
10	2990.393	24.063	0.805	3.663	0.051

通过对函数进行拟合，得到安全投入率和安全投入损失比之间的关系如下面公式所示：

$$y_{物} = \frac{0.026}{0.722x_{物} - 0.067}$$

第三节　安全水平导向类施工安全风险控制优化模型

一、安全水平导向类施工安全风险控制优化模型构建参数与变量设定

N 表示一级风险指标数量。

n 表示每个一级风险指标下的二级风险指标数量。

w_i 表示一级风险指标 i 的权重值。

W_{ij} 表示一级风险指标 i 下二级风险指标 j 的权重值。

x_{ij} 表示控制风险因素 V_{ij} 的资金投入。

$f(x_{ij})$ 表示资金投入与安全提升水平之间的关系，$0 \leq f(x_{ij}) \leq 1$，$f(x_{ij})$ 越大，安全水平越高。

c_{ij0} 表示单个风险指标投入资金下限。

c_{ij1} 表示单个风险指标投入资金上限。

C_i 一级指标 U_i 投入资金总额。

$\varphi_i^{(j, k)}$ 表示一级风险指标 i 下具有两风险因素投入和限制的风险因素集合。

$h_{i0}^{(j,\ k)}$ 表示一级风险指标 i 下具有两个风险因素 j，k 投入之和的下限；

$h_{i1}^{(j,\ k)}$ 表示一级风险指标 i 下具有两个风险因素 j，k 投入之和的上限。

二、安全水平导向类施工安全风险控制优化模型目标函数与约束条件建立

建立如下装配式建筑施工安全风险控制投入优化模型：

式一：

$$\max z = \sum_i^N w_i z_i = \sum_i^N w_i \Big[\sum_{j=1}^n w_{ij} f(x_{ij}) \Big]$$

式二：

$$s.t. \quad 0 \leqslant \sum_{j=1}^n x_{ij} \leqslant C_i \quad i=1,2,\cdots,N$$

式三：

$$c_{ij0} \leqslant x_{ij} \leqslant c_{ij1} \quad i=1,2,\cdots,N; j=1,2,\cdots,n$$

式四：

$$h_{i0}^{(j,k)} \leqslant \sum_{j,k\in\varphi_i^{(j,k)}} x_{ij} \leqslant h_{i1}^{(j,k)} \quad i=1,2,\cdots,N$$

式一表示针对三个一级风险因素投入的最大资金的目标函数；式二表示一级指标投入资金总额界限；式三表示各级风险指标的资金界限；式四表示两个风险因素的控制投入之和的限制范围。

三、安全水平导向类施工安全风险控制优化模型目标函数的具体化

针对施工环境、人的安全意识水平、管理行为进行优化分析，将 f(xij) 的关系表达式具体化，运用数理统计方法进行拟合。

管理制度和安全提升水平之间关系拟合得到线性回归方程：

f(x_{11})=0.04$_{x11}$-1.3126

安全文化传播与安全提升水平之间关系拟合得到线性回归方程：

f(x_{12})=0.4$_{x12}$-1.292

奖惩制度与安全提升水平之间关系拟合得到线性回归方程：

f(x_{13})=0.4$_{x13}$+0.2449

施工人员文化水平与安全提升水平之间关系拟合得到线性回归方程：

$f(x_{21})=0.4_{x21}-0.1001$

施工人员专业技能水平与安全提升水平关系拟合得到线性回归方程：

$f(x_{22})=0.4_{x22}+0.2559$

施工人员心理及生理状态与安全提升水平之间关系拟合得到线性回归方程：

$f(x_{23})=0.4_{x23}+0.4927$

现场场地条件与安全提升水平之间关系拟合得到线性回归方程：

$f(x_{31})=0.04_{x31}-3.6319$

材料堆放场地条件与安全提升水平之间关系拟合得到线性回归方程：

$f(x_{32})=0.04_{x32}-0.9338$

现场生活区条件与安全提升水平之间关系拟合得到线性回归方程：

$f(x_{33})=0.04_{x33}-0.0538$

根据风险指标权重的计算，管理行为的权重为0.6205，人的安全意识水平的权重为0.2286，施工环境权重为0.0998。将其重新归一化（用每个数除以它们之和），得到权重系数分别为0.65，0.24和0.11。

通过以上数学关系的描述，构造最终的目标函数。

$z_1=w_{11}f(x_{11})+w_{12}f(x_{12})+w_{13}f(x_{13})=0.6369×（0.04_{x11}-1.3126）+0.2582×（0.4_{x12}-1.292）+0.1047×（0.4_{x13}+0.2449）$

$z_2=w_{21}f(x_{21})+w_{22}f(x_{22})+w_{23}f(x_{23})=0.1047×（0.4_{x21}-0.1001）+0.6369×（0.4_{x22}+0.2559）+0.2584×（0.4_{x23}+0.4927）$

$z_3=w_{31}f(x_{31})+w_{32}f(x_{32})+w_{33}f(x_{33})=0.7306×（0.04_{x31}-3.6319）+0.1883×（0.04_{x32}-0.9338）+0.081×（0.04_{x33}-0.0538）$

$maxz=0.65z_1+0.24z_2+0.11z_3$

四、安全水平导向类施工安全风险控制优化模型约束条件的具体化

项目在施工过程中，在管理制度上投入的费用不超过58.2378万元，安全文化传播及警示宣传片制作上不超过6.435万元，现场奖惩制度奖金设置不超过2.373万元，在管理行为上总的资金投入不超过69.0458万元。其中管理制度与安全文化传播及警示宣传片制作的总资金投入不超过65.1728万元，管理制度与现场奖惩制度奖金设置的总资金投入不超过61.1108万元。施工人员文化水平投入的费用不超过2.9149万元，施工人员专业技能投入的费用不超过2.1529万元，施工人员心理及生理状态投入的费用不超过1.1339万元，在人的安全意识

水平上总的资金投入不超过 8.2017 万元。其中施工人员文化水平投入与施工人员专业技能投入的总费用不超过 6.0118 万元，施工人员文化水平投入与施工人员心理及生理状态投入的总费用不超过 4.8488 万元。现场场地条件投入的费用不超过 115.4561 万元，材料堆放场地条件投入的费用不超过 46.0022 万元，现场生活区条件投入的费用不超过 25.0022 万元，在施工环境上总的资金投入不超过 188.4605 万元。其中现场场地条件与材料堆放场地条件投入的总费用不超过 161.9893 万元，现场场地条件投入与现场生活区条件投入的总费用不超过 141.1583 万元。

约束条件具体化为：

$$0 \leqslant \sum_{j=1}^{3} x_{1j} \leqslant 69.0458$$

$$0 \leqslant \sum_{j=1}^{3} x_{2j} \leqslant 8.2071$$

$$0 \leqslant \sum_{j=1}^{3} x_{3j} \leqslant 188.4605$$

$$50.2983 \leqslant x_{11} \leqslant 58.4398$$

$$5.0011 \leqslant x_{12} \leqslant 6.7361$$

$$1.0535 \leqslant x_{13} \leqslant 2.5732$$

$$2.0159 \leqslant x_{21} \leqslant 3.0149$$

$$1.0259 \leqslant x_{22} \leqslant 2.3529$$

$$0.4339 \leqslant x_{23} \leqslant 1.3349$$

$$108.4561 \leqslant x_{31} \leqslant 115.4561$$

$$41.0022 \leqslant x_{32} \leqslant 46.2372$$

$$19.0022 \leqslant x_{33} \leqslant 25.3324$$

$$55.2994 \leqslant x_{11}+x_{12} \leqslant 65.1728$$

$$51.3518 \leqslant x_{11}+x_{13} \leqslant 61.1108$$

$$3.0418 \leqslant x_{21}+x_{22} \leqslant 6.0118$$

$$2.4498 \leqslant x_{21}+x_{23} \leqslant 4.8488$$

$$149.4583 \leqslant x_{31}+x_{32} \leqslant 161.9893$$

$$127.4583 \leqslant x_{31}+x_{33} \leqslant 141.1583$$

五、安全水平导向类施工安全风险控制优化模型的求解

输入到 Lingo 中进行求解，可得安全管理制度投入 53.2378 万元，安全文化传播投入 6.435 万元，奖惩制度投入 2.373 万元，施工人员文化水平投入 2.9149 万元，施工人员专业技能水平投入 2.1529 万元，施工人员心理及生理状态投入 1.1339 万元，现场场地条件投入 115.4561 万元，材料堆放场地条件投入 46.0022 万元，现场生活区条件投入 25.0022 万元时，施工现场安全事故发生概率最低。

第四节　投入适宜度导向类施工安全风险控制优化模型

以装配式建筑施工安全投入资金与安全需求偏差值最小为主要优化目标，建立合理安全成本投入关系式，并满足风险量最小、投入成本合理性最大的条件。

一、投入适宜度导向类施工安全风险控制优化模型变量与参数设定

优化模型决策变量与参数描述如下：

m 表示第一个安全指标下的二级指标风险的个数。

n 表示第二个安全指标下的二级指标风险的个数。

i 表示第一个安全指标二级指标因素。

j 表示第二个安全指标二级指标因素。

ω_{ij} 表示各二级指标的权重。

ψ_k 表示不同程度的一级指标的权重。

d_i^- 表示安全投入小于实际需求，为负偏差，表示为 $d_i^- \geq 0$，反之，则为正偏差，表示为 d_i^+。

x_{ij} 表示某一风险因素的安全投入资金。

C_i 表示一级指标安全投入资金。

D_{ij} 表示二级指标的安全投入资金。

P_i 表示 i 个指标安全投入资金。

l_{ij0} 表示单个指标安全投入资金的上限。

l_{ij1} 表示单个指标安全投入资金的下限。

Φ_1 表示主要风险因素构成的集。

Φ_2 表示次要风险因素构成的集。

Φ_3 表示安全度值最小控制集。

Φ_4 表示安全度值最大控制集。

二、投入适宜度导向类施工安全风险控制优化模型建立

基于上述分析与模型变量参数设置，构建装配式建筑施工安全控制优化模型，具体目标函数如下：

式一：

s.t. $\quad x_{ij} \leqslant l_{ij1} \quad i = 1, 2, \cdots, n; j = 1, 2, \cdots, m$

式二：

$$x_{ij} \geq l_{ij0} \quad i = 1, 2, \cdots, n; j = 1, 2, \cdots, m$$

式三：

$$\sum_{i=1}^{n} \sum_{j=1}^{m} x_{ij} \leq C_i \quad i = 1, 2, \cdots, n$$

式四：

$$\sum_{i=1}^{n} \sum_{j=1}^{m} \omega_{ij} x_{ij} \leqslant D_{ij} \quad i = 1, 2, \cdots, n; j = 1, 2, \cdots, m$$

式五：

$$\sum_{i=1}^{n} \sum_{j=1}^{m} \omega_{ij} x_{ij} + d_i^- = \sum_{i=1}^{n} \sum_{j=1}^{m} \omega_{ij} D_{ij}$$

式六：

$$\sum_{j \in \phi_1} x_{ij} \geq \sum_{j \in \phi_2} x_{ij} : i = 1, 2, \cdots, n$$

式七：

$$\sum_{j \in \Phi_3} x_{ij} \geqslant P_1 \quad i = 1, 2, \cdots, n$$

式八：

$$\sum_{j \in \phi_4} x_{ij} \leqslant P_2 \quad i = 1, 2, \cdots, n$$

式九：

$x_{ij} \geqslant 0 \quad i=1,2,\cdots,n; j=1,2,\cdots,m$

式十：

$d_i^- \geqslant 0 \quad i=1,2,\cdots,n$

其中，式一表示某一安全投入资金的下限约束；式二表示某一安全投入资金的上限约束；式三表示一级指标安全投入的资金不能超过最大限额；式四表示各二级指标权重累加后不超过总额；式五表示对每个安全要素的投入费用乘以一个权重系数，使其投入费用之和加短缺费用，达到与系统安全需求之间的平衡；式六表示主要指标安全投入大于次要指标的安全投入；式七表示各二级指标安全投入对安全度最小集；式八表示各二级指标安全投入小于安全度最大集；式九表示各指标安全投入金额都为非负数；式十表示一级指标的短缺费用非负数。

三、投入适宜度导向类施工安全风险控制优化模型应用求解

1. 实际数据的带入

将 FC 装配式建设项目安全投入数据收集汇总，使有限的安全投入资金达到最佳的安全效果。其中，安全投入成本 $C_n=300$ 万元，具体数据如表 8-13 所示。

表 8-13 安全投入基础数据汇总表

风险因素	x_{11}	x_{12}	x_{13}	x_{14}	x_{15}	x_{21}	x_{22}	x_{23}	x_{24}
安全投入 / 万元	4.73	12.75	67.28	52.14	15.97	57.14	41.56	5.14	43.29

注：按照国家规定，建筑施工企业以建筑安装工程造价为计提依据。该工程类别安全费用提取标准为 2%，故该项目安全投入共计 300 万元。

为了满足安全投入资金达到所需的最低成本投入额，保证项目正常进行。根据项目基础数据的收集，将得到的安全投入需求系数列出，如表 8-14 所示。

表 8-14 安全投入最低标准系数

风险因素	x_{11}	x_{12}	x_{13}	x_{14}	x_{15}	x_{21}	x_{22}	x_{23}	x_{24}
安全投入系数	0.6	0.5	0.8	0.8	0.7	0.8	0.8	0.5	0.7

其中，根据上文求出的各级指标的权重如下：

ψ=(0.557，0.443)

ω_1=(0.202，0.199，0.202，0.216，0.181)

ω_2=(0.350，0.244，0.234，0.172)

根据工程实例实际情况，将其他的实际相关数据带入模型中，具体如下：

$minz$=0.557d_1^-+0.443d_2^-

$s.t.x_{11} \leqslant 33.754$

$x_{12} \leqslant 33.252$

$x_{13} \leqslant 33.754$

$x_{14} \leqslant 43.446$

$x_{15} \leqslant 30.245$

$x_{21} \leqslant 39.795$

$x_{22} \leqslant 27.742$

$x_{23} \leqslant 26.605$

$x_{24} \leqslant 19.556$

$x_{11} \geqslant 20.252$

$x_{12} \geqslant 12.626$

$x_{13} = 27$

$x_{14} \geqslant 34.765$

$x_{15} \geqslant 27.171$

$x_{21} \geqslant 31836$

$x_{22} \geqslant 22.194$

$x_{23} \geqslant 13.302$

$x_{24} \geqslant 13.689$

$x_{11} + x_{12} + x_{13} + x_{14} + x_{15} \leqslant 167.1$

$x_{21} + x_{22} + x_{23} + x_{24} \leqslant 132.9$

$0.202x_{11} + 0.199x_{12} + 0.202x_{13} + 0.216x_{14} + 0.181x_{15} + d_1^- = 31.14$

$0.35x_{21} + 0.244x_{22} + 0.234x_{23} + 0.172x_{24} + d_2^- = 38.79$

$$\sum_{j \in \phi_1} x_{ij} \geqslant \sum_{j \in \phi_2} x_{ij} \quad i = 1, 2, \cdots, n; j = 1, 2, \cdots, m$$

$$\sum_{j \in \phi_3} x_{ij} \geqslant 27.305$$

$$\sum_{j \in \phi_4} x_{ij} \leqslant 67.482$$

$x_{ij} \geqslant 0 \; i = 1，2 ; j = 1，2，3，4，5$

$d_i^- \geqslant 0 \; i = 1，2$

2. 优化控制模型的求解

在 Lingo 中求解。

其求解的结果分别为 x_{11}=31.134，x_{12}=31.992，x_{13}=28.26，x_{14}=39.104，

x_{15}=28.991，x_{21}=38.795，x_{22}=27.742，x_{23}=25.749，x_{24}=17.318，d_1^-=0，d_2^-=8.503。即物的安全投入总资金为 159.48 万元，临时支撑设置安全投入 31.134 万元、设备选择安全投入 31.992 万元、构件强度安全投入 28.26 万元、构件精度安全投入 39.104 万元、构件作业平台设置安全投入 28.991 万元；技术安全投入总资金为 109.604 万元，构件定位安全投入 38.795 万元、连接技术安全投入 27.742 万元、设计方案合理性安全投入 25.749 万元、安全检测安全投入 17.318 万元。经过优化控制模型的运算，使得各项风险的安全投入达到最优，因此安全投入资源的合理分配，可分配充足的安全费用降低施工中的风险。

第五节　作业风险导向类施工安全风险控制优化模型

一、作业风险定量控制问题

　　提出在大型装配式施工项目中，由于工期和成本的限制，大多数施工项目采取多层作业，多工序穿插施工或者高处多重立体交叉作业。该施工方式存在的问题由于造成交叉作业增多，相应地增加了施工风险，容易导致机械碰撞、高空坠落、物体打击等事故类型。吊装作业作为装配式建筑核心环节存在相应安全隐患。在装配式吊装作业施工现场，吊装作业现场环境越混乱，吊装作业风险就越大。这里引入熵的概念，熵是描述体系混乱度的状态函数，作为装配式建筑吊装作业安全风险程度的定量度量函数。

　　设 xi，$yi \geq 0$，i=1，2，...，n 且

$$1 = \sum_{i=1}^{n} x_i \geq \sum_{i=1}^{n} y_i$$

称

$$H(X,Y) = \sum_{i=1}^{n} x_i \ln \frac{x_i}{y_i}$$

为 X 相对于 Y 的相对熵，其中

X={x_1，x_2，$\cdots$，x_n}

Y={y_1，y_2，$\cdots$，y_n}

　　若 $H(X，Y)$ 是 X 相对于 Y 的相对熵，则有

$$H(X,Y) = \sum_{i=1}^{n} x_i \ln \frac{x_i}{y_i} \geqslant 0$$

当且仅当 $x_i=y_i$，$i=1$，2，3，…，n。

从上述的计算结果中可以看出，当 X，Y 取值相同时，最后的计算结果为零，也就是 X 相对于 Y 来说相对达到了最小值。通过这个思路方向，如果使吊装作业现场的交叉作业风险相对于无交叉作业引入安全风险，这样就可以实现通过相对熵的方法对装配式预制构件交叉作业风险进行量化处理，也就是交叉作业风险相对无交叉作业风险的固有值的相对值。我们进行方案选取的目标就是保证交叉作业风险最小即相对最小。最优控制目标是交叉作业风险值为零。

假设在某装配式建筑的工程项目中，在一个有限的施工空间内存在着一个工序任务，这 n 个工序任务用 $\{t_1, t_2, …, t_n\}$ 表示。在这个施工空间内存在着交叉作业风险和无交叉作业固有安全风险，交叉作业风险性用 x 表示，固有安全风险用 y 表示，根据相对值函数模型可得出交叉作业风险模型如下式。

$$H(X,Y) = \sum_{i=1}^{n} x_i \ln \frac{x_i}{y_i} \geqslant 0$$

$$1 = \sum_{i=1}^{n} x_i \geq \sum_{i=1}^{n} y_i > 0$$

以上公式中的相对模型具有以下两个优点。

第一，引入交叉作业风险是通过无交叉作业固有风险而来的。通过相对量化后可以有效去除无交叉作业的固有安全风险。

第二，相对熵模型为定量控制方案，通过相对熵模型进行最佳方案排布，保证交叉作业风险最小，达到方案最优，保证减少或者消除交叉作业风险。

二、作业风险导向类施工安全风险控制优化模型构建与求解

有关交叉作业的相对模型，假设该项目在某个有限的施工区域内，n 项任务 $\{t_1, t_2, …, t_i\}(i=1$，2，…，$n)$ 需要在时间期限 k 内完成。每个任务的工期分别为 $d_i(i=1$，2，…，$n)$ 时所对应的施工机械设备的数量为 $e_i(i=1$，2，…，$n)$。设：

$$D = \sum_{i}^{n} d_i$$

下面逐步考虑施工设备交叉作业的安全量化模型。

1. 自交叉

自交叉考虑的是某工序内的交叉作业，假设在某吊装作业区域进行施工，其施工时间为 $K(K \geq D)$，如果在工期 K 时间内，不存在流水施工，没有并行任务，且主要是吊装机械设备和其他机械设备之间的碰撞事故，下面就用机械设备数量的排列组合方法考虑不同任务的设备之间的自交叉事故概率。

各施工阶段机械设备自交叉用 $c_{e_1}^2$，$c_{e_2}^2$，$c_{e_3}^2$，$\cdots$，$c_{e_N}^2$ 定义，即：

$$c_{e_i}^2 = \frac{e_i(e_i - 1)}{2}$$

在 $k+d$ 段，假设只有任务在施工，定义任务在整个施工时段的自交叉事故概率如下式所示，其中，M 是系数。

$$y_i = d_i \frac{C_{e_i}^2}{M}$$

2. 互交叉

大型装配式工程项目，其中也包括装配式建筑预制构件吊装作业施工，由于工期要求和节省人力、物力、财力、时间成本要求，一般采取流水施工，或者工程任务本身需要并发执行。在吊装作业施工过程中，任意两个任务和的交叉排列组合定义为 C2ei+ej。在装配式建筑项目的施工过程中，用表示第几项任务的开始施工时间，表示第几项任务的完成时间。在整个装配式建筑吊装作业项目周期 K 内。考虑由于任务 ti 的引入，给整个系统带来新增的交叉事故概率为：

$$x_i = \frac{1}{2} \sum_{j=1}^{j} \frac{d_{i[j]} c_{e_i + e_{i[j]}}^2}{M} + \frac{d_{i[0]} c_{e_i}^2}{M}$$

公式前半部分表示互交叉事故概率，因为交叉是互相的，所以取 1/2。公式后半部分表示自交叉。为了使

$$\sum_{i=1}^{n} x_i = 1$$

取

$$M = \sum_i \sum_{j=0}^{J} \frac{d_{i[j]} c_{e_i + e_i[j]}^2}{M} + \frac{d_{i[0]} c_{e_i}^2}{M}$$

3. 基于相对熵模型求解

装配式建筑吊装交叉作业安全风险是相对于没有交叉作业时系统引入的安全风险隐患，参照下面公式，给出交叉作业安全风险的相对熵函数模型为：

$$H(X,Y) = \sum_{i=1}^{n} x_i \ln \frac{x_i}{y_i}$$

其中 x_i 和 y_i 由公式确定。并假设：

$$h(x_i, y_i) = \sum_{i=1}^{n} x_i \ln \frac{x_i}{y_i}$$

以吊装作业施工为例：装配式建筑工程施工工期为 K 天，在比较局限的施工空间内，以什么样的方式调整各个任务施工计划，才能够确保施工过程风险最小。在不考虑赶工期的情况下，如果整个吊装作业过程中不存在交叉作业，交叉作业的相对极值为零，也就达到了最优控制方程的最优解为零。

由于不可抗力因素，假设某大型装配式建筑工程项目实施过程中，要求施工任务需要在一个月之内全部完成。按照以前的工期计划是不可能完成剩余施工任务的，加快施工进度的唯一办法就是并行施工，也就是剩余的施工任务最大限度地采取并行施工。现在的施工情况是大部分施工地段只剩下现浇层梁，并且这些现浇层梁处于不同的施工地段，如果采取并行施工，交叉作业风险较小。但是如果在同一施工地段，在这里主要考虑墙柱吊装（T4）、梁板吊装（T5）、现浇层梁（T6）的施工，它们如果并行施工，交叉作业风险相对较大，它们各自的工期分别为 10 天、14 天、20 天。

该优化控制核心是如何在有限时间内能够完成施工任务，并且能够保证交叉作业风险最小，采用交叉熵模型。假设承台施工需要混凝土搅拌机等 4 台设备，墩柱施工需要汽车吊等 7 台施工设备，现浇层梁需要塔吊等 10 台设备。处于同一施工地段的施工机械设备总共 21 台，如何确保设备之间交叉作业风险最小，采用交叉作业相对模型进行计算优化。针对在同一施工空间内的承台、墩柱和现浇层梁，对上述施工计划进行优化。

（1）方案一

针对现需完成的施工工序，如果墙柱吊装（T4）、梁板吊装（T5）、现浇层梁（T6）三项施工任务期初同时进行施工，其交叉作业风险较大，通过相对熵量化模型计算也可得到其结果。

如果三个施工任务同时开始施工，施工任务可在规定期限内完成，同时需要承担相对较大的交叉作业风险，通过上面公式计算可得到该施工方案的相对熵为 0.55。

（2）方案二

首先，进行墙柱吊装施工，等到第 11 天时梁板吊装和现浇层梁同时施工，该施工方案能在规定工期第 30 天完成施工任务，同时也有一定的交叉作业风险，通过相对熵量化模型也可得到其结果。然后，T4 任务开始施工，之后 T5，T6 施工任务同时施工。可在规定期限内完成施工任务，同时需要承担相对较大的交叉作业风险，通过上面公式计算可得到该施工方案的相对熵为 0.33。

（3）方案三

首先，T4 任务开始施工，施工到第 6 天 T5 任务开始施工。然后在工期第 11 天时 T6 任务开始施工。该施工方案排布也可在规定工期内完成施工任务。

第六节　模糊突变安全隶属度导向类施工安全风险控制优化模型

一、模糊突变安全隶属度导向类施工安全风险控制优化模型的构建思路与假设

在基于模糊突变理论对装配式建筑施工安全评估的基础上，结合所建模糊突变理论的特点，以装配式施工安全系统高安全度隶属函数值最高、低安全度隶属函数值最低为目标，并以装配式建筑施工安全度的最低要求和最大的成本预算为约束，构建装配式建筑施工安全优化控制模型。

模型的相关假设为：第一，安全度优化措施的应用受到可用于安全控制总成本限额的限制；第二，各指标之间无关联性，在既有成本限额条件下，对于某项指标花费成本进行安全性提升的过程中，不会引起其他指标安全度的升高或降低；第三，在实施安全度优化控制之前，系统各指标的安全度状态水平已知；第四，在实施安全度优化控制过程中，不考虑其他不可抗力因素对系统安全度的影响。

二、模糊突变安全隶属度导向类施工安全风险控制优化模型参数与变量设定

P_{ij}，P'_{ij} 分别表示第 i 个三级安全指标下的第 j 个四级安全指标优化前、优化后的评分值。

x_{ij} 表示第 i 个三级安全指标下的第 j 个四级安全指标的决策变量。

$f(x)$ 表示基于模糊突变理论的模糊隶属度计算函数。

n_{ij} 表示第 i 个三级安全指标下的四级指标数量。

n_i 表示第 i 个三级安全指标所在的二级指标下的三级指标数量。

c_{ij} 表示第 i 个三级安全指标下第 j 个四级安全度值进行控制优化所需成本。

$\mu_{v1}(p_{ij})$ 表示第 i 个三级安全指标下的第 j 个四级安全指标优化控制前的高安全度模糊隶属度值。

$\mu_{v3}(p_{ij})$ 表示第 i 个三级安全指标下的第 j 个四级安全指标优化控制前的低安全度模糊隶属度值。

$\mu_{v1}(p'_{ij})$ 表示第 i 个三级安全指标下的第 j 个四级安全指标优化控制后的高安全度模糊隶属度值。

$\mu_{v3}(p'_{ij})$ 表示第 i 个三级安全指标下的第 j 个四级安全指标优化控制后的低安全度模糊隶属度值。

P_{mk} 表示第 m 个二级指标下第 k 个三级指标的高安全度模糊突变隶属度值。

P'_{mk} 表示第 m 个二级指标下第 k 个三级指标的低安全度模糊突变隶属度值。

P_m 表示第 m 个二级指标的高安全度模糊突变隶属度值。

P'_m 表示第 m 个二级指标的低安全度模糊突变隶属度值。

需要说明的是，这里所需重点控制的装配式建筑指标体系中，三级指标共有10个，四级指标共有 26 个。为了便于表述，采用 10×4 的矩阵表示四级指标，其中 26 个为四级指标，为有效值，其余无意义，计算时用 0 占位；同理，采用 4×4 的矩阵表示三级指标，其中 10 个为三级指标，其余无意义，用 0 占位。

三、模糊突变安全隶属度导向类施工安全风险控制优化模型的构建

1. 目标函数构建

基于模糊突变理论的装配式建筑施工安全评价模型，以系统高安全度隶属度值与低安全度隶属度值差值最大为目标，构建目标函数如下：

$$\max z = f((1-x_{ij})\mu_{v_1}(p_{ij}) + x_{ij}\mu_{v_1}(p')) - f((1-x_{ij})\mu_{v_3}(p_{ij}) + x_{ij}\mu_{v_3}(p'))$$

根据基于模糊突变理论的装配式建筑施工安全评价模型，可知装配式建筑施工安全系统高安全度总模糊突变隶属度值为：

$$f((1-x_i)\mu_{v_1}(p_{ij}) + x_{ij}\mu_{v_1}(p'_{ij})) = (P_1^{1/2} + P_2^{1/3} + P_3^{1/4} + P_4^{1/5}) / 4$$

其中，P_1，P_2，P_3，P_4 分别为施工人员安全性、施工对象及手段安全性、施

工方法安全性、施工环境安全性的高安全度模糊突变隶属度值。

2. 约束条件构建

装配式建筑施工安全度优化控制的成本不得超过优化控制所能使用的成本限额，高安全度的隶属度函数值在优化控制后应高于优化控制前的值，而低安全度的隶属度函数值在优化控制后应低于优化控制前的值，故得到优化控制模型的约束条件如下：

$$\sum_{i=1}^{10}\sum_{j=1}^{4}\left(\frac{p'_{ij}-p_{ij}}{100}c_{ij}x_{ij}\right)\leqslant C_m$$

四、模糊突变安全隶属度导向类施工安全风险控制优化模型的具体化

将某项目在抢工阶段的施工安全度进行优化分析，根据实例情况构建相应的优化模型，初始 $\mu_{v1}(p_{ij})$ 与 $\mu_{v3}(p_{ij})$ 的值，通过对现场实际情况的了解以及咨询相关专家，确定用于各指标提高安全度的成本值，根据项目实际情况及项目资金情况，成本限额 C_m=200 万元。

根据项目在抢工阶段高安全度隶属度值与低安全度隶属度值之间差值为 -0.719，低安全度大于高安全度隶属度值，此时工程安全性处于危险阶段，优化后高安全度隶属度值大于低安全度隶属度值，且各个指标优化后的评分值已通过求解得出，在后续施工中，可以对照安全度检查评分表中的明细项进行整改，使各项指标评分达到最优值。这样就在有限成本情况下，实现施工安全度最大提升。

第七节 人员风险控制导向类施工安全风险控制优化模型

一、优化问题描述

人员风险控制是施工安全风险控制的重要组成部分。在施工现场，由于人员的操作失误、安全意识淡薄或技能不足等因素，往往容易导致安全事故的发生。因此，对人员风险的有效控制，对于确保施工安全具有重要意义。

人为风险的优化模型不仅包含人工费用，还需要考虑为了保障机械使用安全

和现场作业规范及关键节点处理的机械操作培训和聘请专家到施工现场指导的培训费用。这里取两者的权重分别为 0.81 和 0.19。根据实际项目的需要，该项目的技术工人人数及工资标准和培训次数的相关信息见表 8-15 和表 8-16。该项目平均 7 天一层，25 层工期共计 175 天。

表 8-15 人工费用变量和参数

变量和参数	人数 / 人	人工费标准 /（元·天·人）	安全系数	人工工作量 /（天·人）
一级工人	2	350	0.85	x_1
二级工人	16	200	0.8	x_2
三级工人	10	150	0.75	x_3

表 8-16 培训费用变量和参数

培训种类	培训费用 /（元·次）	对施工安全影响系数
机械操作培训	1000	0.72
专家现场指导培训	2000	0.78

二、优化模型变量与参数设定

优化模型变量与参数设定如下：

δ 表示人工费用权重系数。

ε 表示培训费用权重系数。

γ_i 表示第 i 级工人在施工过程中的安全系数。

f_j 表示第 j 种培训对施工安全影响系数。

y_i 表示第 i 级工人在构件安装期间的人工工作量，单位为天·人。

k_i 表示第 i 级工人的数量。

s_i 表示第 i 级工人的工资标准。

l_j 表示第 j 种培训次数。

q_j 表示第 j 种培训费用。

C 表示人工费用总额。

d_i 表示第 i 级工人在构件安装期间最少上工天数，其中 $150 \leq d$，$160 \leq d$，三级工人没有限制。

p 表示一级工人和二级工人工作量之和与三级工人工作量的最低比例。

e_i 表示第 i 级工人在构件安装期间最多上工天数，因此 $e_i=175$。

三、人员风险控制导向类施工安全风险控制优化模型的构建

优化模型的构建如下：

在上述模型变量和参数设定的前提下，构建优化模型，具体如下：

式一：

$$\max z = \delta \sum_{i=1}^{m} \gamma_i y_i + \varepsilon \sum_{j=1}^{m} f_j l_j$$

式二：

$$\text{s.t.} \quad k_i d_i \leqslant y_i \leqslant k_i e_i \quad i = 1, 2, 3$$

式三：

$$\sum_{i=1}^{m} s_i y_i + \sum_{j=1}^{m} l_j q_j \leqslant C$$

式四：

$$(y_1 + y_2) / y_3 \geqslant p$$

式五：

$$y_i \geqslant 0 \quad i = 1, 2, 3$$

式六：

$$\min \leqslant l_j \leqslant \max \quad j = 1, 2$$

式一表示安全达到的最大水平；式二表示每级工人的工作量；式三表示对各级工人工作量的费用和培训费用的限制；式四表示一级工人和二级工人工作量之和与三级工人工作量的比例不低于其最低比例要求；式五、式六表示变量的取值范围。

四、人员风险控制导向类施工安全风险控制优化模型的求解

根据以上变量和参数，结合具体工程描述，构建线性规划方程，其目标函数为：

$$maxz = 0.81 \times (0.85y_1 + 0.8y_2 + 0.75y_3) + 0.19 \times (0.72l_1 + 0.78l_2)$$

约束条件为：

$$2 \times 150 \leqslant y_1 \leqslant 2 \times 175$$

$16 \times 160 \leqslant y_2 \leqslant 16 \times 175$

$y_3 \leqslant 10 \times 175$

$350y_1 + 200y_2 + 150y_3 + 1000l_1 + 2000l_2 \leqslant 1105778$

$(y_1 + y_2)/y_3 \geqslant 2.5$

$y_1, \ y_2, \ y_3 \geqslant 0$

$2 \leqslant l_1 < 4$

$1 \leqslant l_2 < 3$

根据 Lingo 软件得到求解结果，可得：

$(y_1, \ y_2, \ y_3, \ l_1, \ l_2)T = (350, \ 2800, \ 1260, \ 4, \ 3)$

$z = 2821.817$

根据该结果，2 个一级工人应该工作 $350 \div 2 = 175$ 个工作日，16 个二级工人应该保证工作 $2800 \div 16 = 175$ 个工作日，三级工人应该工作 $1260 \div 10 = 126$ 个工作日；需要 4 次机械操作培训和 3 次专家现场指导培训。这样能保证人为风险水平最大程度降低。

第八节　质量保证导向类施工安全风险控制优化模型

一、质量保证导向类施工安全风险控制优化模型的变量与参数设定

m 表示装配式建筑的各个过程中费用种类的数量。

n 表示装配式建筑的施工过程数。

α_j 表示各个施工过程所占的权重，其中

$$\sum_{j=1}^{n} \alpha_j = 1$$

x_j 表示第 j 个施工过程所投入的资源。

$f(x_j)$ 表示投入 - 质量函数，即第 j 个施工过程投入资源 x，所形成的质量水平。

a_{ij} 表示第 j 个施工过程中第 i 项费用所占的比例。

c_i 表示第 i 项费用所允许的最大投入值。

k_j 表示在保证第 j 个施工过程基本质量的前提下需要投入的最少的资源量。

二、质量保证导向类施工安全风险控制优化模型的构建

构建装配式施工阶段质量执行改进优化模型，具体如下：

公式一：

$$\max z = \sum_{j=1}^{n} \alpha_j f(x_j)$$

公式二：

$$\text{s.t} \quad \sum_{j=1}^{n} a_{ij} x_{ji} \quad i = 1, 2, \cdots, m$$

公式三：

$$x_j \geq k_j \quad j = 1, 2, \cdots, n$$

其中，目标函数（公式一）表示装配式建筑质量管理达到的水平，大于 1 表明质量有所提高，反之则表明下降；约束条件（公式二）表示每项费用在各个施工阶段的总和不能突破的最大值；约束条件（公式三）表示保证各个阶段施工质量的情况下，该阶段至少应当投入的资源。

三、质量保证导向类施工安全风险控制优化模型目标函数的具体化

针对上述模型中的投资 - 质量函数 $f(x_j)$ 需要进行具体化公式描述。为此，采用了统计分析中的最小二乘法对每个过程的投资 - 质量函数进行拟合，得出其具体化的函数关系式

得出施工准备阶段的投入 - 质量函数为：

$f(x_1) = 0.005x_1 + 0.646135$

构件供应阶段的投入 - 质量函数为：

$f(x_2) = 0.001x_2 + 0.646135$

预制构件安装阶段的投入 - 质量函数为：

$f(x_3) = 0.0025x_3 + 0.723547$

管理协调阶段的投入 - 质量函数为：

$f(x_4) = 0.01x_4 + 0.651135$

四、质量保证导向类施工安全风险控制优化模型的求解

该项目主体施工阶段的人工费最大额度为 151.4285 万元，材料费为 549.9248 万元，机械费为 95.64 万元，培训费为 7.9699 万元，管理费为 79.6993 万元。

将四个施工过程的资源投入分别设为 x1，x2，x3 和 x4，各项费用所占各个施工过程投入的比例如表 8-17 所示。

表 8-17 各项费用所占比例

	施工准备	构件供应	构件安装	管理协调
人工费	0.31	0.06	0.37	0.29
材料费	0.45	0.79	0.32	
机械费	0.15	0.08	0.25	
培训费		0.01	0.01	0.02
管理费	0.09	0.06	0.05	0.69

在施工准备阶段，项目部对施工准备工作已经相对较为熟悉，因而省去了施工准备阶段的培训费，其余四项费用所占比例分别为 0.31，0.45，0.15 和 0.09，在管理协调的过程中，不需要材料费和机械费，因而此处也为空。

在施工进行的四个阶段中，每个阶段应当保持一定的资源数量，从而保证基本的施工质量水平，其中，施工准备阶段为 70.7729 万元，构件供应阶段为 353.8650 万元，构件安装阶段为 110.5810 万元，管理协调阶段为 35.3865 万元。

由目标函数（公式一），各个过程的权重 α_j（$j=1，2，3，4$），分别为 0.191，0.227，0.425，0.157。

由约束条件（公式二）和（公式三），a_{ij} 各值如上表 8-17 所示：c_i（$i=1，2，3，4，5$）分别为人工费、材料费、机械费、培训费和管理费可能投入的最大额度，其值分别为 151.4285，549.9248，95.64，7.9699 和 79.6993。k_j（$j=1，2，3，4$）表示为了保证施工准备阶段、构件供应阶段、构件安装阶段和管理协调阶段的基本质量所投入的资源量，其值分别为 70.7729，353.8650，110.5810，35.3865。

根据以上描述，构建线性规划模型，目标函数为：

$maxz=\alpha_1 f(x_1)+\alpha_2 f(x_2)+\alpha_3 f(x_3)+\alpha_4 f(x_4)=0.191\times(0.005x_1+0.646135)+0.227\times(0.001x_2+0.646135)+0.425\times(0.0025x_3+0.723547)+0.157\times(0.01x_4+0.651135)$

$s.t.\ 0.31x_1+0.06x_2+0.37x_3+0.29x_4\leqslant151.4285$

$0.45x_1+0.79x_2+0.32x_3\leqslant549.9248$

$0.15x_1+0.08x_2+0.25x_3\leqslant95.64$

$0.01x_2+0.01x_3+0.02x_4 \leqslant 7.9699$

$0.09x_1+0.06x_2+0.05x_3+0.69x_4 \leqslant 79.6993$

$x_1 \geqslant 70.7729$

$x_2 \geqslant 353.8650$

$x_3 \geqslant 110.5810$

$x_4 \geqslant 35.3865$

运用 Lingo 软件进行优化运算。根据 Lingo 软件得到的求解结果，可得：

(x_1, x_2, x_3, x_4)T=(152.1545，564.6446，110.5810.38.5473)T

z=1.18

根据求解结果，需要在保证基本资源投入的基础上加大施工准备和构件供应两个阶段的投入，适当提高管理协调阶段的投入，构件安装阶段的投入保持不变。目标函数值为 1.18，即质量提高了 18%，质量管理水平有了明显提高，资源投入和质量改进结果都比较到位。

第九节　多维度综合导向施工安全风险控制优化模型

一、成本维度综合导向施工安全风险控制优化模型

1. 优化模型的构建

在优化模型的问题描述与变量、参数的设定工作完毕之后，运用数学规划理论，根据实际工程中资源投入与安全的关系，建立装配式施工阶段安全风险优化控制模型，具体如下：

公式一：

$$\max z = \sum_{j=1}^{m} a_j f(x_j)$$

公式二：

$$\text{s.t.} \quad \sum_{j=1}^{m} a_{ij} x_{ij} \leqslant c_j \quad i = 1, 2, \cdots, n$$

公式三：

$$q_{min}^{(1)} \leqslant x_1 / (x_1 + x_3 + x_4) \leqslant q_{max}^{(1)}$$

公式四：

$$q_{min}^{(3)} \leqslant x_3 / (x_1 + x_3 + x_4) \leqslant q_{max}^{(3)}$$

公式五：

$$\sum_{i=1}^{n} x_{ij} \leqslant r_j \quad j = 1, 2, \cdots, m$$

式中　n——装配式建筑的施工过程数；

　　　m——装配式建筑费用种类的数量；

　　　i——装配式建筑施工过程，依次为施工准备、构件供应、构件安装；

　　　j——费用种类，依次为人工费用、管理费用、材料费用、机械设备费用、现场环境管理费用；

　　　a_j——各项费用权重；

　　　x_{ij}——第 i 个施工过程中 j 项费用所投入的额度；

　　　$f(x_i)$——投入 - 安全函数，即第 j 项费用投入额度 x 所形成的安全水平；

　　　a_{ij}——第 i 个施工过程中第 j 项费用所占的权重；

　　　c_i——第 i 个施工过程最大投入值；

　　　r_j——第 j 项费用最大投入额度。

其中，公式一为目标函数，表示装配式建筑施工达到的安全水平，大于 1 说明安全水平有所提高，反之则下降；公式二表示每项费用在各个施工阶段总和的最大值；公式三和公式四根据实际项目经验推算人工费、材料费占直接工程费的比例区间；约束条件（公式五）表示每项费用最大投入额度。

2. 优化模型目标函数的具体化

采用统计分析中的最小二乘法对每项费用的投入 - 安全函数进行拟合，实现投入 - 安全函数具体化的函数关系式。

得到人工成本投入 - 安全函数为：

y_1=0.0017x_1+0.8124

即：

$f(x_1)$=0.0017x_1+0.8124

管理成本投入和安全水平函数：

$f(x_2)$=0.0017x_2+0.8363

材料成本投入和安全水平函数：

$f(x_3)=0.005x_3-1.7679$

机械设备成本投入和安全水平函数：

$f(x_4)=0.0025x_4+0.7479$

环境成本投入和安全水平函数：

$f(x_5)=0.005x_5+0.9459$

由以上的五个成本投入 - 安全函数，建立该项目安全优化模型具体化的目标函数具体如下：

$$maxz=a_1f(x_1)+a_2f(x_2)+a_3f(x_3)+a_4f(x_4)+a_5f(x_5)=0.42\times(0.0017x_1+0.8124)$$
$$+0.2\times(0.0017x_2+0.8363)+0.16\times(0.005x_3-1.7679)+0.10\times(0.0025x_4+0.7479)$$
$$+0.06\times(0.005x_5+0.9459)$$

二、资源维度综合导向施工安全风险控制优化模型

1. 施工安全风险控制问题描述

风险控制需要各个方面的资源，资源投入带来收益产出。因此，可以通过风险管理投入的资源来求出风险控制所产生的收益。现实项目中资源可分为三类：人力、物力以及科学技术。建立施工安全控制是装配式建筑施工安全风险管理行之有效的方法。为此，借鉴柯布 - 道格拉斯生产函数，建立资源约束条件下的风险控制模型，力求解决风险问题。

2. 施工安全生产控制变量与参数设定

模型决策变量参数描述如下：

x_{ij} 表示风险因素（ i=1，2，3，...n）。

K_i 表示单个风险因素安全投入物力资源。

L_i 表示单个风险因素安全投入劳动力资源。

T_i 表示单个风险因素安全投入科技资源。

K 表示所有风险因素安全投入物力资源。

L 表示所有风险因素安全投入劳动力资源。

T 表示所有风险因素安全投入科技资源。

M 表示所有风险因素投入所有资源的上限。

K_{i0} 表示单个风险因素安全投入物力资源的下限。

K_{i1} 表示单个风险因素安全投入物力资源的上限。

L_{i0} 表示单个风险因素安全投入劳动力资源的下限。

L_{i1} 表示单个风险因素安全投入劳动力资源的上限。

T_{i0} 表示单个风险因素安全投入科技资源的下限。

T_{i1} 表示单个风险因素安全投入科技资源的上限。

w_i 表示各个风险因素的权重。

Q 表示所求目标。

Y_i 表示风险因素投入产出安全度。

3. 施工安全风险生产控制目标函数与约束条件建立

首先，结合柯布 - 道格拉斯生产函数拟合风险因素各个资源的投入，确立装配式建筑项目施工安全风险的安全投入产出模型。如下所示：

$$Y_i = A(t) K_i^{\alpha} L_i^{\beta} T_i^{\theta} \mu$$

其中，$A(t)$ 为技术进步系数，α，β，θ 分别代表物力、劳动力和科技的产出弹性系数，μ 为随机扰动项。另外，考虑到实际情况，Y_i 风险因素投入产出安全度为 0~1 的数值。同时将物力、劳动力和科技的投入资源按照市场相应价格换算成资金。

其次，根据以上变量，得出中铁 X 装配式建筑项目施工安全风险生产控制目标函数：

$$\max Q = \sum_{i=1}^{n} w_i Y_i$$

接下来主要目的是建立控制变量约束条件。根据以上的成果，在现有的资源约束条件下以 Y_i 风险因素投入总产出最大为目标，通过线性规划求出其最优值。其约束条件

如下：

公式一：

s.t.　$K_{i0} \leqslant K_i \leqslant K_{i1}$　$i = 1, 2, \cdots, n$

公式二：

$L_{i0} \leqslant L_i \leqslant L_{i1}$　$i = 1, 2, \cdots, n$

公式三：

$T_{i0} \leqslant T_i \leqslant T_{i1}$　$i = 1, 2, \cdots, n$

公式四：

$$\sum_{i=1}^{n} K_i + L_i + T_i \leqslant M \quad i = 1, 2, \cdots, n$$

公式五：

$$0 \leqslant Y_i \leqslant 1 \quad i = 1, 2, \cdots, n$$

公式六：

$$\sum_{i=1}^{n} K_i \leqslant K$$

公式七：

$$\sum_{i=1}^{n} L_i \leqslant L$$

公式八：

$$\sum_{i=1}^{n} T_i \leqslant T$$

公式一到式公式三是对各个风险因素的各个资源投入作出的约束，公式四表示所有投入的资源小于 400 万元，公式五表示所有控制的风险因素安全度的取值范围，公式六至公式八表示各个资源投入上限。

4. 施工安全风险生产控制模型应用

首先确定五个风险因素的权重。由于是对最新风险因素进行的控制，所以要求出最新各个风险因素的权重。已知对项目威胁度最高的风险因素：安全意识不足、责任心不高、违章操作、员工操作不规范、材料的不安全因素。对各个风险因素进行重新命名 x_i（$i = 1, 2, \ldots, n$）。

将五个风险危害度最高风险因素的权重值确定为：

$$w = (0.316 \quad 0.246 \quad 0.163 \quad 0.139 \quad 0.136)$$

构建目标函数得：

$$\max Q = w_1 Y_1 + w_2 Y_2 + w_3 Y_3 + w_4 Y_4 + w_5 Y_5$$

由于权重已经求出，故

$$\max Q = 0.316 Y_1 + 0.246 Y_2 + 0.163 Y_3 + 0.139 Y_4 + 0.136 Y_5$$

结　语

综上所述，建筑企业的风险包含了合同风险、项目进度风险、施工阶段风险、质量风险、安全风险、法律风险等。建筑企业防范风险一般可以采取三种方式，即控制风险、转移风险和保留风险。建筑企业风险是客观存在的。我们只有严格根据建设项目的特点及建筑企业自身的实施情况，科学分析建设项目管理中可能产生风险的因素，并有针对性地采取控制措施，灵活掌握和运用各种策略和技巧加强安全风险管理，就可以最大限度地将风险降低到最低程度，以减少或避免可能产生的损失。

在目前建筑市场还不是很规范，机制也有待健全的情况下，施工企业如何提高在市场中抵御、抗拒风险的能力，是企业避免失败、赢得成功的关键手段之一。只有系统地研究和分析施工企业的一些常见主要风险，提高企业危机意识和防范意识，有针对性地防范和化解风险，并不断探索预防、控制、转移风险的有效途径和措施，防患于未然，只有这样，才能保证企业在激烈竞争和复杂多变的市场中，实现又快又好的可持续发展。

对于建筑企业的风险，我们应该正确看待，一方面，由于客观因素复杂，风险具有偶然性和突发性，难以预料；另一方面，风险又具有必然性，有其自身发生、发展的规律，是可以认识的。应正视风险，把握其规律，采取相应的预防和处理措施，避开或减轻风险。只要我们针对出现的风险及时研究对策，借鉴和总结国内外各种经验，并提出治理措施，同时与国家政策紧密相连，做到合法、合理、合情并举，建筑企业无论遇到何种风险，都能将风险化解或将风险降至最低点。这将促进中国建筑企业持续、健康、有序的发展，促使中国的建筑企业能够走出国门，成为世界上的一流的建筑企业。

参考文献

[1] 王昊宇，吕婉晖，张尚，等 . 我国工程项目实施关键风险因素研究 [J]. 项目管理技术，2024,22(04):73-77.

[2] 王春芳 . 构建建筑企业财务风险管控体系的几点思考 [J]. 中国市场，2024,(09):179-182.

[3] 王秀娟 . 探微建筑工程造价的成本控制与风险 [J]. 四川建材，2024,50(03):207-209.

[4] 陈晖 . 建筑工程招标采购合同风险及管控措施研究 [J]. 中国建筑装饰装修，2024,(05):133-135.

[5] 桑伟 . 建筑施工安全风险层次化分析及规避措施探析 [J]. 中国建筑金属结构，2024,23(02):196-198.

[6] 杨帆 . 建筑工程施工风险分析及安全监理工作探讨 [J]. 建筑与预算，2024,(02):31-33.

[7] 麻海峰 . 关于全过程工程造价对建筑工程经济管理的重要性探索 [J]. 居业，2024,(02):189-191.

[8] 王涛 . 建筑工程项目中的风险管理与应对策略研究 [J]. 城市建设理论研究 (电子版)，2024,(05):45-47.

[9] 孙阳 . 建筑工程项目风险管理探讨 [J]. 城市建设理论研究 (电子版)，2024,(05):33-35.

[10] 沈震 . 建筑工程招投标过程中的风险管理研究 [J]. 中国招标，2024,(02):121-123.

[11] 吕猛 . 基于 BIM 技术建筑工程管理中风险评估与控制策略研究 [J]. 城市建设理论研究，2024,(04):50-52.

[12] 李文辉 . 浅谈如何加强建筑企业应收账款管理 [J]. 会计师，2023,(24):131-133.

[13] 纪锡湖 . 业财融合背景下建筑施工企业会计信息化建设探讨 [J]. 财会学

习，2023,(31):104-106.

[14] 简润华.建筑企业对外承包工程项目资金风险管控的探讨[J].交通财会,2022,(06):67-71.

[15] 戴晓斌.施工企业项目成本有效控制措施[J].中国建筑装饰装修,2022,(08):131-133.

[16] 陈朝.建筑企业工程项目经营承包管理的实施及应用[J].建筑技术,2021,52(07):873-876.

[17] 张帆.建筑招投标中潜藏的风险隐患及解决方法[J].质量与市场,2021,(08):165-166.

[18] 赵建伟,张泽成,韩祖民.创新风险管控模式,加强本质安全建设[J].建筑安全,2021,36(02):55-57.

[19] 盛爱新.建筑工程项目管控地风险及对策研究[J].四川水泥,2020,(08):163-164.

[20] 周金.浅议建筑施工企业对境外工程项目汇率风险管理的具体措施[J].时代经贸,2020,(17):80-81.

[21] 陈东兵.风险管理在建设工程施工安全监督管理中的应用[J].门窗,2019,(23):240.

[22] 杨明齐,杨俊杰.建筑工程项目决策和设计阶段造价管理措施[J].经营管理者,2019,(09):94-95.

[23] 陈芳勇.浅析工业建筑工程项目的风险管理[J].科技资讯,2018,16(11):65-66.

[24] 陈正,柳卫红.建筑企业项目全过程法律风险防范指南[M].南京:东南大学出版社,2023:15-36.

[25] 耿裕华,于建副.新形势下建筑企业安全生产风险分析与防范[M].北京:清华大学出版社,2020:1-21.

[26] 林久时.建筑施工企业全生命周期财税处理与风险防范案例版[M].北京:中国铁道出版社,2022:40-63.

[27] 章建荣.建筑施工企业内部承包合同制度规范与风险防范[M].北京:法律出版社,2017:30-54.

[28] 李斌,宋娟.建设工程合同管理的风险防范与控制[M].长春:吉林科学技术出版社,2019:40-62.

[29] 姚亚锋，张蓓.建筑工程项目管理 [M].北京：北京理工大学出版社，2020:17-36.

[30] 刘晓丽，谷莹莹.建筑工程项目管理 [M].北京：北京理工大学出版社，2018:70-89.

[31] 尹素花.建筑工程项目管理 [M].北京：北京理工大学出版社，2017:60-92.

[32] 廖玉凤，王伟.建设工程从业人员职业规划与风险防范 [M].成都：四川大学出版社，2018:16-35.

[33] 张义.最新建设工程施工合同法律实务与风险防范 [M].北京：中国法制出版社，2015:25-37.

[34] 刘平凡.建筑房地产企业刑事高频风险防控实务 [M].北京:法律出版社，2020:30-45.

[35] 蓝仑山.新型不可抗力事件建筑企业法律风险防控指引 [M].北京：中国建筑工业出版社，2020:46-60.